세 계 경 제 대 토 론

금융위기 이후를 論하다

세 계 경 제 대 토 론

금융위기 이후를 論하다

2010년 5월 10일 초판 1쇄 인쇄
2010년 5월 17일 초판 1쇄 발행

지 은 이 | 정구현 · 홍순영 · 김용기 외
펴 낸 곳 | 삼성경제연구소
펴 낸 이 | 정기영
출판등록 | 제302-1991-000066호
등록일자 | 1991년 10월 12일
주   소 | 서울시 서초구 서초2동 1321-15 삼성생명 서초타워 30층
          전화 3780-8153(기획), 3780-8084(마케팅)
          팩스 3780-8152
          http://www.seri.org   seribook@seri.org

ISBN | 978-89-7633-421-3 03320

삼성경제연구소 도서정보는 이렇게도 보실 수 있습니다.
인터넷 홈페이지에서 → SERI 북 → SERI가 만든 책

세 계 경 제 대 토 론

금융위기 이·후·를

정구현·홍순영·김용기 외 지음

論·하·다

삼성경제연구소

2008년 가을 이후 세계적으로 확산된 금융위기가 아직 종결되지는 않았지만 위기 이전과 이후의 세계는 분명히 다를 것으로 전망된다.

위기가 한창 기승을 부리던 2009년 5월 말부터 12월 말까지 삼성경제연구소는 각계의 전문가들을 모시고 매월 한 번씩 여덟 차례에 걸쳐 '세계경제 지각변동(Seismic Shift of Global Economy)' 토론회를 개최하였다. 당시 발제문과 토론의 내용을 그대로 담은 이 책은 '뉴노멀(new normal)'이라 부르는 글로벌 금융위기 이후 세계의 모습을 다양한 각도에서 진단하고 전망한 내용으로 구성되어 있다.

이번 위기가 초래하게 될 미국의 지위 변화를 포함한 세계경제 질서의 변화, 글로벌 불균형 문제 해소와 관련된 논쟁과 전망, 기축통화로서 달러의 위상, 자본주의의 기조 변화 가능성, 향후 금융시장 규제 등은 다소 커 보이지만 바로 우리가 당면해 있고, 고민할 수밖에 없는 주제들이다. 독자들은 이 책을 통해 글로벌 금융위기의 원인과 특징, 이번 위기가 야기할 세계경제 패러다임의 변화, 새로운 경제질서에 대한 대비책 등에 관련된 전문가들의 발제와 토론을 가감 없이 접하게 될 것이다.

　사실 세계경제는 아직 위기 상황에서 완전히 벗어나지 못하고 있다. 각 국에서 진행하고 있는 이른바 출구전략 역시 시작 단계에 불과하다. 때문에 위기가 향후 어떤 결말에 이를지 아직 알 수 없다는 점에서 이 책은 실험적 시도라고 할 수 있다. 하지만 토론 참여자들이 지녔던 고민과 문제의식이 현 단계에서라도 한국경제와 기업이 당면한 현실 대응에 도움이 될 수 있기를 바란다.

　의미 있는 토론회에서 발표하고 의견을 개진해주신 삼성경제연구소 내·외의 전문가들과 편집에 수고한 출판팀에 감사를 전한다.

2010년 5월

삼성경제연구소 소장 정기영

| 목차 |

발간사 · 4
서문 · 7

제1장 | 글로벌 금융위기, 100년 만의 패러다임 변화인가? · 정갑영
발 제 · 19 | 토 론 · 42

제2장 | 위기 이후 세계경제의 성장 전망은? · 홍순영
발 제 · 55 | 토 론 · 80

제3장 | 자본주의의 성격이 근본적으로 변할 것인가? · 최흥식
발 제 · 103 | 토 론 · 130

제4장 | 미국의 세계질서 주도권은 어느 정도 쇠락할 것인가? · 김용기
발 제 · 149 | 토 론 · 176

제5장 | 국제통화 경쟁: 달러인가, 유로인가? · 은철수
발 제 · 197 | 토 론 · 208

제6장 | 세계화의 미래: 후퇴인가, 전진인가? · 박세일
발 제 · 221 | 토 론 · 248

제7장 | 세계의 산업지도는 어떻게 변할까? · 김재윤
발 제 · 263 | 토 론 · 284

제8장 | 총정리: 위기 이후 세계경제와 대한민국의 선택 · 정구현
발 제 · 297 | 토 론 · 325

2007년 여름 한 유럽계 은행(BNP 파리바 은행)이 미국의 비우량 주택담보대출(서브프라임 모기지)을 바탕으로 한 파생상품으로 인하여 상당한 손실을 입었다고 발표했을 때만 해도 이번 금융위기가 이렇게까지 확대될 것이라고 예측한 사람은 거의 없었다. 그해 가을에는 많은 전문가들이 이번 부실로 인한 손실이 크게 보면 3,000억 달러 정도 될 것이며, 이는 지난 2~3년간 주요 은행들이 벌어들인 이익 규모에 비추어 충분히 감당할 수 있는 수준이라고 전망했다. 이러한 낙관적인 전망 아래 소위 서브프라임 모기지 위기는 2008년 여름까지는 소강 상태에 있었다. 그러나 2008년 9월 15일에 미국의 5대 투자은행 중 하나인 리먼브라더스가 파산 보호 신청을 하면서 금융시장은 단번에 공황 상태가 되었다. 시장에서 신뢰가 사라지고 모든 금융기관은 생존을 위해 가진 돈을 모두 움켜쥐고 내놓지 않게 되면서 시중에 돈이 말라붙고 심각한 금융 경색 상태가 초래되었다.

금융위기는 바로 실물로 전이되었고 세계경제는 심각한 침체 국면으로 접어들었다. 2008년의 마지막 분기(10~12월)에 급격한 수요 감소와 경기 하강을 경험했고 무역량도 급감했다. 세계경제가 공황 상태로 접어들자 한국도 주식이 폭락하고 환율이 폭등하는 '암울한 10월'을 맞게 되었고, 심각한 경기침체가 도래했다. 1997년 외환위기 이후 한국의 은행과 기업이 모두 상당히 견실해졌음에도 불구하고 한국은 외환 취약국이라는 불명예에서 벗어나지 못했다.

2008년 10월 말에 체결된 한미 통화스왑을 계기로 한국은 어느 정도 안정을 되찾았다. 그해 11월에 긴급하게, 그리고 처음으로 소집된 G20 정상회담을 계기로 세계 각국이 대규모의 비상조치와 경기부양책을 편 덕택에 선진국 경제의 끝 모를 하락은 일단 멈추었다. 그러나 2009년 상반기에 접어들어서도 위기 국면은 계속되었으며, 1929년의 대공황 이후 최악의 경기침체가 될 것이라는 비관적인 전망이 주류를 이루게 되었다. 동시에 주요 언론에서는 이번 위기의 원인과 전개 과정, 그리고 앞으로 예상되는 여러 가지 큰 변화에 대한 전망을 잇달아 발표하였다.

삼성경제연구소가 세계경제의 큰 변화에 대한 토론회를 기획하게 된 것은 바로 그 즈음이었다. 이번 위기로 인하여 지난 20~30년간의 금융이 주도하던 세계경제가 어떻게 변할까? 또 1980년 이후 세계경제의 조류였던 신자유주의 경제정책이 수정될 것인가? 이번 위기가 미국에서 시작된 만큼 미국이라는 유일 초강대국의 위상이 심각한 타격을 받게 될까? 또 세계의 기축통화인 미 달러화의 위상에 근본적인 변화가 있을까? 이번 위기의 배경에는 미국의 만성적인 경상수지 적자로 인한 소위 '글로벌 불균형' 문제가 자리 잡고 있는데, 이번 위기 극복 과정에서 이 불균형이 개선될까? 그 불균형의 다른 한 축인 중국경제의 급성장과 경상수지 흑자 문제는 어떻게 될까? 더 나아가서 중국의 급성장으로 인해 세계경제의 주도권이 앞으로 중국으로 넘어갈까? 이번 위기의 강도를 진도 8.5 정도의 지진이라고 본다면 이번 지진으로 세계경제는 어느 정도의 지각변동을 경험하게 될까? 이런 질문을 던지면서 우리는 해답에 다가서기 위해 여러 전문가를 모시고 몇 차례 토론회를 가져야겠다는 계획을 세웠다.

토론회는 2009년 5월부터 시작해서 같은 해 12월까지 매월 한 번씩 여덟 차례 열리게 되었다. 주제는 위에 던진 질문을 중심으로 위기의 원인, 전개 과정과 중기 전망, 금융시장의 변화, 세계의 지정학적 변화, 달러의 위상 변화, 세계화의 전망, 산업의 변화, 그리고 한국에 대한 시사점과 정책적 과제 등이 선택되었다. (책의 논리적 흐름을 위해 실제 이루어진 토론의 순서와 이 책의 순서에는 다소 차이를 두었다.)

이 위기는 아직도 진행 중이고 앞으로의 중단기적 전망도 불투명하다. 수십 년에 한 번 정도 오는 위기인데다, 경제학이나 다른 사회과학이 이런 위기에 대해 체계적인 모형을 만들고 분석할 능력이 없는 것이 사실이다. 그럼에도 불구하고 우리는 질문을 던져야 했다. 질문을 하고, 토론을 하면서 더 중요한 변수가 무엇인지를 파악하고, 앞으로의 상황 전개에서 어떤 변수나 변화에 초점을 맞출 것인지가 드러나기를 기대하였다.

이 책은 발제보다도 토론에 더 큰 비중이 있다고 하겠다. 어차피 불확실한 미래인 만큼 다양한 의견과 토론을 통해 주요한 쟁점의 가닥을 잡는 것이 필요하기 때문이다. 토론회의 8개의 주제는 서로 밀접하게 관련된 것도 있고, 또 크게 관계가 없이 전개된 내용도 있다. 또한 시기적으로도 향후 3년 정도의 중기적인 전망, 그리고 10년 정도의 장기적인 전망, 더 나아가서는 20년 이상의 먼 미래에 대한 전망이 뒤섞여 있다. 여기서 시기와 주제별로 토론의 주요 쟁점을 한번 살펴보는 것이 독자들에게 도움이 될 것 같다.

먼저 '2008 경제위기' 또는 '2008 대불황'('1929 대공황'에 대비시킨 표현)의 원인과 이번 위기의 역사적 의미에 대해서는 토론회 내내 논의가 되었으나, 특히 첫 번째 토론에서 중점적으로 다루어졌다. 미국의 정책 잘못이 이번 위기의 주범인지, 아니면 세계경제의 구조적 모순 때문인지, 또는 금융의 혁신과 국경 허물기가 너무 나갔기 때문인지는 쉽게 답이 나오지 않는다. 위기의 1차적 원인으로 자주 언급되는 것은 2002~2004년에 걸친 미국 연방은행의 초저금리와 더불어 지불 능력이 별로 없는 저소득층들도 모두 집을 갖게 하겠다는 부시 정권의 일종의 인기영합정책이다. 그러나 아직까지도 그린스펀이나 버냉키는 초저금리가 이번 위기의 주원인이 아니라고 주장하고 있다.

토론자들은 글로벌 불균형이 위기의 가장 중요한 원인이라고 판단하고 있는 듯하다. 그렇다고 하더라도 이 불균형의 주원인이 미국의 과잉지출 때문인지, 아니면 중국으로 대표되는 경상수지 흑자국이 어느 정도 책임을 나누어 가져야 하는지도 계속 논란의 대상이다. 1980년 이후 급증한 금융 부문, 특히 투자은행을 포함한 금융기관의 과도한 레버리지와 파생상품의 범람, 의심스러운 회계 관행, 임직원에 대한 불균형적 보상 또한 이번 위기의 원인으로 제기되고 있다.

전대미문의 경기부양책 덕택에 2009년 여름부터 경기 하강은 멈추었지만, 과연 그렇게 쏟아 부은 재정자금과 제로금리의 후유증을 어떻게 관리하느냐가 다음의 토론 주제이다. 2009년과 2010년처럼 계속해서 적자를 감수하고 정부의 지출을 늘릴 수는 없겠지만, 이번에 늘어난 정부의 부채는 앞으로 어떻게 갚아나갈 것인가? 긴급한 자금 공급을 위한 비상조치들은 거두어들인다고 해도, 제로 수준의 금리를 언제부터 다시 올리기 시작할 것인가? 섣부른 조치로 다시 경기침체(double dip)를 초래하느니 인플레의 위험을 떠안는 것이 더 낫지 않을까? 재정적자를 해소하기 위해서는 더 높은 인플레를 용인해야 하지 않을까? 세계경제가 2~3년 내에 이번 위기에서 벗어난다고 했을 때, 과연 우리는 다시 정상적인 성장 궤도에 진입할 수 있을까? '정상적(normal)'이라는 것이 어느 정도의 성장을 의미하는가? 세계 경제는 2010년대에는 여러 가지 이유로 저성장 시대에 진입하지 않을까? 이제 정상적인 경제상황을 재정의해야 하지 않을까? (소위 '뉴노멀(new normal)'에서는 어느 정도의 경제성장이 가능한가?)

이번 위기에 대한 대책이 가장 구체적으로 나오고 있는 분야가 금융이다. 이미 세 차례의 G20 정상회의에서 금융개혁을 위한 합의가 상당히 이루어졌으며, 그와 별개로 각국이 개별적인 정책을 채택하기도 했다. 은행의 자본 충실화와 회계 투명성 강화와 같은 기본적인 분야는 이미 합의가 이루어져 2012년경까지는 구체적인 대책이 나올 것이다. 미국에서는 1999년에 입법된 상업은행과 투자은행의 구획 철폐가 다시 논의되고 있다. 금융기관 임직원의 보상에 대해서는 각국이 개별적으로 접근하고 있으며, 대형은행의 대마불사(大馬不死) 문제의 도덕적 정당성에 대해서도 논의가 활발하다. 이런 다양한 규제와 제도의 변화를 통해 지난 30년간 지속된 금융 중심의 자본주의가 수정될 것인가? 제조업의 경쟁력이 약화된 미국이나 영국이 과연 자국에게 불리한 금융제도 개혁을 할 수 있을까? 토론에서 자주 언급된 미국의 월스트리트에 포획된 워싱턴이 과연 월스트리트에 불리한 규제를 입법화할 수 있을까? 금융의 세계화와 혁신이 당분간은 정체 내지 후퇴할까? 금융기관의 과도한 레버리지에 대한 규제가 리스크 자본을 축소시켜 세계경제의 성장이 둔화될까? 이와 더불어 1980년 이후 지속된 신자유주의 기조가 퇴조하면서, 시장의 실패를 보정할 정부의 역할이 더 강조되는 변화가 올까? 금융과 자본주의의 성격 변화에 대한 주제는 너무나 시사점이 많다.

다음의 토론은 세계경제의 헤게모니에 대한 내용이다. 이번 위기로 인하여 제2차 세계대전 이후에 확고하게 세계경제를 주도해온 미국의 힘이 약화될까? 경제가 급팽창하고 있는 중국이 언제쯤이면 미국에 도전할 수 있게 될까? 미국의 경제력은 단순히 규모에서만 나오는 것이 아니고, 기술과 지식을 포함하는 지적 능력과 군사와 외교 등의 복합적 역량에서 나오기 때문에 미국의 헤게모니가 쉽게 바뀔 수 없다는 의견이 다수였다. 그러나 중국의 경제규모가 미국과 대등하게 될 것으로 예상되는 2025~2030년경이 되면, 아니 그 전에라도 중국이 미국의 헤게모니에 도전할 수 있는 힘을 갖게 될 것이라는 전망도 만만치 않았다. 이 문제(G2 또는 Chimerica)는 이미 여러 학술회의와 언론에서 많이 다루고 있는 문제이기는 하나, 여전히 불확실하면서도 중차대한 질문이다. 과연 중국 공산당 지도부가 앞으로 10~20년간 내부의 모순과 불만을 잘 관리해나갈 수 있을까? 만약 세계가 다극체제로 전환되어 간다면 세계경제가 과연 지금과 같은 공조와 안정을 유지할 수 있을까? 한국에는 너무나 시사점이 큰 질문이다.

다음의 토론 주제는 세계 기축통화로서 달러의 위상에 변화가 올 것인가이다. 1999년에 유럽의 단일통화로 출범한 유로는 지난 10여 년 동안에 괄목할 만한 위상을 확보하였으며, 이제는 거래나 가치 저장의 수단으로 달러 대비 40~50%의 비중을 갖게 되었다. 그렇다면 앞으로 10년 후에는 달러와 유로가 기축통화로서 대등한 위치에 올라설까? 이런 토론이 진행된 후에 그리스 재정위기가 터지면서 과연 유럽통화동맹(EMU)이 앞으로 잘 유지될 것인가가 세계의 관심사가 되었다. 분명한 것은 재정 통합이 없는 통화의 통합은 불완전하다는 점이다. 그렇다면 앞으로 EU는 리스본 체제를 출범시킨 모멘텀을 바탕으로 더 높은 수준의 재정 통합을 달성할 수 있을까? 아니면 일부 국가가 유로통화권에서 이탈하는 결과가 올까? 유럽 경제는 과연 고령화와 재정위기라는 어려움에서 탈출하고 다시 성장할 수 있을까? 계속 관심을 갖고 지켜봐야 할 질문이다.

다음의 토론 주제는 더 장기적이고 근본적인 추세인 세계화에 대한 전망이다. 1870년경부터 본격화된 제1차 세계화는 1914년의 제1차 세계대전으로 막을 내리고, 세계경세는 대공황과 또 한 차례의 참혹한 선쟁을 지르는 암흑기를 경험했다. 1960년 이후, 특히 냉전이 종식되고 정보화의 혜택이 크게 확산된 1990년 이후 세계경제는 두 번째의 세계화를 경험하고 있으며, 인간 생활의 모든 부문에 영향을 미치고 있다. 이번 위기가 이런 세계화의 흐름을 중단시키거나 역전시킬 것인가? 현재로서는 그 정도의 파괴력이 있을 것 같지는 않다. 아직까지는 보호주의의 부상을 막는 국제 공조가 유효해 보인다. 그러나 각국이 저성장으로 인해 심각한 실업 문제에 봉착하게 되면 미래를 반드시 낙관할 수만은 없다. 더군다나 앞에서 논의한 세계의 지배체제가 다극화되는 과정에서 국가 간의 경제적 마찰이 확대된다면 관세와 보복관세 부과 등 악순환이 시작될 수도 있다. 현재로서는 다자간 협상(도하라운드) 타결의 희망이 크지 않으며, 1990년 이후 계속된 자유화의 물결이 정체할 조짐이 보인다.

2010년대의 경제 전망은 결코 밝지 않다. 글로벌 불균형을 해소하기 위한 정책, 금융에 대한 규제, 보호주의 경향, 정부 역할의 증가, 재정위기와 이의 해소를 위한 정부의 채권발행이나 증세(增稅) 등 예상되는 많은 정책이 성장 기조의 약화를 암시하고 있다. 이러한 시기에 과거 IT와 같은 새로운 기술혁신이 나온다면 세계경제는 다시 한 번 성장의 발판을 마련할 수 있을 것이다. 이번 위기를 겪으며 각국 정부는 신재생 에너지 분야에 대한 대대적인 투자 계획을 발표하고 있다. 기후변화 문제와 연결해서 소위 녹색산업이 신성장동력이 될까? 아니면 이미 상당히 자리를 잡고 있는 바이오 분야가 IT의 대를 잇게 될까? 신재생 에너지에서는 반도체에서 있었던 것과 같은 기술의 큰 점프가 어렵다는 견해도 제시되었다. 토론은 이러한 신재생 에너지의 R&D에서 한국이 과연 우위를 점할 수 있을까에 맞추어졌다.

소규모 개방경제인 한국은 앞으로 열린 세계경제가 유지되어야 번영을 누릴 수 있을 것이다. 그런 관점에서 지금까지 논의한 세계경제의 기조 변화는 우리에게 시사하는 점이 너무나 많다. 과연 무역과 투자에서 자유주의 기조가 유지될 수 있을까? 세계경제가 언제쯤 다시 성장 궤도에 진입할까? 세계화가 심각하게 후퇴하는 상황이 전개될 수도 있을까? 특히 미국과는 안보에서, 중국과는 경제에서 특별히 가까운 관계에 있는 한국으로서는 앞으로 이 두 나라의 관계가 어떻게 전개되는가에 관심을 두지 않을 수 없다. 이와 관련해서 중국과의 경제 교류를 제도화하기 위해 한국과 중국 간에 FTA를 조기에 체결해야 한다는 주장이 제기되었다. 또 이번 위기를 거치면서 한국은 다시 한 번 외환 면에서 취약국임이 드러났다. 당장은 투기성 단기 자본의 이동을 관리할 제도를 강화해야 한다. 가능하면 국제적인 공조를 통해서 토빈세와 같은 과세 방안이나 다자간 통화스왑 같은 방안을 도출해야 하고, 공조가 여의치 않으면 단독으로라도 대책을 강구해야 한다는 주장도 제기되었다. 마지막 토론은 이번 위기가 한국경제에 미치는 영향과 G20에서의 한국의 역할과 정책 대응에 초점이 맞추어졌다.

앞에서도 언급했듯이 2008 대불황은 현재 진행 중이며, 여러 정책 변화를 위한 토의도 이제 시작되는 단계이다. 2010년 5월 현재 세계경제는 2008년 9월의 충격에서 겨우 벗어난 상황이다. 상업용 부동산 문제, 그리스 등 국가의 재정위기와 여전히 심각한 실업 문제 등 복병은 여기저기에 숨어 있으며, 출구전략에 대해서도 논의가 분분한 상황이다. 따라서 여덟 차례의 토론에서 제기된 세계경제의 장기적이고 구조적인 변화는 그야말로 안개 속이라고 하시 않을 수 없나. 빛 차례의 토론회가 이런 문제에 대해서 결코 답을 제시할 수 없음은 분명하며, 또 토론의 깊이나 범위가 항상 만족스러울 수는 없었다. 그럼에도 불구하고 이 토론집을 엮어내는 이유는 이 시점에서 우리가 어떤 생각을 하고 있는지를 점검함과 동시에, 앞으로 어떤 변수에 관심을 기울여야 할 것인가를 제시하기 위해서이다. 개방된 세계경제 시스템의 지속 여부에 국가의 번영이 상당 부분 달려 있는 대한민국으로서는 앞으로 펼쳐질 세계경제의 대변화를 예의주시하고, 더 나아가 우리가 할 수 있는 만큼 영향력을 행사해야 하기 때문이다.

2010년 5월
정구현

제1장

글로벌 금융위기, 100년 만의 패러다임 변화인가?

토론일 · 2009년 5월 25일

발제 | 정갑영 (연세대학교 경제학부 교수)

1. 서론: 글로벌 금융위기와 대공황

최근 세계경제의 특징은 네 가지로 요약될 수 있다. 세계화와 혁신, 역동성 그리고 불확실성이 그것이다. 온 지구가 하나로 통합되는 세계화가 이루어지는 가운데 IT와 나노, 생명공학(BT), 청정기술(CT) 등 모든 분야에서 기술혁신이 빠르게 이루어지고 있다. 이런 역동적인 변화가 모두 경제에 영향을 미치고 있으니, 미래가 불확실한 것은 너무나 당연한 결과이다. 세계 각국에서 발생하는 모든 현상을 예측할 수 없고 여러 분야에서 나타나고 있는 과학기술의 혁신을 이해하기도 힘들다. 따라서 세계경제는 어느 때보다 변동성이 커지고, 불확실성도 높아지고 있다.

글로벌 경제는 차치하고 한 나라의 경제도 제대로 예측하기 힘든 시대가 도래했다. 국가는 물론 개인이나 기업도 변화하는 시장에 적응하기 힘든 격동의 시대를 살아가고 있다. 이번 글로벌 금융위기만 봐도 이런 특성이 그대로 드러난다. 10년 이상 호황을 구가하던 미국경제가 어느 날 갑자기 거품이 꺼지며 붕괴될 것이라고 누가 예측할 수 있었는가. 나아가 미국에서 발발한 금융위기가 엄청나게 빠른 속도로 전 세계로 파급된 것도 전대미문(前代未聞)의 현상이었다.

이와 같은 세계경제 불안은 앞으로도 반복적으로 나타날 가능성이 많다. 왜냐하면 불안정을 만드는 요인이 경제 내부에서 지속적으로 작용하고 있기 때문이다. 또 이런 세계경제의 특성이 쉽게 변화할 것 같지도 않다. 오히려 세계시장의 세계화는 더욱 심화될 것이며, 기술혁신이나 역동적인 변화의 속도도 더욱 빨라질 것이다. 뉴욕 증권시장의 변화가 실시간으로 우리에게 영향을 주고 있지 않은가. 이런 여건에서는 어느 누구도 경제의 미래를 정확하게 예측할 수 없다. 분명한 것은 오직 세계경제가 더욱 불확실하고 불안정하여 변동성이 크게 높아지고 있다는 사실뿐이다.

실제 자료를 분석하면 세계경제는 최근 들어 더욱 변동성이 커지고 있다. 우선 미국경제만 살펴봐도 1948년 제2차 세계대전 이후 2008년까지 크고 작은 경기침체가 11번 나타났으며, 침체 기간 면에서도 1948년의 11개월, 1973년과 1981년의 16개월, 그리고 6개월 내외의 단기 등 다양한 형태의 경기부침이 나타났다. 좀 더 거슬러 올라가면 1854~1919년 사이에는 16회의 침체가 있었고, 평균 침체 기간도 22개월이나 됐었다. 1919~1945년 기간에는 6번의 경기침체가 있었고 평균 18개월의 침체 사이클을 보였다. 1945~2001년에는 10회의 경기침체가 있었으며 평균 10개월의 침체기를 보였다. 최근에 가까워질수록 경기침체 기간이 단기화되는 경향을 나타내고 있는 것이다.

그럼에도 불구하고 2008년 하반기에 시작된 미국발 글로벌 금융위기는 지금까지 나타났던 경기순환과는 확연히 다른 패턴을 보여주고 있다. 실제로 이번 침체는 미국의 경기침체를 공식적으로 발표하는 전미경제조사국(NBER: National Bureau of Economic Research)에 따르면 2007년 12월부터 시작된 것이다.[1] 그 후 현재까지 지속되고 있다면 약 24개월 이상 침체된 것이고, 이는 제2차 세계대전 이후 가장 긴 침체였던 16개월을 훨씬 초과하는 대불황(Great Recession)에 해당된다. 또한 불황의 정도와 세계적인 확산 속도, 경제 전체에 미치는 파급효과 등 모든 면에서도 제2차 세계대전 이후의 어떤 사례와도 비교가 되지 않는다. 이런 의미에서 일부 전문가들은 이번 불황을 1930년대 초의 대공황(Great Depression)에 비견될 수 있는, 100년 만에 한 번 나타날 확률의 대불황이라고 지적하고 있다.

그렇다면 과연 이번 불황은 1930년대 초의 대공황과 비교될 정도로 심각한 것인가? 여러 관점에서 평가될 수 있겠지만 불황의 초기에 나타났던 경제상황을 보면 아직은 대공황에 비해 상대적으로 견조한 수준에서 움직이고 있다.

대공황과 이번 글로벌 금융위기를 몇 개의 지표로 비교하면 〈표 1-1〉과 같다. 1930년 1월에서 1933년 3월까지 미국에서 전체 은행의 50%에 해당하는 9096개가 도산한 반면, 이번 불황이 시작된 2007년 12월에서 2009년 3월까지 전체 은행의 약 0.6%인 57개만이 도산하였다. 실업률도 대공황기에는 25%까지 치솟았으나 이번에는 10%를 약간 넘는 수준에서 진정되고 있다. GDP성장률도 대공황기의 −26.5%와 비교하면 이번에는 −3.3%로 그리 낮지 않은 수준이다. 이 밖에 주가지수(Dow Jones)의 하락률과 디

---

1 NBER은 경기가 2분기 이상 지속적으로 침체하면 공식적인 경기불황(Recession)으로 선언한다.

| 표 1-1 | 대공황(1929)과 대불황(2008)의 경제지표 비교

	대공황	대불황
은행도산	9,096개(50%) [1930.1~1933.3]	57개(0.6%) [2007.12~2009.3]
실업률	25%	8.5%
경제침체	−26.5% [1929~1933]	3.3% [2008.2분기~2009.1분기]
다우존스 최고 하락률	−89.2% [1929.9~1932.7]	−53.8% [2007.10~2009.3]
물가변동	−25% [1929~1933]	+0.5% [2007.12~2009.3]
긴급정부지출제도	GDP의 1.5% [1934]	GDP의 2.5% [2009~2010]
재정정책	증세, 지출 축소	증세 자제
연방은행의 통화공급 증가	17% [1933]	12.5% [2008.9~2009.5]

자료: FDIC, Federal Reserve; Commerce Department; Dow Jones.

플레이션의 정도 등도 대공황과는 비교가 안 될 정도로 낮고, 비교적 단기간에 극심한 불황에서 벗어나고 있다.

이런 성과에도 불구하고 이번 위기를 대공황기와 자주 비교하는 이유는 무엇인가? 우선적으로 대공황을 제외하면 지금과 같이 2년 이상의 장기불황을 경험한 사례가 없기 때문이다. 또한 경제적 배경과 시작 시점의 여러 상황이 대공황기의 상황과 유사점이 많고, 정책대응에서도 중요한 시사점을 주기 때문이다. 대공황도 수년 동안 누적된 주식과 부동산 부문의 거품이 붕괴되면서 나타났고, 분배의 양극화가 심화된 상태에서 경기순환 국면의 하나로 발단이 되었다. 둘째, 대공황도 초기에는 불과 얼마 만에 성공적으로 극복되는 것처럼 보였으나, 결국은 오랫동안의 침체로 이어졌다. 흔히 말하는 더블딥(double dip)이 그대로 나타났으며, 두 번째의 불황이 더 큰 경기침체를 유발했다.

특히 당시 금본위제도의 운용에 따른 통화정책의 경직성, 수출 위주의 중상주의적 무역정책에 따른 보호무역의 강화, 소득세 인상을 통한 균형 재정의 추구 등 불황을 타개하기 위한 정책 조합의 오류가 오히려 불황보다 더 큰 공황을 불러온 것이다. 그럼에도 불구하고 당시에는 그와 같은 긴축지향적 정책이 불황에 빠진 경제를 조기에 회복시킬 수 있을 것으로 믿었다.

따라서 이번에는 금융위기가 발발하자마자 대공황의 정책 실수를 되풀이하지 않기 위해서 글로벌 정책공조와 천문학적인 통화확대, 재정적자의 확대 등이 전 세계적으로 신속하게 실시되었고, 그 결과 금융위기의 조기 수습이 가능하게 된 것이다. 특히 각국이 위기 상황에서도 보호무역의 유혹을 떨쳐버리고 교역의 확대를 주창했으며, 역사상 최초로 주요국의 중앙은행이 동시에 금리인하와 통화확대를 실시하는 공조를 보여주었다.

대공황이 최근 위기관리정책에 주는 또 하나의 시사점은 더블딥에 대한 대응이라고 할 수 있다. 1929년 9월 3일 다우존스지수는 381.17로 정점을 찍은 후, 10월 29일에 대폭락하였으나 곧이어 반등하여 같은 해 12월 294.07까지 상승하였다.

이러한 단기상승을 보고 많은 학자들과 정책당국이 초기에 불황이 마무리되는 것으로 평가하였던 것이 사실이다. 그러나 그 후 경제는 본격적으로 '불황'에서 '대공황'으로 악화되었다. 1932년 6월 말에는 다우지수가 41.22까지 다시 폭락하였고, 증권시장이 1929년의 정점을 회복하는 데는 거의 25년이나 걸렸다. 불황은 일시적으로 회복될 수 있지만, 정책의 성패에 따라서는 더 큰 공황을 불러올 수도 있다는 사실을 여실히 보여준 셈이다. 대공황의 이러한 교훈은 향후 출구전략의 중요성을 다시 한 번 확인시켜 주고 있다.

미국에서 발발한 2008년의 금융위기는 대공황보다 더 빠르게 전 세계로 확산된 대불황인 것은 사실이지만, 국가 간의 정책공조와 천문학적인 금융재정의 확대로 신속한 회복을 보이고 있다. 따라서 대공황과 같은 극심한 불황 상태가 재연될 가능성은 적어 보인다. 그럼에도 불구하고 아직도 장기불황의 가능성이 모두 사라진 것은 아니며, 상당 기간에 걸쳐 불안한 등락을 거듭하며 회복기를 맞게 될 것 같다. 이 과정에서 각국의 출구전략과 정책공조 방향, 원자재 가격을 비롯한 물가 문제, 글로벌 불균형 등이 경제의 안정적 회복을 지속적으로 위협하게 될 것이다.

2. 글로벌 경제위기의 원인

이번 글로벌 위기의 발생 원인에 대해 많은 논란이 있었지만, 직접적인 요인은 미국의 서브프라임 모기지와 과다한 레버리지에서 비롯된 것이 사실이다. 이것은 다시 그린스펀 이후 지속된 금융완화와 팽창정책에 따른 거품의 붕괴 과정에서 발생한 것이라고 할 수 있다. 장기간에 걸친 금융완화정책을 배경으로 금융혁신을 응용한 다양한 파생상품이 등장하였고, 이에 따른 잠재적 위험을 간과한 금융규제정책의 이완도 위기 발생의 배경이 되었다. 파생상품의 다양화로 CDO(부채담보부증권)와 CDS(신용파산스왑) 등 자산유동화증권도 무분별하게 등장하였으며, 규제당국과 금융회사의 취약한 위험관리 또한 위기 촉발을 방치하였다. 이에 따라 규제권 밖에 있는 비은행금융기관(Shadow Banking)의 규모가 급속히 확대되었으며, 이 부문에 대한 위험관리의 공백이 간접적인 위기의 원인이 된 것이다.

나아가 글로벌 불균형도 위기 발생의 근인(根因)이 되었다. 1990년대 이후 세계는 흑자국과 적자국의 격차가 크게 벌어지는 불균형 현상이 심화되었다. 이에 따라 미국과 선진국의 적자는 심화되고 중국과 산유국 등의 흑자는 더욱 커지는 양극화 현상이 나타났다. 1980년대의 원유파동과 외채위기, 그리고 1990년대의 신흥시장의 성장으로 글로벌 불균형은 시간이 갈수록 더욱 심화되었고, 이에 따른 미국의 적자 심화와 달러가치의 불안도 위기의 한 배경이 되었다. 또한 세계화의 심화로 국가 간의 연결성이 확대되면서 전 세계로 위기가 신속하게 파급되었고, 피해의 규모도 전대미문으로 확산된 것이다.

실제로 금융 부문에서 위기의 원인을 구체적으로 살펴보면 금융혁신이 시스템 전체를 취약하게 민든 측면도 있다. 징보통신기술이 발전하면서 IT 기반을 활용한 금융혁신이 신속하게 추진되었고, 이에 따라 최첨단의 글로벌 네트워크와 연결성이 빠르게 확대되었기 때문이다. 높은 레버리지와 최첨단의 연계성이 구축된 환경에서 금융혁신이 등장하면서 시스템의 안정성이 쉽게 무너져 내린 것이다.

일반적으로 네트워크 이론에 따르면 네트워크의 연결성이 확대될수록 시스템의 효율성은 크게 증가한다. 또한 공학 부문에서는 전원이나 CPU(중앙처리장치) 등의 핵심 부문이 붕괴되면 대체전력을 공급하고 시스템을 재가동시키는 것이 어렵지 않다. 따라서 금융서비스에서도 네트워크가 확대될수록 효율성이 제고되는 것으로 믿어왔다. 그러나 공학 분야와는 달리 네트워크가 고도로 발달한 금융서비스에서 컨트롤 타워나 시스템이 붕괴되면 누구도 이를 신속하게 대체할 수 없기 때문에 전 세계가 혼란에 빠질 수도 있다는 사실을 이번 위기를 통해 처음으로 체험한 셈이다.

경제학에서는 주로 개별 경제주체의 적정화와 수익의 극대화 전략을 연구하지만, 정작 시스템 자체가 붕괴될 경우에 나타나는 시스템의 불안정성에 대한 연구에는 소홀했다. 경제학에서는 적정한 균형점을 찾는 분석을 많이 하지만, 현실에서는 오히려 준최적 균형이 많이 나타난다. 그러나 이에 대한 연구도 그동안 일천했다. 거시경제의 안정적 균형을 가져다줄 시스템의 안정조건이나 적정한 연결성의 정도에 대한 연구가 거의 이루어지지 않았던 상황에서 금융위기가 순식간에 전 세계에 파급되었으니, 경제위기가 급속히 확대될 수밖에 없었던 것이다. 앞으로도 새로운 금융혁신이 지속적으로 이루어지면서 이론적 분석이나 규제수단이 미처 새로운 형태의 서비스를 쫓아가지 못하는 현상이 등장할 가능성이 상존한다.

한편 경제주체의 도덕적 해이도 이번 위기의 중요한 배경이 되었다는 시각이 많다. 금융서비스의 과정에서 소비자는 물론 금융기관과 규제기관이 모두 자신의 이익만을 추구한 결과 사회적 공익성이나 국민경제 전체에 미치는 파급효과가 전혀 고려되지 않았던 것이다. 예를 들어 유동화증권의 발행과정을 보면, 처음 모기지의 개발자와 서비스 기관, 유동화증권의 발행자, 증권을 근거로 한 CDS의 발행자, CDS의 보증증권의 판매자, 신용평가기관 등이 모두 자신의 단기적인 이익을 추구하기 위한 목적으로 사업을 전개하였을 뿐 경제적 파급효과나 사회적 위험은 전혀 도외시했다. 일부 기관은 실제로 국민경제적 차원에서의 잠재적 위험이 존재함에도 불구하고, 이를 묵인한 채 자신의 이익만을 추구하는 도덕적 해이 행태를 나타냈다.

특히 많은 기업들이 CEO의 임기 내 단기적인 수익만을 추구하고, 부채비율의 과다에 따른 경제적 파장을 전혀 고려하지 않는 기업행태를 보였다. 예를 들면, 엄청난 주택금융을 제공한 프레디맥(Freddie Mac: 미 연방주택담보대출공사) 같은 기관은 손실을 정부가 보전하는 체제를 유지하여, 주택가격의 거품에도 불구하고 양적 성장만을 중시하는 경영행태 때문에 적절한 통제 없이 금융확대정책을 실시하였다. 또한 경제주체 간의 비대칭적 정보의 공유로 인해 전체 국민경제에서의 시스템 리스크를 적절히 평가하지 못한 것도 도덕적 해이를 부추기게 한 요인이다.

이런 현상은 전통적인 고전학파의 경제학에 따르면 '보이지 않는 손'에 의해 자율적인 조정을 거쳐 균형으로 가야 하지만, 지나친 시장의 왜곡으로 균형으로 되돌아갈 자율적인 복원력을 잃고 시스템 자체의 붕괴에 이르게 된 것이다. 이 과정에서 전문가들마저도 컴퓨터를 활용한 위험모델에 대한 무지로 잠재적 위험을 지나치게 간과했다. 그러다 어느 순간 잠재적 위험이 현재화되면서 전 세계로 연결된 글로벌 네트워크를 타고 최첨단의 IT 기술에 힘입어 순식간에 지구 전체에 위기가 파급되는 결과를 가져왔다.

실제로 컴퓨터에 의한 위험관리모델에 대한 무지는 여러 요인에서 비롯되었다. 우선은 헤징(hedging)이나 옵션, 파생상품 자체가 기술적으로 너무 복잡하고 난해하여 전문가들조차도 쉽게 이해하기 어렵다는 단점이 있었다. 이러한 상품의 복잡성, 도덕적 해이에 따른 인센티브와 투명성의 부족, 경제주체 상호 간의 비대칭적 정보 등으로 인하여 시스템 와해의 위험성을 간과했고 일단 사건이 발생한 이후에는 글로벌 네트워크와 연계성의 확대로 급속하게 세계경제를 불황으로 몰고 갔던 것이다.

이와 같이 이번 글로벌 금융위기는 금융완화로 인한 거품의 형성, 국제 간의 불균형 확대, 금융혁신에 따른 다양한 파생상품의 등장과 적절한 규제의 결여, 경제주체의 도덕적 해이, 비대칭적 정보로 인한 시스템 와해의 위험에 대한 과소평가 등이 복합적으로 작용하여 발생한 것이다. 그리고 글로벌 네트워크와 첨단의 연계성이 뒷받침되어 신속하게 전 지구에 파급된 사건이라 할 수 있다.

3. 신자유주의의 위기인가?

"Milton Friedman: Proud Father of Global Misery!" 글로벌 금융위기 이후 일부 단체가 미국 주요 도시에 붙여놓은 포스터의 격문(檄文)이다. 20세기 자유시장경제의 간판 스타인 노벨 경제학자 프리드먼(M. Friedman)에 대한 논란은 어제 오늘의 얘기가 아니지만, 최근 금융위기의 원인을 놓고 해묵은 이념 논쟁이 다시 확산되고 있다. 과연 이번 위기는 시장자율과 작은 정부를 주창해온 자유주의의 오류에서 비롯된 것일까? 아니면 과잉유동성, 재정확대 등 정부의 비대화에서 비롯된 재앙일까?

이런 논란에 관계없이 세계 각국에서는 금융위기로 붕괴된 시장에 정부가 직접 개입하는 구조조정이 빠르게 진행되고 있다. 미국에서도 거대은행들은 물론 제조업의 상징이었던 GM마저 정부가 60%의 지분을 갖게 됐다. 'GM(General Motors)'이 'GM(Government Motors)'으로 전환된 셈이다. 모든 부문에서 정부규제가 강화되면서 경제의 컨트롤 타워가 시장에서 정부로 이관되고 있는 것이다. 일부에서는 이런 현상이 새로운 패러다임으로 변화하는 구조적 추세라고 주장한다. 그렇다면 과연 이번 위기는 시장을 중시하는 신자유주의의 잘못된 정책에서 비롯된 것인가?

흔히 자유주의로도 일컬어지는 시장경제는 사유재산의 보호와 작은 정부, 개인의 자율과 책임, 거래의 자유 등을 그 핵심으로 표방하고 있다. 이런 이념 아래서 신자유주의 정책은 자유무역과 규제의 최소화, 재정규모의 축소 등을 추진한다. 일각에서는 이번 위기가 정부와 통화당국이 시장의 자율적인 조정만을 믿고 자유방임적으로 버려둔 결과에서 비롯되었다고 주장한다. 만약 정부당국의 적극적인 규제와 개입이 있었다면, 금융시스템이 붕괴되는 위기는 방지할 수 있었다는 것이다. 특히 미 연방준비제도이사회(FRB)가 파생상품의 확산 등을 시장에만 맡기고 규제하지 않은 결과가 바로 글로벌 금융위기의 직접적인 계기가 되었다는 주장이다.

그러나 자유주의의 관점에서는 이러한 비판이 자유주의에 대한 기본적인 이해의 부족에서 비롯되었다고 주장한다. 왜냐히면 프리드먼은 오래전부터 정부지출 확대와 과다한 부채를 가장 신랄하게 비판하며 작은 정부론을 주창했었고, 이런 관점에서 보면 금융위기의 주범도 작은 정부와는 거꾸로 간 정부 부문의 지나친 비대화에서 비롯된 것이라고 분석한다. 또한 거품을 야기한 과잉유동성의 공급도 모두 프리드먼의 이념과는 완전히 거꾸로 간 과다한 개입이었다는 것이다.

자유주의에서는 중립적인 통화정책을 제창하여 경기변동보다는 시장규칙에 따라 일정하게 00%의 통화량을 공급하라고 한다. 정부가 인위적으로 통화공급을 조절하면, 경제는 오히려 술 취한 운전자가 고속도로를 지그재그로 달려가듯이 경기변동을 더 불안하게 확대시키고 거품을 유발한다는 것이다. 따라서 인위적인 금융완화정책은 오히려 자유주의와 상반된 정책이며, 이것이 곧 금융위기의 핵심이라는 것이다.

물론 당시 그린스펀의 통화정책은 양면성을 갖고 있었다. 저금리로 금융완화정책을 추진한 것은 당연히 반자유주의라고 비판받을 소지가 있으나, 파생상품 등의 규제에 대해서는 정부의 개입이 없어도 '시장의 합리성'이 균형을 이룩하게 된다는 논리를 폈다.

실제로 미국의 금융정책도 규제완화와 개입강화가 주기적으로 반복되어 왔으며, 상업은행과 투자은행의 분리와 겸업 허용도 위기를 겪을 때마다 정책적인 선택이 달라졌던 것이 사실이다. 다시 말하면 적절한 규제와 개입의 균형을 찾는 게 그만큼 어렵다는 얘기다.

그러나 과연 "거품이 형성되는 과정에서도 경제주체는 합리적인 행동을 하는가?"에 대해서는 많은 의문이 제기되고 있는 게 사실이다. 오히려 거시적인 차원에서 프리드먼의 중립적인 금융정책을 실시하고, 미시적인 차원에서 개인의 과다한 이익추구에 대한 규제가 실시되었다면 상황은 전혀 달라졌을 것이다.

실제로 경제 운용에서 시장과 정부의 역할에 대한 논란은 경제학의 역사와 함께 시작된 오래된 논쟁이다. 자유방임으로 시장을 중시하다가 위기를 맞으면 정부개입이 강화됐고, 규제의 부작용이 심화되면 다시 시장 자율을 강조하는 반복된 과정을 거쳐왔던 것이 사실이다. 그러나 현재까지의 경험상 시장이 모든 현안을 완전히 해결할 수는 없었지만, 정부뿐만 아니라 그 어떤 대안보다도 더 많은 문제를 효율적으로 풀어왔다는 사실을 부인하기 어렵다.

물론 시장의 효율성만으로 모든 경제 문제가 해결되는 것은 아니며, 공공성이 강한 부문에서의 시장자율은 오히려 더 큰 부작용을 가져올 수도 있다. 따라서 맹목적으로 시장자율이 효율성을 보장한다는 논리는 심각하게 도전받고 있으며, 금융 부문에서도 규제완화를 통한 금융서비스의 효율성 증진에는 많은 한계가 있다는 사실이 입증된 셈이다. 그렇다고 정부의 개입이 만능은 아니며, 과다한 개입에 따른 부작용은 이미 사회주의 실험을 통해서 입증되었다.

그럼에도 불구하고 시장만큼 인간의 창의와 혁신을 극대화할 수 있는 제도는 아직 등장하지 않고 있으며, 정부개입의 강화로 인한 일시적인 시장 기능의 위축에도 불구하고, 시장경제의 이념은 지속적으로 보완되며 발전할 것이다. 특히 시장자율을 바탕으로 효율성과 창의성을 극대화하면서, 시장 기능이 효율적으로 작동할 수 없는 부문에 대한 정부의 제한적인 개입이 이루어져 경쟁과 효율성을 극대화하는 기제가 도입되어야만 할 것이다. 나아가 비이성적이고 비합리적인 인간의 행태가 나타나는 분야에서 적절한 균형의 유도 역시 시장의 자율성과 정부의 개입을 적절히 조합하는 모형으로 개발되어야 할 것이다.

4. 패러다임의 변화(paradigm shift)?

여러 논란에도 불구하고 이번 위기를 계기로 시장만능이나 자율과 창의성을 강조하며 작은 정부를 지향하는 신자유주의적 논리 등은 상당 기간 후퇴할 수밖에 없을 것으로 보인다. 대신 정부 역할의 중요성이 새롭게 부각되고, 금융서비스는 물론 많은 산업 부문에서 정부개입의 당위성이 제기될 것이다. 시장자유주의적 접근인 민영화정책도 당분간 후퇴할 수밖에 없을 것이며, 금융서비스를 중심으로 여러 산업에서 국유화가 확대될 것으로 보인다. 특히 부실산업에 대한 구제금융과 정부개입 등이 보편화될 것이며, 이것이 곧 위기의 경제를 구조조정하는 전형적인 수단으로 확산될 것이다.

실제로 거시경제정책에서도 위기 타개를 위한 긴급조치를 계기로 대규모의 재정적자와 통화량 확대가 이루어지면서 정부 부문의 역할이 크게 증대할 수밖에 없는 상황이다. 금융 부문에서는 엄격한 리스크 관리를 빌미로 정부에 의한 관치의 행태가 더욱 확산될 것이다. 특히 과거에 관치의 경험이 있었던 한국과 같은 신흥공업국에서는 정부정책이 다시 몇십 년 전으로 후퇴하여 모든 산업에서 정부의 입김이 강해지는 경향이 나타날 것이다. 정부 부문의 확대와 통화량의 확대는 전통적으로 경기회복과 더불어 경기과열을 불러오는 경향이 있다. 특히 일단 풀린 통화는 쉽게 환수하지 못하는 비대칭적인 통화정책의 한계 때문에 쉽게 긴축으로 선회하여 물가안정에 주력하기도 어려운 입장이다. 이것은 곧 출구전략의 한계를 의미하는 것으로서 앞으로 수년간 세계경제가 당면하게 될 가장 큰 과제가 될 것이다.

국제적으로도 이번 위기를 계기로 자유주의와 글로벌 거버넌스에 상당한 변화가 불가피할 것으로 예상되며, 국제 간 금융서비스에 대한 협력과 조정, 규제 등이 강화될 것으로 보인다. 이러한 경향에 따라 국가 간 자유로운 자본이동과 이로 인한 환율의 등락, 외환투기 등에 대한 새로운 국제규범의 필요성이 크게 증대되고 있다. 또한 미국의 적자 확대와 달러 공급의 과잉으로 달러가치의 하락이 불가피할 것이며, 기축통화의 교체 논의도 활발하게 이루어질 것이다. 물론 달러가치의 불안정에도 불구하고 당장 달러를 대신할 기축통화를 찾는 게 어려운 것도 사실이다. 유로나 엔화, 위안화 등이 모두 국제적인 기축통화로 사용되기에는 한계가 있기 때문이다. 따라서 기축통화의 대체는 점진적으로 이루어질 것이므로 실질적 교체에는 상당한 시간이 소요될 것으로 보인다. 최근 원유나 금값의 상승도 달러가치의 하락에 대비한 실물투기 요인이 상당히 반영된 것이라 할 수 있다.

또한 이번 위기를 계기로 당분간 국제 간 동반 성장에 대한 신화가 실현되기는 어렵게 되었으며, 자유시장경제는 항상 경기의 붐(boom)과 과열된 경기의 붕괴(bust)가 지속적으로 나타날 수밖에 없다는 사실을 재확인하게 되었다. 나아가 글로벌 신용창출이 상당히 위축될 것으로 보이며, 일부에서는 자국 산업과 고용을 보호하기 위한 새로운 형태의 보호무역이 강화될 것으로 보인다.

5. 경제학, 다시 써야 하나?

이번 글로벌 금융위기 이후 경제학은 위기를 조기에 예측하지 못하는 학문이라는 비판을 많이 받았다. 그러나 경제학이 미래를 예측하지 못하는 것은 방법론의 문제라기보다는 학문의 기본적인 특성에서 비롯된다고 할 수 있다. 경제의 세계화 이후 경제 현상에 영향을 미치는 변수는 무수히 많아졌으며, 국가 간 네트워크나 연계성이 너무 복잡하여 특정한 사건이 전체 경제에 미치는 영향이 그 어느 때보다도 커지게 되었다. 이런 상황에서 세계 곳곳에서 나타나는 변화를 예측하는 것은 쉬운 일이 아니다. 실제로 인문사회과학에서는 물론 자연과학에서조차도 미래에 대한 예측을 정확하게 할 수 있는 분야가 몇이나 되겠는가.

그럼에도 불구하고 기존의 경제학이 일반적으로 제약된 조건에서 자원배분의 효율을 극대화하거나 적정한 균형을 찾는 연구에 치중해온 것은 사실이다. 이 과정에서 경제주체의 합리성을 가정하고, 희소한 자원을 가장 효율적으로 배분하여 적정한 균형을 찾는 과제는 사회과학의 어떤 분야보다도 고급화된 방법론을 활용하고 있다. 그러나 최근 과학기술의 발달과 IT를 응용한 다양한 상품의 개발로 모든 산업 분야에서 '희소성'이 더 이상 문제가 되지 않는 부문이 많이 등장하게 되었다. 금융서비스 부문에서도 과거처럼 자원의 희소성 문제가 심각하지 않게 되었고, 일부 정보재에서는 오히려 규모의 경제가 발생하는 현상도 등장하였다.

이러한 기본 여건의 변화와 함께 자원배분의 문제에 다른 접근의 필요성이 대두되었고, 각 경제주체의 이익 추구가 전체적으로 조화되어 국민경제의 균형이 달성된다는 조정의 문제에서도 새로운 시각이 필요하게 된 것이다. 전통적으로 신고전학파 경제학에서는 가격기구(price mechanism)에 의해 모든 게 효율적으로 조정이 된다고 믿어왔으나, 개별 주체(single actor)가 모두 이익을 추구하면 사회 전체적으로 후생이 극대화된다는 대전제에 현실성이 결여된다는 지적이 등장한 것이다.

다시 말하면, 기존의 경제학은 개별 주체의 이익 추구 행동과 거시적인 사회적 후생의 극대화를 조정해주는 기제(mechanism)가 존재하지 않는다는 비판을 받고 있다. 실제로 시장은 이런 조정기구로서는 효율적으로 작동하지 못했었다. 예를 들면 과잉투자와 거품이 생기고, 개별 주체의 이익 추구로 인한 과잉투자와 거품의 발생, 그리고 위기가 도래하는 과정이 사회적으로 큰 재앙이 되는 결과를 가져온다는 것이다. 이 밖에도 기존의 경제학은 시스템 붕괴에 따른 위기 상황에 대처하는 모델의 개발, 중앙은행의 기능과 역할, 네트워크와 금융혁신의 확산 등에 대한 연구가 결여되었다는 지적을 받고 있다. 개별 주체의 이익 추구에는 효용성이 입증된 이론이 거시경제의 균형과 위험을 설명하는 데는 한계를 드러내 보인 것이다. 따라서 거시경제의 성과에 영향을 미치는 미시적인 연구기반의 확대(microfoundation of macroeconomic performance)가 시급한 경제학의 현안으로 부각되고 있다.

경제학의 한계는 여기서 그치지 않는다. 블랙 숄즈(Black-Scholes)의 모형에 따라 금융공학적으로 개발된 파생상품도 원래는 위험분산을 위해 만들어졌지만, 이것이 결국 금융시스템 붕괴를 가져올 수도 있는 잠재적 위험을 파악하지 못한 것도 이론적인 취약점으로 지적된다. 역사적인 자료와 실증적인 분석모델의 부족이 결국은 본래 목적인 위험분산에서 크게 벗어나 시스템 붕괴를 초래하게 된 것이다.

모든 학문은 시행착오를 거치며 발전하기 마련이다. 경제학도 물론 이런 과정에서 예외일 수는 없다. 따라서 기존의 경제학을 다시 써야 한다는 방향이 아니라 오히려 위기를 통해 나타난 기존 이론의 한계를 극복하면서 분석의 영역을 확대하는 것이 경제학계에 주어진 과제라고 할 수 있다. 예를 들면 기존의 경제학 이론은 대부분 개별 주체의 합리성을 전제로 개발되었지만, 현실에서는 비합리적으로 행동하는 경우도 많다. 따라서 합리성을 전제로 한 이론이 틀린 것이 아니라, 비합리적으로 행동하는 주체가 있는 경우에도 적용할 수 있는 이론의 개발이 요구되는 것이다.

이런 관점에서 보면 향후 경제학의 연구방법론은 개별 경제주체와 전체경제를 연결하고 조정하는 기제의 연구와 각 주체의 행동 준거가 되는 인센티브를 통합했을 경우에 나타나는 거시경제적 영향 등 미시적 동기와 거시적 성과의 관계를 조정하는 분야의 연구가 필요할 것이다. 또한 시장이나 정부에 의한 조정의 실패와 시스템의 위기, 경제주체 간의 연계성, 네트워크와 연결된 세계경제의 동시성 등에 대한 연구도 필요할 것이다. 이 밖에 적정한 위험관리의 모형, 불균형 상태에서 다시 균형을 회복하는 기제, 붐과 버스트(Boom&Bust)의 충격을 최소화하는 모델 등 역동적인 글로벌 경제의 부침 가운데 지속적인 안정을 찾을 수 있는 새로운 분야의 연구가 이루어져야 할 것이다.

정부의 역할을 새롭게 조명하는 것도 경제학의 새로운 과제로 등장할 것으로 보인다. 이미 중앙은행의 역할은 기존의 교과서를 다시 쓸 만큼 변화한 것이 사실이다. 미 연방준비제도이사회는 곤경에 빠진 GE와 같은 우량기업을 구제하기 위해 기업어음을 직접 매입하여 중앙은행과 기업을 연결하는 자금공급자라는 파격적인 역할을 하였다. 이것은 금융경색의 위기에서 중앙은행이 아무리 상업은행에 자금을 공급해도 기업에게 제대로 공급되지 않은 '유동성 함정'의 위기에 대처한 긴급조치로서 기존 교과서에 언급되지 않은 중앙은행의 파격적인 정책이었던 것이다.

일부에서는 이미 시장의 가격기구에 의한 '보이지 않는 손'은 존재하지 않고, 합리성에 따라 움직이는 경제주체가 극히 적은 현실에서 기존 경제학의 유용성이 극히 저하되었다는 주장도 제기되고 있지만, 합리성을 전제로 한 경제주체의 행태 분석이나 시장기구의 유용성 자체는 이미 확고히 정립된 내용이 아니겠는가. 특정한 가정이 변경된다고 해서, 기존의 이론을 무용한 것으로 보지 않고, 새로운 가정에도 적용할 수 있는 새로운 이론을 보완하여 모든 상황을 설명할 수 있는 이론의 완전성을 확보해가는 것이 더 바람직한 접근이라고 할 수 있다.

6. 금융위기가 남긴 과제

이번 금융위기는 외형상 빠른 속도로 회복되고 있으며, 세계경제에 많은 교훈과 시사점을 던져주고 있다. 가장 큰 영향은 역시 글로벌 패러다임의 변화라고 할 수 있다. 일부에서는 경제위기를 계기로 선진국의 보호무역이 확대되어, 무역자유화나 세계화 현상은 후퇴할 것이라는 지적도 있다. 그러나 세계화는 교통통신과 과학기술의 발달로 더 이상 역행할 수 없는 추세가 되고 있다. 오히려 앞으로도 세계화 추세는 더욱 확대되어 그동안 비교적 국제 간의 교역이 적었던 전통적인 서비스 부문에 이르기까지 세계시장으로 통합되는 현상이 심화될 것이다. 이번 위기에서도 다행히 대공항 때 자국 산업의 보호를 위한 관세의 인상이 세계경제불황을 악화시킨 교훈 때문에 어느 국가도 보호무역정책을 들고 나오지 않았다.

세계화가 더욱 확대되면서 글로벌 거버넌스와 국제통화체제는 점진적으로 변화할 것으로 보인다. 특히 달러화의 위상이 약화될 수밖에 없을 것으로 보이며, 이에 따른 기축통화의 대체가 지속적으로 이루어질 것으로 전망된다. 따라서 기존 IMF 체제의 국제통화제도도 어떤 형태로든 보완이 불가피할 것이다. 이에 따라 미국의 세계경제 주도권은 점차 퇴색할 것이며, 미국과 중국의 G2, 또는 G20의 역할이 점차 확대될 것으로 보인다. 이 과정에서 중국의 부상이 두드러질 것이며, 위안화의 국제화 노력이 지속적으로 추진되고, 유로화의 역할도 점진적으로 증대할 것이다.

글로벌 금융규제의 패러다임도 점차 변화할 것이다. 특히 금융혁신에 따라 개발된 파생상품 등에 대한 규제가 위험관리 차원에서 전 세계적으로 확산될 것이며, 외화의 유출입, 외환투기 등에 대한 국제적인 공조도 모색될 것으로 보인다. 금융규제의 강화에 따른 비효율도 크게 증가할 것으로 보인다. 그럼에도 불구하고 과학기술의 발달로 금융혁신은 더욱더 증가할 것이며, 혁신을 통해 개발된 구조상품을 완벽하게 규제하거나 통제하는 것은 현실적으로 거의 불가능할 것이다. 따라서 혁신과 세계화로 규제받지 않는 금융기관은 조만간 재출현하게 될 것이다.

미국의 국제적 위상이 점진적으로 쇠퇴하게 될 것이라는 전망도 어렵지 않게 할 수 있다. 미국은 이미 군사비를 제외하고 무역규모와 GDP, 특허 등 여러 경제지표에서 1990년대 이후 급격한 추락세를 보이고 있다. 이번 위기로 금융산업의 타격이 컸고, GM을 비롯한 주요 기업들의 피해와 가계와 국가부채의 증대 등으로 미국의 상대적 위상 약화는 앞으로도 지속될 것이다.

주요 선진국에서는 위기 이후에도 상당 기간 민간소비의 위축과 저성장이 불가피할 것이다. 이것은 부채감축 과정에서 불가피하게 나타나는 현상으로서, 미국은 이미 민간의 저축률이 과거 마이너스 수준에서 2009년 말 기준 5~6%까지 올라왔다. 이러한 저축증대와 민간소비의 감소로 정부재정의 확대와 금융완화 등 경기부양정책에도 불구하고 당분간 높은 성장을 기대하기 어렵다.

기업경영의 측면에서 CEO의 패러다임도 한동안 변화할 것으로 보인다. 기업의 단기적인 성과주의와 거버넌스, CEO의 보상과 평가, 위험관리의 투명성 등이 기존의 패러다임이 갖고 있었던 단점으로 새롭게 조명될 것이다. 세계적인 거대 금융회사의 몰락, CEO의 과다한 보수와 이익추구 행태에 대한 사회적 비난 등이 변화를 요구하는 요인으로 작용하고 있다.

이번 위기는 신흥개도국에도 중요한 시사점을 제공하고 있다. 우선 경제는 항상 순환적인 변동을 거치면서 때로는 시스템의 위기가 닥칠 수 있으므로 언제나 안전벨트를 단단히 매고 위험관리를 해야 한다는 교훈이다. 역사적으로도 위기는 불규칙적인 주기를 갖고 되풀이된 것이 사실이다. 또한 1997년의 외환위기에 이어 이번에도 공통적으로 나타났던 개도국의 위험은 바로 외환시장의 혼란에서 비롯된다는 점이다. 위기가 발생하면 자본의 해외유출이 발생하고, 환율이 폭등하여 평가절하 현상이 나타나며, 외환부족의 위험에 따른 국가부도의 공포가 엄습하며, 이어 실물경제가 침체되는 현상이 반복되는 것이다.

이 과정에서 위기관리의 가장 기본은 외환시장의 혼란을 방지하기 위한 충분한 외환보유액의 확보와 대외부채의 감축, 은행과 기업의 재무구조 건실화에서부터 출발해야 한다. 그러나 개도국의 외환보유액 확대는 다시 미국 등 일부 국가의 적자를 확대시키는 결과를 가져와 글로벌 불균형이 더욱 확대되는 악순환을 야기한다. 따라서 세계경제는 글로벌 불균형이 해소되고, 경제 불안에 대한 위험이 사라지기 전까지는 글로벌 불균형이 더욱더 심화되는 악순환의 구조를 갖고 있다. 이것은 이번 위기가 회복된 이후에도 경제의 부침이 지속되고 다시 경제위기가 다가올 것이라는 비관적인 전망의 근거가 되고 있다.

또한 재정건전성의 확보로 국가위험을 최소화하고 위기 발생 시에도 정부의 단기 경기부양능력을 극대화할 수 있게 준비해야 한다. 정부나 기업의 과다한 부채가 위기를 불러온다는 사실도 다시 한 번 입증되었다. 대공황 때도 정부와 기업의 부채비율이 최대 수준으로 올라갔고, IT 버블 때도 그러하였으며, 2007년에도 GDP 대비 부채비율이 사상 최고를 기록했었다.

산업의 균형발전을 추구하여 수출산업뿐만 아니라 서비스 등의 내수산업의 경쟁력을 제고시켜 경제의 대외의존도를 낮추는 것도 중요하다. 대체로 서비스산업은 제조업보다 경기 의존적인 변동성이 적기 때문에 외부충격에도 대내적인 안정성을 유지하는 데 크게 기여할 수 있다.

이번 위기가 과연 100년 만에 한 번 오는 지각변동을 가져올 만한 사건인가? 현재까지 상황을 평가한다면 대공황보다는 약한 대불황으로 종결될 가능성이 높다. 이번 위기는 시장경제의 전형적인 경기부침과정이 금융혁신과 세계화라는 새로운 환경 속에서 큰 파장을 일으키며 금융시스템을 마비시킨 사건이라 할 수 있다. 파급효과의 신속성, 피해의 절대적 규모면에서 전대미문의 위기였고, 위기수습과정에서 보여준 재정지출과 통화량 확대의 규모, 중앙은행의 직접개입, 국제 간 공조 등도 역사상 사례가 없었던 정책이었다.

이러한 과감하고 혁신적인 정책에 힘입어 글로벌 경제의 단기회복이 가시화되고 있는 것이다. 만약 이런 정책이 없었다면 이번 글로벌 금융위기는 대공황보다 더 큰 피해를 가져올지도 모르는 잠재적 가능성을 안고 있었다.

자유시장경제의 대부인 하이에크는 "시장과정(market process)을 무시하고 통화량을 규제하면 경제가 불안정해진다"고 지적했으며, 프리드먼은 "통화가 모든 것을 결정한다"고 말했다. 금융완화와 시장의 자율과 합리성을 강조한 그린스펀은 위기 이후 의회 청문회에서 "내 실수였다"고 고백하였다.

과연 통화량만 제대로 조정한다면 모든 경제 문제가 해소될 수 있는 것일까? 그렇다면 '시장과정'에 의한 적절한 조정은 어떻게 이루어지는 것일까? 시장과정만 신봉하다가 경기가 계속 침체된다면, 그래도 기다리는 것이 바람직한 것일까? 그러다 케인즈의 말처럼 "장기적으론 우리는 모두 죽는다(In the long run, we are all dead)!"의 상황이 되는 것일까? 위기가 수습되어도 경제학의 문제는 여전히 미제(未濟)의 연구과제로 남고, 언젠가 위기는 다시 새롭게 변형된 모습으로 엄습하게 될 것이다.

| 개요 |

제1회 토론에서는 주로 이번 글로벌 금융위기의 원인과 결과, 그리고 위기 이후의 변화에 대한 논의가 전반적으로 이루어졌다.

금융위기의 원인으로는 글로벌 불균형과 과도한 통화공급, 규제를 벗어난 금융상품 등이 많이 언급되었고 위기의 도화선이 된 금융 및 통화의 문제 뒤에 매우 복합적인 원인이 작용했다는 의견이 제시되었다.

자본주의의 향방, 금융규제 방식 등 위기 이후 변화에 대한 다양한 논의도 이루어졌다. 영미식 자본주의가 한계를 드러내 자본주의의 질적 변화를 초래할 것이고, 금융 시스템 안정을 위한 규제가 강화되리라는 전망이 나왔다.

이번 위기는 복합적 원인이 작용한 사태인 만큼 전망 또한 금융 및 통화의 시각을 넘어선 다양한 관점에서 제시되어야 한다는 의견이 많았다.

토론자들은 공통적으로 위기 이후 예상되는 인플레이션과 자원난에 대해 우려했다. 막대한 재정지출을 통해 위기에 대응하고 있는 현재 상황이 경기가 좋아지면 인플레이션을 유발하게 되리라는 것이다.

특히 기축통화를 사용하지 않는 소규모 개방경제인 우리나라는 위기 이후 더 큰 위험에 직면할 가능성이 있어 이에 대한 충분한 대비가 필요하다는 의견이 제기되었다.

정기영 과도한 통화공급이 글로벌 금융위기의 근본 원인이라고 할 수 있는가?

정갑영 대체로 그렇다고 볼 수 있다. 경제안정을 위해서는 통화를 어떻게 선별적으로 제어하느냐가 중요하다. 프리드먼은 통화량의 증가를 일정하게 유지하는 것이 효과적이라고 주장하면서, 변동이 크면 마치 술 취한 사람이 고속도로를 운전하는 것처럼 더 혼란스럽다고 했다. 그러나 통화량을 일정하게 공급하는 것이 현실적으로 가능한지는 미지수다. 시행착오의 과정을 거쳐야 할 것으로 본다.

정기영 통화정책에 대한 글로벌 거버넌스[2]를 어떻게 해야 하는 것인가가 중요하다고 본다.

정갑영 전적으로 공감한다. 국제적 공조가 한편으로는 각국 경제 운용의 자율성을 훼손한 것도 사실이다. 그러나 기축통화인 달러를 발행하는 미국의 불균형이 심각한 상태에서 미국 주도하의 국제공조는 여전히 중요하다. 세계는 같은 배를 탄 것으로 보인다.

현정택 글로벌 불균형이 최대 맹점이다. 이러한 불균형을 조정하는 과정에 들어가면 한국 입장에서는 미국시장이 줄어들게 되는 셈이다. 이에 대응하기 위해 갑자기 서비스산업 등 내수시장을 키우기는 어렵다.

신흥국시장을 확대함으로써 미국 및 선진국시장과 디커플링[3]한다는 견해가 과연 타당한 것인지에 대해서 의문이다. 특히 신자유주의라는 개념

---

[2] **global governance** 세계적 규모의 문제가 발생했을 때 국제사회가 공동으로 대처하는 협동 관리 또는 통치

[3] **decoupling** 탈동조화. 선진국과 신흥국이 분리되는 현상을 말한다. 가령 선진국이 경기침체에 빠지더라도 신흥국은 지속적인 경제성장을 구가하는 현상.

은 바깥에서 들어와서 두루뭉술하고 불명확하게 이용되는 것 같아 못마땅하다. 그리고 갑작스런 정부의 역할 강화에 대한 주장은 너무 비약이 아닌가? 미국발 글로벌 금융위기의 시발점은, 금융상품의 급속한 발전에 비해 그것을 감독하는 능력이 뒤처졌기 때문이라고 본다.

이근 미국은 대공황 10년 전에 금융기관이 상업은행과 투자은행의 업무를 병행할 수 있도록 함으로써 규제를 느슨하게 만들었다. 이번 금융위기의 경우에도 마찬가지다. 1999년 금융개혁법을 통해 글래스−스티걸법[4]을 철폐한 후 10년이 채 지나지 않아 글로벌 금융위기가 발생했다.

발제자께서는 현재 금융위기가 대공황보다는 대불황 정도에 해당한다고 언급하셨다. 대공황 때처럼 잠시 반등했다가 지속적으로 추락하는 현상이 이번에도 재현될 것이냐가 그것을 가려내는 기준이 될 것이라고 본다.

인플레이션을 줄이려는 노력이 또다시 경기침체를 불러올 수 있다는 점도 큰 문제다. 또 본질적 의미에서 자본주의에 대한 시각이 변할 것이다. 이번 경제위기로 인해 영미식 모델에 대한 신뢰가 크게 추락했다. 거대한 질적 변화의 시작이라고 볼 수 있지 않을까?

정구현 (현정택 교수의 발언에 관련해서) 미국의 초저금리 과잉유동성의 문제와 글로벌 불균형과의 상호관계(말하자면, 주범과 종범)는 어떻게 보아야 하는가? 양자의 인과관계 등이 혼동된다.

정갑영 미국 사람들이 소비를 너무 많이 해서 문제인데, 이는 금융권의 과잉유동성 공급 때문이다. 또한 미국 중심의 글로벌 거버넌스 하에서 다른 국가들은 달러를 많이 쌓아두는 것을 목표로 삼았다. 다른 국가들

---

[4] **Glass−Steagall Act** 미국에서 1933년에 제정된 상업은행에 관한 법률로 상업은행과 투자은행의 업무를 분리했다. 대공황의 배경 중 하나로 지목되었던 상업은행의 방만한 경영을 규제하기 위해 마련됐다.

이 무역흑자분을 달러로 쌓아두지 않았다면 글로벌 불균형이 확장되는 현상도 없었을 것이다. 앞으로 이러한 불균형을 어떻게 해소할 것인가가 세계적 과제이다.

미국이 단기간에 제조업 경쟁력을 회복하기는 난망하고 동유럽을 포함한 유럽도 경제가 어렵다. 중국이 선전하고 있지만 위안화는 국제적인 통용성이 너무 낮다. 이것을 높이기 위해서 중국 체제의 자유화가 필요한데 정치적으로 볼 때 이 역시 어려운 일이다.

현재 중국과 일본이 금을 많이 사고 있지만, 다른 나라들도 달러 대신 금을 많이 살 것이리고 기대히긴 어렵디. 그렇디고 해서 세계 각국이 달리 자산을 많이 보유함으로써 달러가치가 떨어지게 내버려둘 수도 없다.

국제적인 부채탕감이 있어야 하나 이것도 힘들다. 세계경제가 성장하는 만큼 글로벌 불균형 또한 확대되는 구조적 모순이 있다. 적정한 수준의 미국의 무역수지적자(GDP의 3%)가 그동안 세계경제를 이끌어왔으나 이것을 대체할 수단이 부재한 실정이다.

한편 달러는 위기에 강한 속성이 있다. 미국이 어려운데도 달러화는 가치를 유지하고 있다. 이러한 위기에도 달러화 가치의 조정이 이루어지지 않는 것은 딜레마이다.

김동원 글로벌 불균형 뒤에는 과잉저축의 문제가 있다. 불균형과 과잉저축이 모두 해소되어야 경제위기가 해결될 것이다. 그런데 미국 소비자들이 세금을 더 내고 소비를 덜 하면 세계경제는 위축된다.

미국에서는 금융을 통한 오버 레버리징(over leveraging: 과잉 차입)이 터졌다. 그러나 금융위기 이후 미국 정부의 통화공급 확대는 더욱 가속화되어 이제는 풍선(버블)이 터지는 게 문제가 아니라 본체(경제 전체)가 터질 위험에 처했다.

IMF도 달러는 위기에 강하다는 입장을 견지하고 있는데, 역설적으로 '그것이 아니라면 별다른 대안이 없기 때문에 이러한 낙관적 입장을 견지할 수밖에 없다'는 비관론자들의 견해도 있다.

또 한 가지, 글로벌 금융위기 이후 우리가 직면할 위험은 더 커질 수도 있다. 이것은 기축통화를 사용하지 않는 소규모 개방경제가 지닌 위험이다. 지금은 과거에 문제 삼지 않았던 관행조차도 그것이 위기의 근원인 것처럼 공격받고 있는 실정이다.

정구현 현재 나오고 있는 우리 정부의 처방전은 근본적인 대안이 될 수 없을 것이다.

이근식 세계통화 문제는 브레튼우즈 체제(Bretton Woods System) 때로 거슬러 올라간다. 특정 국가의 통화를 세계의 유통화폐로 쓰는 문제점이 부각되고 SDR[5] 같은 세계통화의 중요성이 부상했다. 미국 달러 리스크에 대한 부담감 때문에 더 이상 달러를 확대보유하기 힘들 것이라 본다.

정갑영 교수님은 통화주의자(monetarist) 입장인데 나는 이번 사태를 100년 만이 아니라 한 세대 만에 일어난 패러다임 시프트라고 본다. 그렇기 때문에 통화정책의 오류가 문제를 확대시킨 면은 분명히 있지만 이번 위기를

---

[5] **Special Drawing Rights** IMF의 특별인출권. 1969년 IMF 워싱턴회의에서 도입이 결정된 가상의 국제준비통화. IMF 가맹국은 금이나 달러로 환산해서 일정액의 SDR을 출연하고, 국제수지 악화 등으로 경제가 어려워지면 SDR을 배분 받아 사용한다. SDR을 창출하기 위해서는 특별인출계정참가국의 85% 이상 찬성을 얻어야 하며 창출규모는 세계경제에 인플레이션이나 디플레이션을 초래하지 않는 범위 내에서 결정된다. SDR의 가치는 미국·영국·프랑스·독일·일본의 5개국 통화를 가중평균해서 산정한다.

통화주의로만 대응하는 것엔 한계가 있을 것이라고 생각한다.

글로벌 금융위기가 영미식 모델의 한계라고 지적하는 사람들이 많은데, 영미식 모델도 2가지다. 신자유주의식과 온정적 자본주의식(루스벨트 시기) 모델이 그것이다. 1970년대까지 온정적 자본주의 모델은 빈부격차를 확대하기보다는, 생산성에 비례해 노동자들의 수입을 보존했고 해고도 부끄럽게 생각했다. 1980년대 이후 신자유주의가 주류가 되면서 CEO 수입이 그게 증가히고 대량해고도 일상화되며 빈부격차도 확대되었다. 그러나 이런 면이 자본주의의 본성이다.

> 빈부격차 확대와 경기 사이클의 증폭이라는 자본주의의 2대 약점이 더 커졌고, 그 문제가 30여 년 후 한계를 드러낸 것이다. 이제 다시 온정주의적 자본주의로 회귀하는 것은 당연한 일이라고 본다. _ 이근식

빈부격차 확대와 경기 사이클의 증폭이라는 자본주의의 2대 약점이 더 커졌고, 그 문제가 30여 년 후 한계를 드러낸 것이다. 이제 다시 온정주의적 자본주의로 회귀하는 것은 당연한 일이라고 본다.

이것은 경제에만 해당되는 것이 아니다. 정치사회적 문제와도 관련이 있다. 오바마의 당선 역시 이런 분위기와 연관이 있는 것으로 보인다. 신자유주의정책에 대한 중산층의 반발이 오바마 당선으로 이어진 것이다. 이러한 움직임을 막지 못할 것이다. 결국은 온정주의적 복지국가형 모델로 회귀할 것이다.

그러나 과거에 정부의 실패를 겪었기 때문에 옛날처럼 비대한 정부로 돌아가지 않을 것이고 정부 실패를 감시하기 위해 투명성을 매우 강조할 것이다. 기업에서도 투명성 확대가 중요한 이슈가 될 것이며 CEO의 천문

학적 급여도 더 이상 용납되지 않을 것이며, 기업에 대한 사회적 요구도 커질 것이다.

이번 글로벌 금융위기의 전개에 대해 언급하자면 대공황까지는 가지 않을 것으로 본다. 대공황 때는 정부가 금본위제 때문에 돈을 못 풀어 기업의 줄도산이 일어났지만, 지금은 정부가 과감하게 돈을 풀기 때문에 2~3년 안에 이번 불황이 끝날 것으로 보인다. 그러나 그 이후가 난감하다. 인플레이션의 위험이 있고, 특히 자원난이 발생할 것이다. 중국, 인도 등의 신흥국에서 자원소비가 다시 증가하면 과잉유동성과 자원품귀 때문에 세계적으로 인플레이션이 심각해질 것이다. 실업 문제에 대해서도 뾰족한 해결책이 없다.

김장호 사이클 변동요인을 금융과 실물 부분으로 나누어 설명할 수 있는데, 정갑영 교수님은 주로 금융 부분에 대해 설명하신 것 같다. 실제 실물 부분에 영향을 주는 것이 기술변화인데 이 부분에 대해 관심을 가질 필요가 있겠다. 20세기 전반에 전기혁명, 20세기 후반에 IT혁명이 일어난 것처럼, 기술변화 주기는 대체로 50년으로 파악된다. 이번 세계경제 침체는 IT의 성장동력이 위축되어 일어난 것이다. 이를 대체할 기술이 있느냐가 중요한 변수가 될 것이라고 본다. 즉, 위기 이후 기술변화는 무엇이 될 것인가가 화두이다.

분배 문제도 중요하다. 신자유주의 이후의 불평등과 고용형태 등의 변화를 볼 때 과연 이(미국식) 시스템이 지속가능한지 의심이 든다. 큰 변화가 오지 않을까? 고용형태 변화는 실물 부분에 어떤 영향을 미칠 것인가? 실업률 증가로 중산층이 붕괴되면 자본주의가 지속가능할 것인지 의문이다.

최흥식 화폐가 무엇인지, 금융중개 과정에서 실제 어떤 메커니즘에 의해 움직이는지에 대한 연구가 부족했다. 예를 들어 리스크를 모두가 헤징(회피)하면 도대체 누가 그 리스크를 안게 되는지 알지 못했다. 모두가 헤징한다고 하는데 리스크를 받는 사람은 없었다. 이러한 프로세스에 대한 분석도 없고 너무나 무지했다.

글로벌 불균형과 금융혁신이 문제라고 하는데 이는 30년간 누적되어 온 것이다. 그렇다면 이것을 어떻게 해결해야 하나? 글로벌 불균형은 미국의 과잉소비와 신흥국의 과잉저축이 문제였는데, 지금과는 반대로 해야 해결되는 것 아닌가? 말하자면 미국은 저축을 늘리고 신흥국은 소비를 늘려야 하는데 이는 쉽지 않을 것이다.

금융규제완화 이슈에 대해 말하자면 경쟁을 강화하는 규제완화는 지속하되, 금융 시스템 안정을 위한 규제는 오히려 강화되어야 할 것이다. 즉, 선별적 규제완화가 필요하다.

이원덕 글로벌 금융위기를 파생시킨 원인은 무엇인가? 만약 지금의 위기가 양적 위기가 아닌, 구조적·질적 위기라면 바닥의 사상, 다시 말하면 시장에 대한 철학을 되짚어볼 필요가 있을 것이다. 임기응변식 처방은 위기를 다음 세대로 미루는 것에 불과하다. 위기를 본질적으로 해결해야 한다. 그 핵심은 결국 시장이 아니겠는가? 현재 시장은 진보를 거듭하여 전혀 다른 차원으로 펼쳐지고 있는데 우리가 시장을 너무 피상적으로 생각하여 고전적인 이해에 머무르고 있는 것은 아닐까.

'큰 정부 vs 작은 정부' 논쟁도 마찬가지다. 단순히 크기의 문제에 집착하기보다는 효율성에 대해 고민해야 할 것이다. 보다 실용적 관점에서 접근했으면 한다. 마르크시즘의 몰락도 그것이 현실과 유리되었기 때문이 아닌가. 신자유주의도 그런 우를 범하고 있는 것은 아닌지, 실용적 정책을 제안하는 데 한계를 보이는 것은 아닌지, 경제학의 반성이 요망된다.

온정적 자본주의를 도입한다 하더라도 단순히 과거 형태의 반복이 아니라 좀 더 진화하고 진보된 형태가 요구될 것이다. 그리고 진화된 자본주의의 새로운 DNA를 핀란드 등의 국가에서 살펴보아야 할 것이다.

류우익 비경제학자의 입장에서 볼 때, 통화의 관점으로만 현재의 문제를 다 설명할 수 있을지 회의가 생긴다. 사람들의 생활양식이 과거와 크게 달라지고 돈이 움직이는 방식도 과거와 엄청나게 달라졌는데 과거의 돈 개념으로 글로벌 금융위기를 분석하는 것이 과연 합리적인지 의문스럽다.

문명사적인 패러다임 전환기에서 가장 민감한 금융 및 경제 부분이 제일 먼저 터진 것뿐인데 경제의 패러다임 전환만을 가지고 전체를 진단하는 게 옳은 것일까? 문명사의 변화를 잘 파악한다면 오히려 대책이 잘 보일 수 있지 않을까? 현재의 문제는 금융이 아니라 연관된 분야로 점차적으로 확대될 수도 있다.

이한구 해결책을 논하기에 앞서 원인분석이 제대로 이루어져야 하겠다. 그래야 좋은 해결책이 나올 수 있기 때문이다. 분석을 더 잘하기 위해서는 문제제기가 중요하다. '100년 만의 불황이라고 하는데, 왜 작은 불황은 그때그때 터지는데, 이렇게 큰 거품은 왜 오랫동안 누적이 되었을까?' 에 대한 연구가 필요하다고 생각한다.

이번 경제위기가 왜 미국발인지에 대해서도 분석해볼 필요가 있을 것이다. 높은 부채비율이 문제였다면 미국 외에도 가계부채비율이 높은 나라가 많은데 왜 하필 미국에서부터 금융위기가 터졌는지 그 이유를 찾아내야 대책도 찾을 수 있을 것이다.

지금까지의 논의로 볼 때 미국의 건전성이 회복되지 않으면, 글로벌 금융위기 극복 대책이 막막하다는 식으로 논리가 전개될 수 있겠다는 생각이 든다. 과연 글로벌 불균형만 교정하면 이 문제가 해결되는 것인지 연구해볼 필요가 있지 않을까? _ 이한구

그리고 위기에 강한 나라가 어떤 특징을 갖고 있는지를 연구해볼 필요가 있다. 그동안 잘나가던 나라가 이번에 타격을 받은 경우도 많고 오히려 어렵던 나라가 선방한 경우도 있었다. 이런 사례를 연구하면 위기에 강한 체질을 발견할 수 있을 것 같다.

미국 정부가 리먼브라더스를 처리하는 과정이 과연 적절했는지에 대해서도 의문이 남는다. 금융혁신에 거품이 많았다고 하는데 과연 어느 정도였는지, 거품을 다른 분야에서 환산하면 어떻게 되는지, 거품을 판단하는 지표를 개발하여 새로운 위기지표로 삼을 수 있지 않을까?

지금까지의 논의로 볼 때 미국의 건전성이 회복되지 않으면, 글로벌 금융위기 극복 대책이 막막하다는 식으로 논리가 전개될 수 있겠다는 생각이 든다. 과연 글로벌 불균형만 교정하면 이 문제가 해결되는 것인지 연구해볼 필요가 있지 않을까?

지금 문제해결을 위해 통화팽창 위주로 가고 있는데 그렇다면 이후에 더 큰 문제가 발생하지 않을지, 이런 면에서 연구를 더 했으면 좋겠다.

우리나라 얘기로 돌아와서, 금융위기에서 빨리 회복되려면 어떻게 해야 할 것인가? 원론적으로 국제경쟁력, 통화안정을 많이 이야기한다. 그러나 세계금융의 구조상 거품이 터지는 과정과 이것이 실물경제로 전이되는 과정에서 우리 내부에서만 대책을 찾는다고 그것이 가능하겠는가? 이런 부분에 대해서도 연구했으면 한다.

좌승희 모든 문제의 출발은 이념이라고 생각한다. 신고전파 경제학은 이념이 없는 학문이다. 사회주의와 자본주의를 모두 받쳐줄 수 있는 특이한 학문이다. 모든 사회·정치·경제는 이념에 기반하는데 이념을 제시하지 않고 이념에 따라가는 것이 문제라고 생각한다.

이번 사태는 민주주의가 할 수 없는 일을 하겠다고 나선 데서 비롯되었다. 말하자면 모든 사람에게 주택을 공급하겠다는 금융민주주의(financial democracy) 개념이 그 원인이다. 케인지안과 신자유주의자 모두 같은 원인과 대책을 말하고 있다. 그렇다면 누구의 책임인가. 정치인이다. (웃음)

우리는 아직 일본의 잃어버린 10년을 이해하지 못하고 있다. 일본부터 근본적으로 분석해야 하지 않을까.

정갑영 이번 위기의 원인은 매우 복합적인데, 방아쇠는 금융이라고 생각된다. 내 생각에 이번 위기는 분명 지속된다. 버블을 설명하는 새로운 이론이 있다. 'great fool theory'다(great fool 다음에 greater fool, 다음에 greatest fool, 다음에 burst). 즉, 버블은 계속된다는 것이다.

지금은 경제침체로 통화유통 속도가 떨어져서 큰 문제가 없으나 경기가 좋아지면 그동안 풀린 통화유동성과 자원품귀가 함께 겹치면서 인플레이션 문제가 심각해질 것이다. 우리의 갈 길이 멀다. 안전벨트를 단단히 죄어야 한다.

제2장

위기 이후 세계경제의 성장 전망은?

토론일 · 2009년 8월 24일

발제 │ 홍순영 (삼성경제연구소 공공정책실장)

1. 경제현황 및 진단

단기부양책의 빛과 그림자

글로벌 금융위기가 2009년 하반기 이후 안정세를 되찾고 있다. 미국을 비롯한 선진국의 경제성장률이 마이너스에서 플러스로 전환되었다. 2010년에도 회복세는 지속되어 세계경제성장률이 2008년을 상회하는 2%대 중반에 이를 것으로 전망된다. 특히 신흥국의 선방이 눈부시다. 중국과 인도는 2009년에도 각각 8%와 5% 이상 성장함으로써 글로벌 금융위기를 무색하게 만들었다. 디커플링으로 불리던 선진국과 신흥국의 분리현상 전망은 현재의 경제상황을 보면 정확한 예언이었다. 신흥국의 저력을 확인하는 동시에 세계화의 효과를 눈으로 확인하는 사태진전이었다.

그러나 지난 2년간 경제불황에 의한 타격은 심각하다. '100년 만의 불황'이라는 주장은 과장인 것으로 보이지만 50년 만의 최악의 상황인 것은 분명하다. 특히 미국은 경기 사이클상 50년 만의 최악이었다. 금융위기 이후에만 600만 명 이상의 실업자가 발생했고 실업률도 한때 10%를 돌파했다. 침체 기간도 2008년 12월 이후 19개월 연속 지속됨으로써 제2차 세계대전 이후 최장을 기록했다. 과거 2차례의 석유위기에서도 볼 수 없었던 침체국면이었다. EU와 일본도 예외는 아니었다. 2000년대에 경험했던 세계경제의 호황은 이제는 과거 역사일 뿐 그 기억은 앞으로 지워야 할지 모른다.

세계경제가 바닥에서는 벗어났다 해도 안심하기에는 이르다. 약물 위주의 응급조치로 위급한 상황은 벗어났지만 발병으로 인한 충격과 체력소진은 그대로 남아 있다. 특히 과다한 약물주입으로 인한 후유증에도 신경을 써야 하는 단계이다. 각국의 중앙은행들이 직접 시장에 개입해 금융기관을 구제했다. 일부 선진국에서는 금리를 0.1%로 내렸다.[1] 0.1% 금리에다가 통화공급을 추가적으로 확대하는 양적 완화조치도 병행했다. 총수요감소를 저지하기 위해 각국 정부는 GDP의 10%에 이르는 적자재정까지 편성하면서 정부지출을 증가시켰다.[2] 이러한 미증유의 부양책을 감안하면 현재의 회복 정도는 당연하기까지 하다. 하지만 부양책의 후유증은 장기에 걸쳐 나타날 것이다.

시장경제에서 불황은 경기침체라는 고통도 주지만 구조조정을 촉진하여 경제 전체의 경쟁력을 강화시키는 긍정적 기능도 있다. 자율적 구조조정의 함정에서 탈출한 강자가 불황 이후의 호황을 이끌면서 경제는 새로운 단계로 도약하게 된다. 그런데 이번 불황은 이러한 시장의 자정기능을

---

[1] 2010년 1월을 기준으로 미국의 기준금리는 0~0.25%, EU 1%, 영국 0.5%, 일본 0.1% 그리고 중국의 대출과 예금금리가 각각 5.31%, 2.25% 수준.

마비시켰다. 금융구제와 재정지출로 시장에서 도태되어야 할 기업이 살아남았다. 금융위기의 원인이었던 유동성은 오히려 확대되었고 글로벌 불균형 해소를 위한 가시적 조치도 보이지 않는다. 결국 병인에 대한 근본적 치유는 이연되고 단기부양책의 부담만이 남았다.

과잉의 정상화와 재정건전성이 과제

위기의 원인 중 하나인 금융기관들의 폭주를 제어할 수 있는 금융버블 방지책과 감독 시스템에 대한 개혁 논의가 실종되었다. 시장의 불완전성을 이용하여 이익을 추구하는 금융상품에 대해서는 시장왜곡을 시정하는 차원에서도 정부의 감독 및 규제가 필요하다. 실질자산이 뒷받침하지 않는 금융파생상품은 버블이 되어야만 이익을 낳을 수 있는 구조를 갖고 있다. 신용평가기관도 파악하지 못할 정도의 파생상품 남발은 어떠한 형태로든 막아야 한다. 향후 또 다른 버블을 방지하는 차원에서도 금융시장 전반의 운영 시스템에 대한 철저한 자기반성이 필요하다. 하지만 현실은 금융 시스템에 대한 제도개혁에 나서기는커녕 눈앞의 위기를 극복하기 위해

2

세계 주요국 GDP 대비 재정수지 및 정부부채 비율

(단위: %)

구분	재정수지/GDP			정부부채/GDP		
	2007(위기 이전)	2009	2010(추정)	2007(위기 이전)	2009	2010(추정)
미국	-2.8	-12.5	-10.0	61.9	84.8	93.6
일본	-2.5	-10.5	-10.2	187.7	218.6	227.0
한국	3.5	-2.8	-2.7	29.6	34.9	39.4
G20	-1.0	-7.9	-6.9	62.0	75.1	80.2

유동성을 무한공급하는 아이러니가 나타나고 있다. 금융이 실물에 비해 과도한 성장을 한 점도 재고 대상이다. 실물의 생산성을 뒷받침하는 금융의 인프라 기능도 조속히 회복되어야 한다.

일부에서 금융위기의 본질적 원인으로 주장하는 저축초과국과 소비과잉국의 글로벌 불균형 문제도 해결이 요원하다. 저축초과로 발생하는 중국, 일본, 한국, 대만 등 동아시아의 경상수지 흑자를 미국의 경상수지 적자로 교환하는 구조가 글로벌 불균형의 핵심이다. 불균형의 해소는 동아시아의 내수확대로 흑자규모가 축소되든가 미국의 수입감소 및 수출증대의 형태로 해소될 수밖에 없다. 단기간에 달성하기가 쉽지 않은 과제이다.

무차별적으로 퍼부은 긴급조치형 경기부양책의 후유증 처리도 만만한 과제가 아니다. 정부의 재정적자는 상환해야 하는 부채라는 점을 기억해야 한다. 적자재정을 보전하기 위한 국공채의 남발은 결국 버블로 귀결되고 정부재정의 파탄과 금리 급등이라는 부작용을 낳을 수밖에 없다. 통화증발도 인플레이션이라는 또 다른 괴물을 불러오는 유혹이다. 민간의 활력이 회복되어 통화도 환수되고 정부부채도 상환해야 하는데 아직 그런 움직임은 미미하다. 경제에는 공짜 점심이 없다. 추가버블의 싹은 이미 뿌려진 상황이다.

2. 글로벌 불균형 해소와 세계경제

글로벌 불균형과 금융위기

선진국, 특히 미국의 금융버블을 동아시아의 성장모델에서 찾는 견해[3]

| 표 2-1 | 미국과 동아시아 주요 국가의 경상수지 추이

(단위: % of GDP)

국가	2007	2008	2009	2010	2011
미국	-5.2	-4.9	-3.0	-3.4	-3.7
중국	11.0	9.8	6.4	5.4	5.9
일본	4.9	3.2	2.5	2.8	2.8
한국	0.6	-0.6	4.6	1.3	1.0

주: 2010년, 2011년은 전망치.
자료: OECD Economic Outlook (2009. 11).

도 있는데 그 논리는 의외로 간단하다. 동아시아가 수출을 성장의 동력으로 삼아 미국으로부터 지속적인 경상수지 흑자를 기록했기 때문이라는 것이다. 소위 글로벌 불균형 관점이다. 동아시아는 미국으로부터 획득한 달러를 자신들이 소비하지 않고 다시 미국의 금융시장에 투자함으로써 미국에 과잉유동성을 주입했다는 것이다. 미국으로의 자본유입은 미국의 금리를 낮추고 달러화를 강세로 만들어 미국 소비자가 손쉽게 동아시아의 상품을 소비할 수 있게 되었다는 논지이다. 결국 미국 소비자는 추가적인 노동 혹은 저축을 통하지 않고서도 차입을 통해 자기 소득 이상의 소비생활을 만끽할 수 있었다는 것이다. 동아시아 각국의 경상수지 흑자가 없었다면 미국의 과잉소비는 없고 또한 버블도 없었을 것이라는 주장이다. '버블은 동아시아가 경상수지 흑자를 해소하면 사라진다'고 생각하는 미국의 속내도 엿볼 수 있다.

동아시아의 중앙은행들이 미국 국채의 주요 고객이라는 사실도 현실과

---

3 Bernanke, Ben S. (2005). Remarks by Governor Ben S. Bernanke: The Global Savings Glut and the U.S. Current Account Deficit. *The Sandridge Lecture, Virginia Association of Economics*, March 10.

부합한다. 그렇다고 해서 동아시아의 경상수지 흑자를 미국 금융버블의 원인으로 보는 입장에 선뜻 동의하기 힘들다.[4] 현상을 원인으로 보는 인과관계의 오류를 범하고 있기 때문이다. 미국이 동아시아의 성장을 돕기 위해 동아시아로부터 수입을 '베풀어주는' 것이 아니다. 동아시아 제품이 값싸고 질이 좋기 때문에 미국에서 판매된 것이다. 미국 상품의 경쟁력이 뛰어나면 동아시아 각국도 미국으로부터의 수입을 증가시킬 것이다. 결국 글로벌 불균형은 각국 상품의 경쟁력의 문제이지 성장전략에 좌우되는 것은 아니다.[5] 미국으로 환류되는 달러화의 문제로 미국에 과잉유동성이 초래되었다는 주장도 자국의 문제를 외국에 전가하는 오류를 안고 있다. 미국에 과잉유동성이 발생했다고 추정되면 이를 조정하는 역할은 미국의 중앙은행인 연준에서 담당해야지 외국의 투자자의 몫은 아니다. 미국의 금리조정과 금융상품의 규제도 미국 당국의 영역이다.

버블의 원인이 어디에 있든 동아시아가 미국에 대한 수출을 통해 성장을 지속했다는 주장은 일리가 있다. 동아시아의 협소한 내수시장 규모를 감안하면 미국의 시장은 동아시아의 생산을 뒷받침하는 버팀목이라는 사실 또한 부인할 수 없다. 문제는 동아시아 성장의 유지 가능성이다. 즉, 언제까지 미국이 적자를 감수하면서 시장을 제공할 수 있는가이다. 아무리 동아시아 상품의 경쟁력이 뛰어나도 미국의 구매력이 뒷받침되지 않으면 소용이 없다. 수출주도 경제에서는 지속적인 수출만이 성장을 담보하는데 최고시장인 미국의 소비가 침체할 경우 성장침체는 불가피하다. 미국의

---

4 거시경제적으로는 동아시아와 선진국, 특히 미국과의 경상수지 불균형에 대한 다양한 해석이 있을 수 있다.

5 물론 경제블럭 간의 무역장벽과 환율정책 등 시장왜곡과 관련된 다양한 이슈가 있으나 기본적으로 상품의 경쟁력이 없으면 구매는 없는 것이다.

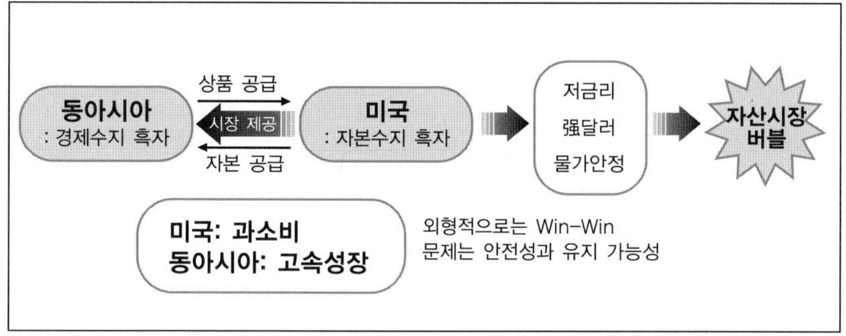

| 그림 2-1 | 글로벌 불균형과 동아시아 성장의 메커니즘

경상수지 적자 누적은 부채의 누적이고 상환의 부담을 안고 있다. 부채상환과 조정(deleveraging)은 결국 저축을 늘려야 한다는 의미이다. 소득이 획기적으로 늘지 않으면 소비를 줄임으로써 해결할 수밖에 없다.

금융의 버블과 미국의 소비

미국 소비의 원천으로 부동산, 주식, 각종 파생금융상품 등 자산소득이 중요한 몫을 차지했다. 자산소득은 자산가격의 상승에서 시현된다. 1980년대 이후 글로벌화가 본격적으로 진행되면서 금융 부분의 성장이 실물 부분을 크게 능가했다. 1980년 초 세계의 금융자산은 세계 GDP 규모와 비슷했다. 그 비율이 금융위기 바로 직전인 2006년에는 거의 4배 가까이 상승했다. 금융의 성장은 축적된 실물자산의 반영인 동시에 금융 자체의 부가가치[6] 창출에서 비롯된다. 그러나 비율이 4배 정도 성장한 것은 지나친 감이 있다. 실물이 뒷받침되지 않는 금융자산 성장의 배경에는 명목가치,

---

6 금융의 부가가치는 소비자에 대한 금융서비스와 자원배분의 효율성 증대에서 찾을 수 있다.

즉 가격이 큰 폭으로 상승했음을 추정할 수 있다. 금융위기의 도화선이 된 파생금융상품 규모는 2008년 현재 516조 달러로 세계 GDP의 10배, 미국 통화량의 34배에 달하는 거대한 규모다. 버블의 정의에는 다양한 견해가 있을 수 있으나 금융위기의 발발이야말로 지난 30년간의 금융팽창이 일정 부분 버블이었음을 보여준다. 버블로 인한 자산소득의 상당 부분이 소비 지출에 사용되면서 미국의 경상수지 적자와 저축감소를 초래했다.

미국 가계의 지출구조도 과잉소비의 원인이다. 미국 가계지출 구성을 보면 의료비, 교통비, 주거비 등 쉽게 줄일 수 없는 생활비용형 고정지출이 높은 비중을 차지하고 있다. 내구재 지출에 해당되는 재량적 소비는 상당부분 차입에 의존하는 구조이다. 금융팽창으로 차입이 용이한 환경이 조성되어 과잉소비를 자극했다.[7]

자산가격이 지속적으로 상승하는 경제에서 저축의 필요성은 감소한다. 가격차이로 인한 자산소득이 증가하기 때문이다. 개인의 소비 선택에 있어서 소득의 원천이 어딘지는 중요하지 않다. 총소득이 증가하면 근로소득을 상회하는 소비도 무리한 선택은 아니다. 1990년대 후반의 닷컴버블, 2000년대 들어 주택버블로 금융자산을 축적한 미국 소비자들에게 저축률[8]이 하락한 현상은 어쩌면 당연하다. 미국 정부도 지속적인 재정적자를 누증시키면서 국내 총저축을 감소시켰다. 클린턴 행정부 때 해소된 듯 보였던 미국의 재정적자는 2009년 GDP의 12.5%를 차지할 만큼 경제에 짐이

---

[7] 2009년 12월에 미 상원에서 통과된 의료개혁 법안은 저소득층에 대한 의료지원이라는 복지적 성격도 중요하지만 미 소비자들의 의료비지출을 줄여 재량적 소비지출의 여력을 높여주는 경제적 효과도 무시할 수 없다. 향후 미 의료개혁의 귀추가 주목된다.

[8] 저축률 계산은 국민계정상 유량(flow), 즉 그해 생산해서 발생한 소득으로 측정된다. 따라서 자산가격 상승으로 인한 자산소득은 계산에서 제외된다.

| 그림 2-2 | 1990년대 이후 미국의 소비증가율 · 경제성장률 · 재정수지 추이

자료: 미국 Bureau of Economic Analysis.

되고 있다. 실제로 미국의 소비증가율은 1990년대 후반부터 2008년까지 경제성장률을 상회하고 있다. 경제성장률을 근로소득증가율의 대용변수로 보면 미국 가계는 능력을 초과하는 소비생활을 영위한 셈이다. 이렇게 미국 소비를 지탱하던 자산버블이 소멸 중이다. 앞으로 어떻게 될 것인지 중장기적 시각에서 자산버블 소멸 이후의 세계경제와 글로벌 불균형 해소 과정을 살펴보자.

향후 전개될 불균형 해소의 몇 가지 길

글로벌 불균형이 미시적 관점에서 볼 때 동아시아의 책임이 아니라 해도 동아시아는 불균형 해소 과정(rebalancing)에서 심각한 타격을 받을 수 있다. 미국에 대한 국민소득 결정계정을 이용해서 향후 전개과정을 살펴보자.

$$(S-I) + (T-G) = X-M$$

S: 민간저축, I: 투자

T: 조세수입, G: 정부재정지출

X: 수출, M: 수입

미국의 경상수지 적자는 우변인 순수출(X-M)이 개선되어야 한다. 이를 위해서는 민간저축이 증가하거나 재정수지가 개선되어야만 한다.

(1) 가계의 자산조정으로 저축이 증대하는 경우를 살펴보자. 민간저축이 증대되면 민간소비가 감소하고 이는 미국의 수입감소로 이어져 대외불균형은 어느 정도 시정될 수 있다. 대미수출을 통해 GDP를 지탱하던 동아시아 각국은 타격을 받을 수밖에 없다. 동아시아 각국은 성장의 동력을 수출이 아니라 내수확대에서 찾아야만 하는 상황에 부딪히게 되고 성장전략 자체를 수정해야 한다. 미국 소비자들도 단기적으로 생활수준의 하락을 감수해야 하고 미국 GDP도 감소할 수밖에 없다. 동아시아의 내수확대가 여의치 않으면 세계경제는 축소균형의 길을 걷게 된다.

(2) 가계의 자산조정 없이도 미국의 수출이 증가하면 미국의 경상수지는 개선된다. 미국의 GDP 증가로 저축은 소비의 감소 없이도 증가할 수 있다. 미국의 입장에서는 가장 바람직한 대안인데 이는 미국 상품경쟁력의 개선을 전제로 한다. 동아시아 각국의 구매력이 증진되고 내수기반이 확대되어야 가능한 시나리오이다. 동아시아의 내수성장을 가로막는 각종

규제 및 경제왜곡 현상의 시정이 필요하다.[9] 미국과 동아시아 각국의 환율조정과 공조도 정책과제가 될 것이다.

(3) 정부의 재정수지를 개선하는 경우이다. 정부재정지출을 축소하거나 조세를 증가시켜야 한다. 이 경우에도 미국의 수입은 감소해 동아시아 각국의 수출은 타격이 불가피하다. 그러나 재정지출축소나 세수증대는 유권자들의 반발을 초래하므로 정치적으로 수용하기가 쉽지 않은 선택이다.

(4) 민간의 부채조정으로 저축은 증가하지만 정부의 재정지출이 증가하여 재정적자폭이 확대되는 경우이다. 민간의 부채가 정부로 이전되고 경제 전체의 부채규모는 줄어들지 않는다. 대외 불균형은 위기 이전과 별반 차이가 없게 된다. 글로벌 불균형도 개선되지 않는다. 정부주도의 경제운용으로 민간의 활력이 위축되어 경제 전체의 효율성과 생산성은 오히려 감소할 수 있다. 이것은 위기극복을 위한 대가로 볼 수 있다.

위의 시나리오 중 현재 (4)번 상황이 연출되고 있다. 민간의 저축은 약간 증가했지만 위기 대응을 위한 미국의 재정적자가 GDP의 10% 가까이 증가했다. 달러화 약세로 미국의 경상수지가 다소 개선되었으나 적자 상태는 그대로다. 동아시아 각국도 세계 경기불황으로 수출이 감소했지만 수입도 감소해 경상수지는 흑자 상태를 유지하고 있다. 현재 위기국면으로 이러한 불균형 상태가 어느 정도 용인된다 하더라도 갑작스런 조정이라는 체제적 위험(system risk)[10]을 떠안게 된다. 특히 정부지출을 자국 생

---

[9] 중국의 경우 사회보험 확충과 내륙과 연안지방의 개발격차 축소를 통해 내수의 힘을 강화할 필요가 있다. 한국도 사교육비 축소와 서비스업 관련 규제완화, 일본은 외국 상품에 대한 보이지 않는 장벽 해소 등 개혁과제가 남아 있다.

[10] Oliver Blanchard(2009). Global Imbalances: In Midstream?, *IMF Staff Position Note*, 9/29. IMF.

산품에 한정시키는 신보호주의를 시행하게 되면 각국의 보호주의 경쟁으로 세계경제는 축소균형의 나락으로 빠질 가능성이 있다. (1)~(3)의 시나리오도 동아시아의 내수확대라는 만만치 않은 과제를 요구한다. 현재 세계경제는 글로벌 불균형이란 시한폭탄을 떠안고 가면서 안정적 성장도 달성해야 하는 딜레마에 빠져 있다.

3. 금융위기 이후 중장기 성장 전망

버블로 버블에 대처

각국 정부는 금융위기를 해소하고 경기침체를 방지하기 위해 재정·금융 부문에서 대규모 부양책을 실시하고 있다. 불황을 긴축정책으로 대응했던 1930년대 초반의 실수를 되풀이하지 않은 점은 다행스럽지만 부양책은 단기처방이라는 점을 감안해야 한다.[11] 부양책 덕분으로 세계경제는 당초 예상보다는 선전을 하고 있다. 그러나 기대했던 민간의 활력은 아직은 미약하다. 현재 상태를 유지하기 위해서는 지속적인 정부의 부양책이 필요한데 과연 가능할 것인가. 〈그림 2-3〉을 통해서 살펴보자.

금융위기로 민간수요가 감소하여 GDP가 Y_F에서 Y_R로 감소했다. 정부가 긴급처방으로 재정을 G_0에서 G_1으로 증가시켜 Y_F를 유지시켰다고 가정하자. 그런데 정부지출이 위기 이전 수준인 G_0으로 복귀할 경우 민간소

---

[11] 모럴해저드 논란에도 불구하고 금융 부문의 직접 지원이라는 전대미문의 지원책도 마다하지 않았다. 1997년 아시아 경제위기 시 시장원리와 구조조정을 강조했던 선진국의 정책 권고를 회고하면 혼란스럽기 그지없다.

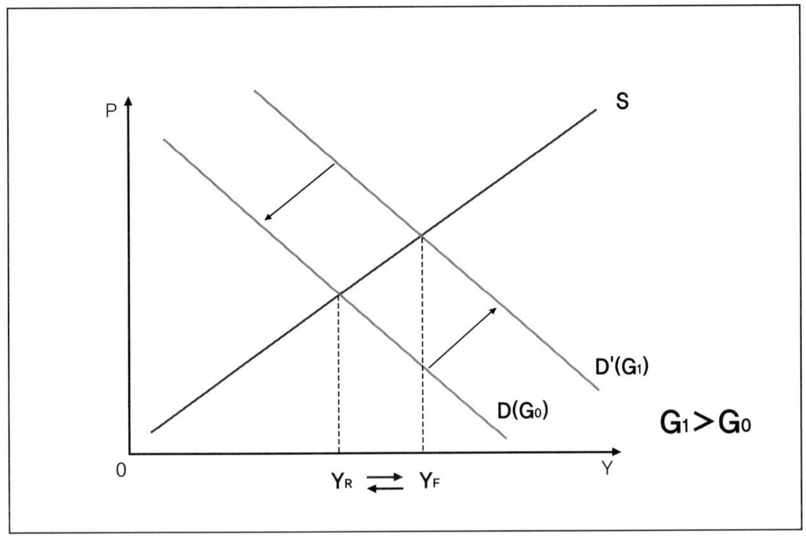

비와 투자가 회복하지 못할 경우 경기는 재침체에 빠지게 된다. 소위 더블
딥 가능성이다. 더블딥을 방지하기 위해 정부는 지속적으로 부양책을 실
시(G_1)해야 하는데 이를 위해서는 재정적자를 추가적으로 감수하는 도리
밖에 없다. 하지만 세수의 뒷받침 없이 언제까지 재정적자를 지속할 수 있
는가가 의문이다.

추가적인 재정적자를 감수하더라도 그 중장기적인 효과가 의문이다. 정
보화와 세계화로 현재 경제주체들은 합리적인 경제생활에 익숙해져 있다.
경제주체는 단기적으로는 근시안적 세계관에 갇혀 있겠지만 장기적으로
는 합리적 의사결정을 할 것이다. 점차 정부버블에 의한 인플레이션과 증
세를 우려하게 된다. 이에 따라 국공채의 신용도가 하락하여 금리가 급등
할 가능성이 있다. 인플레이션을 선반영하여 임금도 상승하게 된다. 기대

되었던 경기활성화 대신 민간의 활력이 더욱 위축되어 장기침체가 일상화 될 수 있다.

케인즈주의자들이 주장하는 정부부양책의 파급효과도 많이 약화되었다. 먼저 재정의 효과를 측정하는 승수효과가 예전 같지 않다. 경제가 세계화됨으로써 정부지출의 상당 부분은 해외로 빠져나간다. 이를 방지하기 위해 재정지출을 자국생신품 구매로 한정하자는 논의도 있다. 신보호주의 흐름이다. 그러나 무역은 상대가 있는 것이어서 일국의 자국 상품 보호는 타국의 보복적 보호주의를 유도한다. 1930년대의 대공황 당시 보호주의를 통한 주변국 궁핍화 정책이 세계경제의 공멸로 이어졌다는 점을 타산지석으로 삼아야 한다. 리카르도의 중립 성명제도 고려해야 한다. 재정적자로 인한 국공채는 미래에 상환해야 할 부채이므로 합리적인 국민들은 세수증대를 대비하여 적자만큼 저축을 한다는 것이다. 이 경우 당연히 재정적자의 경제적 효과는 미미할 수밖에 없다. 일종의 심리적 구축(crowding out)효과이다. 정부지출이 증가하는 것만으로도 정부의 힘이 증가하는 것으로 인식하고 사기가 꺾이는 시장주의자들도 있다.

신버블 이후의 세계: 인플레이션과 달러 약세

관리통화제도에서 통화공급은 실질자산이 뒷받침되지 않는다는 점에서 버블적 특성이 있다. 재정적자를 충당하기 위한 국공채[12] 발행도 유사한 성격을 갖는다. 세금으로 상환되는 국공채는 현재의 조세부담을 단순히 미래로 이전하는 수단에 불과하다. 국공채의 가치는 미래의 상환부담과

---

12 일부에서는 통화와 국공채를 공적 버블(public bubble)로 부르기도 한다. Diamond, P. (1965). National debt in a neoclassical growth model. *American Economic Review*, 55. 1126–1160 참조.

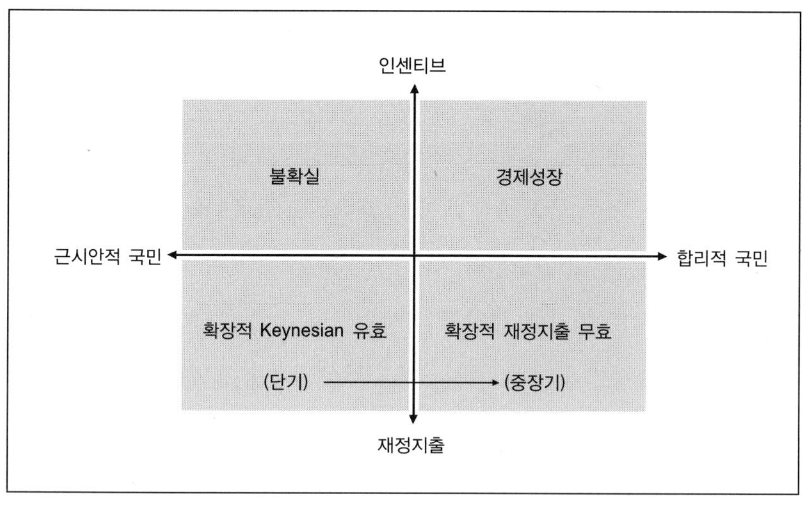

일치하여 부가가치를 창출하지 못한다. 세금으로 뒷받침되지 않는 국공채는 발행조차 불가능할 것이다. 물론 버블이라고 다 악성은 아니다. 불황시 유효수효를 창출하고 민간소비와 투자를 유도하는 재정적자와 통화증발은 생산적 버블이라고 볼 수 있다. 국공채의 가치가 있다면 생산적 버블의 단기활성화 효과로 평가할 수 있다. 그러나 버블은 언젠가는 사라지게 되어 있다. 생산적 버블도 시장의 신뢰가 사라지면 순식간에 꺼질 수 있다. 상환부담으로 인해 미래 어느 시점에 경기침체를 불러온다면 단기 플러스 효과도 상쇄된다.

시장의 믿음은 정부재정의 상환능력에 달려 있다. 적자의 누적으로 정부재정의 파탄이 우려된다면 국공채의 버블 파열은 시간문제다. GDP에 대한 국공채 비중의 증가율을 계산하여 상환능력을 평가할 수 있다. 특정 수준에서 국공채의 비중이 더 이상 높아지지 않는다면 장기 재정건전성과 시장의 신뢰는 유지될 것이다. 반면 국공채의 증가율이 GDP증가율을 상회하면 장기적으로 부채비중이 천정부지로 높아지게 된다. 이 경우 국공채와 정부재정에 대한 신뢰는 무너지게 된다. 국공채의 수요가 급감하여 금리가 급등할 것이다. 경제 전체의 금리도 상승하여 경제활동을 크게 위축시킬 것이다. 기존 국공채에 대한 차환비용도 급증한다. 신뢰상실은 더욱 가속되어 악순환이 연출된다.

국공채증가율로 평가한 선진국 재정은 임계점에 도달한 듯 보인다. 만약 금리가 GDP증가율을 상회하는 경우 부채비율을 유지하려면 정부재정은 흑자를 이루어야 한다. 국공채 발행총액이 GDP에 근접한 경우 금리가 1% 상승할 경우 더 이상의 국가부채를 늘리지 않으려면 GDP의 1% 가까운 흑자를 당해년도 정부재정에서 기록해야 한다. 증세와 지출감소 등 긴축을 각오해야 한다. 마이너스 경제성장에서 겨우 벗어나고 있는 현재의 경제상황으로 볼 때 무리한 요구이다. 반면 미국을 비롯한 선진 각국의 국공채증가율은 이미 GDP증가율을 크게 상회하고 있고 가까운 장래에 역전될 기미도 보이지 않는다. 재정건전성과 경기라는 두 마리 토끼가 제각기 달리고 있는 형국이다.

민주주의라는 정치경제적 환경도 정부재정 운용을 어렵게 만드는 요인 중의 하나이다. 재정적자를 해소하려면 정부지출을 축소하거나 증세를 통해 기존부채를 상환하는 수밖에 없는데 이때 선거와 투표라는 제약조건에 직면하게 된다. 정부지출로 수혜를 받은 계층은 기득권자로 고정되기 쉽다. 특히 이전지출은 복지적 성격이 강해 혜택은 주로 저소득층에 몰리게 된다. 반면 감세는 고소득층의 이익이 될 가능성이 크다. 증세와 지출삭감 가운데 어느 쪽을 선택하든 정치적 반대는 피할 수 없고 표를 의식해야 하

| 표 2-2 | 주요 국가별 국가부채 유지 가능성

(단위: %)

국가	명목성장률 (2010년 전망)	정책금리 (2008~2009)	재정적자 (2009, GDP 대비)	부채규모 (2009, GDP 대비)	장기건전성 조성
미국	1.60	0.22	−12.5	87.4	우려
일본	−0.80	0.11	10.5	189.6	우려
중국	9.80	5.31	−1.8	−20.20	여유
한국	6.20	1.99	−2.8	34.3	여유
EU	0.70	1.00	−6.7	82.5	우려

자료: (성장률) OECD World Economic Outlook 2009; (금리) 각국 중앙은행; (재정적자) OECD Economic Outlook 2009; (부채규모) OECD Economic Outlook 2009; 기획재정부(2008.11.3.) "경제난국 극복과 지방 살리기를 위한 재정지출 확대방안: 2009년 수정예산/기금안" 보도자료.

는 정치권과 의회의 협조를 기대하기 힘들다. 당국은 정치저 제약조건을 우회할 수 있는 대안을 모색하기 마련인데 통화증발이 유력한 후보로 떠르고 있다. 인플레이션을 유도하여 기존부채의 실질가치를 하락시켜 부담을 경감하거나 화폐수입으로 직접 부채를 상환할 수 있기 때문이다.[13] 결국 재정적자는 인플레이션을 초래하고 통화가치는 심각한 손상을 입는다. 경제주체들이 이러한 시나리오를 예상할 경우 문제는 더욱 커진다. 국공채 수요가 급감하여 금리가 치솟을 것이다. 통화가치는 하락하고 경기는 재침체에 돌입하게 된다. 미국에 이 같은 현상이 발생할 경우 파장은 세계화된다. 미국 재정의 건전성이 복원되지 않으면 중장기 세계경제 전망은 암울할 수밖에 없다.

---

13 Thomas J. Sargent & Neil Wallace (1981). Some Unpleasant Monetarist Arithmetic. *Federal Reserve Bank of Minneapolis Quarterly Review.*; Michael R. Darby (1984). Some Pleasant Monetarist Arithmetic. *Federal Reserve Bank of Minneapolis Quarterly Review.* 15−20.

저성장체제는 뉴노멀의 핵심

글로벌 금융위기 이후 세계경제의 구조변화로 뉴노멀(new normal)에 대한 논의가 확산 중이다. 과거에 대한 반성과 새로운 질서의 모색, 위기 이후의 세계경제의 새로운 모습을 뉴노멀은 대변하고 있다. 중국 등 신흥국의 부상은 미국을 중심으로 작동했던 달러 일극체제의 변화를 요구하고 있다. 시장의 자율적 기능에 대한 맹신이 위기를 초래했다는 반성으로 정부의 개입이 확대되고 있다. 신자유주의의 후퇴와 케인지안의 부활을 외치기도 한다. 위험투자와 과잉소비에 의존한 선진국의 성장모델도 폐기처분될 운명이다. 금융규제 강화와 디레버리징이 진행되면서 유효수요 감소는 불가피하다. 결국 세계경제는 당분간 저성장체제로 돌입할 수밖에 없는 형편이고 뉴노멀의 논의는 여기서 시작된다.

저성장국면에 필연적으로 나타나는 고용악화는 가계의 가처분소득을 하락시켜 사태를 더욱 장기화시킬 수 있다. 위기 이전부터 고용 없는 성장은 화두가 되었다. 고용구조를 바꿀 수 있는 신성장동력이 극적으로 발견되지 않는 한 투자부진도 일상화될 전망이다. 기존제품의 포화상태는 이미 심각하다. 위기 이후 미국, 일본 등 주요국의 설비가동률이 10~30%p 하락한 상태이다. 유효수요가 부족할 경우 과잉설비 해소에 상당한 시간이 소요될 전망이다. 글로벌 불균형 해소 과정에서 입장 차이가 선명한 미국과 중국의 갈등도 세계경제 성장세를 둔화시키는 요인이다. 위안화 평가절상 문제로 미중 갈등이 첨예화할 경우 통상마찰로 이어져 세계교역이 축소될 가능성도 배제할 수 없다. 그리스 재정위기로 EU의 정치경제적 지배구조의 취약성이 드러났다. EU의 문제해결능력에 의구심이 가고 주권국가(sovereign state)가 뒷받침하지 않는 유로의 미래도 불투명하다. 간헐적으로 반복될 것으로 예상되는 EU 소국들의 재정위기는 유럽의 경기침체를 장기화시킬 수 있는 불안요인이다. 선진국의 부진을 신흥국이 상쇄한다는 주장도 있지만 이는 성장세의 하락폭을 둔화시키는 정도이지 고성장을 견인하기에는 힘이 부친다.

재정부담과 인플레이션 우려로 추가적인 정부수요도 기대하기 힘든 상황에서 위기 이전의 고성장은 기억 속에서만 존재하는 아름다운 과거일 뿐이다. 위기 이전 2003년에서 2007년까지 세계경제는 연평균 5% 가까운 고성장세를 나타냈다. 세계교역도 매년 15% 이상 폭발적으로 증가했다. 신흥국이 현재와 같은 성장세를 시현한다는 전제하에서 향후 세계경제는 당분간 2~3%의 연평균성장률에 머물고 교역증가율도 8%대로 하락할 가능성이 크다. 신흥국이 세계성장세를 견인한다는 시나리오인데 선진국의 회복 없이는 성장 모멘텀은 약할 수밖에 없는 구조이다.

4. 중장기 한국경제의 전망과 과제

한국의 성장은 내수가 관건

세계경제가 저성장체제로 전환함에 따라 수출주도형 동아시아 성장모델의 한계가 왔다는 지적이 힘을 받고 있다. GDP의 절반 이상을 수출로 충당하고 있는 한국경제로서는 심각한 도전이다. 외수를 보충해야 하는 한국의 내수는 1997년의 외환위기 여파와 인구 지리적 변화로 기반이 취약하다. 1997년의 외환위기 이후 한국은 지속적인 경상수지 흑자를 통해 외환보유액을 확충해왔다. 금융위기 재발을 방지하기 위해서는 충분한 외환보유만이 위험보험이라는 뼈저린 교훈 때문이었다. 2008년의 글로벌 금융위기는 외환보유액의 중요성을 더욱 각인시켰다.[14] 한국을 비롯한 동아시아 국가들의 외환보유액은 주로 미국의 국공채 매입으로 이어져 글로벌 불균형의 원인으로도 지목되지만 국내의 소비와 투자에 사용되지 않는다는 점에서 비용에 해당하는 보험적 성격이 강하다. 200조 원 이상 적립된 연금도 내수여력을 훼손하고 있다. 국민연금의 장기건전성에 대해 다양한 논의가 있지만 당장은 지출보다 수입이 많아 생산적 용도로 사용하지 못하고 있기 때문이다.[15] 국민연금에도 불구하고 아직도 많은 국민들은 노후 사회보장제도가 미흡하다고 생각한다. 고령화가 급속히 진전되면서 미래에 대한 불안이 가시지 않는 이유이다. 미래 불안은 결국 예비형 저축을 증가시킬 수밖에 없다. 여기에 사교육비 부담 등 교육 불안까지 겹쳐 소비를 위축시키고 있다.

소비증가율이 성장률의 상한선

수출환경이 글로벌 불균형 시정(rebalancing)으로 불투명하고 내수기반도 취약하다면 한국경제의 중장기 전망은 우울하다. 2000년 이후 한국은 민간소비증가율을 상회하는 경제성장률을 달성했다. 2003년에서 2008년까지 한국의 평균소비증가율은 2.5%를 기록했는데 이는 평균경제성장률 4.0%에 크게 미달하는 수치이다. 수출이 과거와 같이 성장세를 주도하지

---

14 변동환율제에서 이론적으로 외환보유액은 불필요하다. 그러나 현실적으로 외환시장이 군중심리에 의해 요동칠 때 경제 전체의 안정을 위해 외환보유액라는 안전판이 필요하다. 일부에서는 변동환율제 하에서 동아시아 외환보유액 확충 현상을 Breton Woods II 체제라고도 부른다.

15 2008년 국민연금은 총 23조 원의 보험료와 국고보조를 받아 이 중 6조 6,000억 원을 지출. 2001년 처음으로 10조 원이 넘는 적립액을 기록한 이후 매년 늘어 2008년에는 16조 4,000억 원을 적립했다.

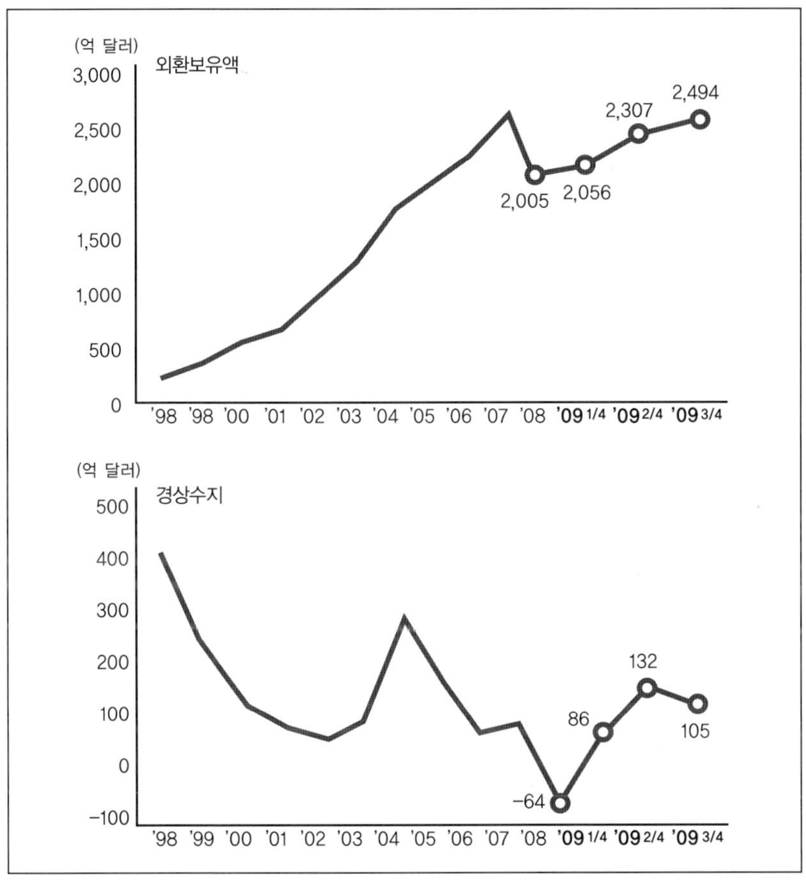

자료: 한국은행.

못하면 성장률은 크게 하락할 수 있음을 보여주는 통계치다. 외환위기 이후 지속된 투자부진과 인구구조 변화로 한국의 잠재성장률도 하강추세이다. 1980년대에 7% 이상 추정되던 잠재성장률은 외환위기를 겪으면서 5%대로 하락했고 2009년에는 3%대 후반까지 침하된 것으로 추정된다. 투자가 외환위기 이후 기업의 보수적 경영전략, 시장기회의 소진 등으로 유지 보수 등의 목적만을 충족시키는 최소한에 머물렀다. 아직 생산인구 비중은 크게 감소하지 않았지만 65세 이상 고령인구가 1995년의 5.8%에서 2008년에 10.2%로 두 배 가까이 증가하여 경제활력을 떨어뜨리고 있다. 고령화 속도는 앞으로 더욱 가속될 전망이다. 저출산 문제도 심각하다. 고령인구가 증가하는 가운데 출산율 저하는 향후 한국의 생산인구를 축소시켜 성장잠재력을 잠식할 것이다. 일부의 주장같이 성장모델이 내수주도형으로 전환될 경우 소비증가율이 경제성장률의 상한이 될 가능성이 있다.

신성장체제는 유인구조 구축과 내수확대로

한국은 글로벌 저성장이라는 뉴노멀의 세계에 발 빠르게 대응체제를 만들어야 한다. 수출에만 의존하는 경제로서는 지속적 성장을 담보할 수 없다. 내수형 성장모델도 진지하게 검토해야 한다. 수출시장도 성장이 둔화되는 선진국보다 성장을 주도하는 신흥국에 주목해야 한다. 위기 이후 논의되는 출구전략도 경제비상조치의 해제로만 해석할 일이 아니다. 위기 이후 전개되고 있는 세계경제 환경변화에 능동적으로 대응하면서 향후 재도약을 위한 대전략(Grand Design)까지 포함하는 종합계획이 되어야 한다.

첫째, 경제주체들의 유인구조(incentive)에 영향을 주는 구조조정은 지속적으로 진행해야 한다. 감세와 정부효율화로 경제하기 좋은 환경을 만들어야 한다. 중소기업 정책도 약자 도와주기 차원에서 경쟁력 강화로 초점을 바꾸어야 한다. 금융위기 이후 정부 역할을 강조하는 견해도 있으나 이는 금융감독 미비에 대한 반성으로 해석해야 한다. 실물 부문의 발전과 부의 창조는 결국 시장의 몫이다. 정부의 본업은 시장의 기능을 최고의 상태

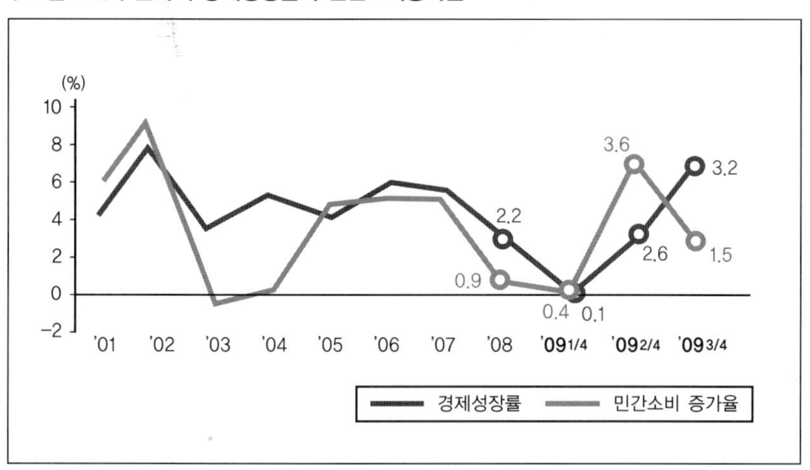

로 유지시키는 것이다.

둘째, 선진국 시장의 축소로 이어질 글로벌 불균형 해소에 대비해야 한다. 신흥국 시장이 대안이다. 한국의 수출은 가격경쟁력에서 품질경쟁력으로 구조적 전환을 했다. 세계시장 어떤 곳, 누구하고도 겨룰 수 있는 체력과 체질을 갖추었다. 한국은 후진국 경험이라는 기존 선진국에 없는 독특한 자산을 갖고 있다. 이를 적극 활용해야 한다. 내수확대도 병행해야 한다. 자본여력이 있는 수출기업이 서비스산업에 참여할 수 있도록 규제완화 및 문호개방이 필요하다. 민간소비를 억제하는 노후, 교육, 부동산, 고용의 불안을 해소해야 한다. 연금 및 교육개혁, 부동산가격 안정, 노동시장의 유연화가 여기에 해당한다.

셋째, 신성장동력의 창출이다. 1960년대 이후 한국의 성장은 기존 선진국과의 격차를 줄이는 '따라잡기(catch-up)' 전략에 의존했다. 기업도 마찬가지였다. 선진국이 개발해놓은 상품을 프로세스 혁신이나 집중적 자원 투입으로 세계시장에서 경쟁우위를 확보했다. 따라잡기에 어느 정도 성공한 현 단계는 세계시장을 리드할 수 있는 신성장동력이 필요한 시점이다. IT 부분에서는 하드에서 소프트, 건강사회에 적합한 바이오, 기후변화에 적응하기 위한 녹색산업 등을 생각할 수 있다.

넷째, 사회통합이다. 저소득층은 경제위기에 가장 타격을 받는 집단이다. 1997년 외환위기 이후 한국의 소득불균형은 확대되었다. 2008년의 금융위기도 강도는 약하지만 계층 간 소득격차를 확대시킬 요인이 될 것이다. 사회안정의 구심점이 되어야 할 중산층의 깊이가 엷어지고 있다. 소득불균형의 확대는 사회통합을 가로막는 최대의 장애물이다. 소득격차의 해소는 장기적으로는 경제성장으로 해결해야 한다. 이를 위해 정부는 경제성장의 주력인 기업의 사기와 시장의 활력을 높이기 위한 경제 규제완화를 지속해야 한다. 그러나 시장에서 도태되거나 아예 경쟁에 나설 힘이 없는 취약계층에 대해서는 정부의 적극적 지원이 필요하다. 아직도 미비한 사회보장제도의 확충, 저소득층에 대한 이전지출, 공교육 강화, 사회서비스 확대 등은 일차적으로 정부의 몫이다.

마지막으로, 경제 시스템의 안정성을 높여야 한다. 금융위기가 시작된 2008년 4/4분기의 한국의 경제성장률 하락폭은 위기의 진원지인 미국과 유럽보다도 훨씬 컸다. 환율이 폭등하고 위기감은 증폭되었다. 금융의 건전성, 제조업의 경쟁력, 교육수준, 근로기강 등 성장률이 하락할 요인은 크지 않았었다. 외환보유액도 넉넉했다. 차익거래를 노린 단기자본이동이 문제였다. 글로벌 금융환경에서는 자본이동을 규제하기가 쉽지 않다. 그러나 경제 시스템을 흔드는 단기자본이동에 대해서는 어떤 형태로든 제어

장치를 마련해야 한다. 국가의 신인도에 영향을 주는 정부의 재정건전성도 중요하다. 한국의 국가부채비율은 OECD 평균에 비해서는 낮다고 하지만 국가부채는 한 번 상승하면 고정되는 경향이 있다. 외환위기, 최근의 글로벌 금융위기를 헤쳐나오는 데 한국의 재정건전성이 중요한 역할을 했다. 이것은 향후에도 살려가야 할 중요한 재산이다.

| 개요 |

금융위기가 진정국면에 접어든 시점에서, 이번 토론은 출구전략의 시기와 방법, 한국경제의 성장방안을 중심으로 이루어졌다.

먼저 지나친 낙관론보다 냉정한 현실인식이 필요함이 지적되었다. 당분간 이전의 호황기를 기대하기는 어려울 것이며 4% 이하의 잠재성장률을 기대하는 것이 현실적인 전망이라는 의견이 개진되었다.

신성장전략의 큰 틀 안에서 출구전략이 입안되고 실행되어야 함에 대해서는 대부분의 토론자들이 동의하였지만, 출구전략의 시행시기와 방법에 대해서는 의견이 엇갈렸다. 이미 늦었다는 의견도 있고, 정치적 이유 때문에 출구전략 시행이 불가능하다는 전망도 있었다. 반면 부분적으로 출구전략이 이미 시행되고 있다는 관측도 있었고, 성급한 출구전략 시행으로 경기를 긴축시키는 것보다는 차라리 출구전략이 늦거나 소극적인 것이 더 낫다는 의견도 있었다.

한국경제의 새로운 성장을 위한 방안으로는 거시적 위기대응을 위한 제도적 기반 마련, R&D 육성과 교육혁신, 내수진작, 서비스산업 발전, 신성장동력 발굴 등이 제시되었다. 또한 현실적 투자주체인 대기업들이 신규분야의 투자를 높일 수 있도록 규제가 완화되어야 한다는 요구도 있었다.

현정택 그동안 한국경제의 성장은 사실상 성장할 수 없는데도 불구하고 (글로벌 불균형을 토대 삼아) 가불한 것이라고 할 수 있다. 이것을 어떻게 받아들여야 할지가 의문이다.

발제자께서는 잠재성장률을 3.8% 정도로 언급하셨는데, 나도 이 수준이 적정하다고 본다. (만약 이 상황을 돌파하려면) 투자와 소비를 늘려야 한다는 의견들이 많다. 그런데 이 주장에는 모순이 있다. 우리나라의 투자와 소비가 적었다면 엄청난 흑자가 났었어야 하는데 그렇지 않기 때문이다. 우리 투자가 (중국과 비교해서) 그렇게 적은 편이 아니다. 설비투자가 아래위로 너무 급격한 사이클을 그리기 때문에 적어 보이는 듯한 것이다. 사실 외환위기 이전에 과잉투자가 이루어졌다고 볼 수 있다.

발제자께서는 민간수비증진에 대해 말씀하셨는데, 이 주장두 재ㄱ의 여지가 있다. 우리나라 개인저축률이 OECD 바닥인데, 이는 민간소비가 최고라는 의미이기 때문이다. 정책입안자 입장에서는, 저축은 늘고 소비는 줄어 흑자가 많이 나서 외환위기가 없기를 바라지만, 또 한편으로는 내수도 진작시켜야 한다. 이 두 가지는 양립하기 어렵지만 서로 균형과 조화를 이루었으면 한다.

중국 쪽에서 돌파구를 찾을 수도 있겠다. 더 이상 한국에서 내수를 늘리는 것에 한계가 있다. 중국의 저축률이 50%가 된다면, 그들이 내수를 늘려갈 수 있는 구조가 되고 거기에 기댈 여지가 있지 않겠나 생각한다.

정구현 우리 경제가 당분간은 2003년에서 2007년까지의 호황기(골디락스)로 돌아가기는 힘들고, 지금은 3%대를 정상적인 성장률로 볼 수 있다는 견해이신지?

현정택 4% 초반이면 아주 좋은 것이고 3.8% 전후가 현실적 기대치라고 생각한다.

정구현 발제자께서 잠재성장률을 낮게 예측한 중요한 근거는 투자 때문이다. 많은 사람들이 투자부진을 언급하고 있다. 이는 지표상으로는 타당한 이야기이다. 그러나 글로벌 금융위기를 겪으면서 우리 기업들이 설비투자에는 소극적이지만, 기술개발과 마케팅은 열심히 하고 있는 것 같다. 그래서 글로벌 금융위기 이후 기업경쟁력이 강화될 것이라는 예측도 있다. 이런 예측과 투자부진으로 잠재성장률이 떨어질 것이라는 예상은 상충되지 않는가?

홍순영 외환위기 이전과 이후로 나누어볼 때 투자의 질이 좋아지고 있는 것은 분명하다. 그러나 투자증가율이 떨어지고 있는 것이 문제다. 자본투자가 정체되었지만 기술진보와 인적자본의 질 향상에 따른 총요소생산성(total factor productivity)은 증가하지 못해 경제성장률을 끌어올리지 못하고 있다. 일부 대기업을 제외한 중소기업 전반의 경쟁력이 상당히 떨어져 있다. 이런 상황이 물리면서 잠재성장률이 낮아진 것 같다.

좌승희 잠재성장률이 무엇인지 본질적 측면을 볼 필요가 있다. 지금의 논의는 한 국가가 선진국으로 진입하고 성숙사회가 되면 당연히 성장률이 떨어진다는 의미로 받아들여지는데, 나는 여기에 동의하기 힘들다. 그렇다면 후진국은 빨리 성장한다는 것인데, 실제로 그렇지 않다. 어느 정도가 적정한 성장률이라고 판단하기는 어렵다고 본다. 성장률이란 결국 사람에게 달려 있는 문제이기 때문이다.

경제의 외생변수를 토대로 내생변수를 설명하는 경향도 바람직하지 못하다. 대표적인 예를 들자면 고령화나 출산율 저하 등은 모두 내생변수이다. 저출산, 고령화 등의 전체 인구구조 변화는 정책적인 환경에서 내생화되는 것인데도 불구하고, 많은 사람들이 이것이 기본전제인 것처럼 받아들인다. 단기적인 관점에서는 타당할 수 있지만, 장기적인 관점에서 볼 때는 그 근거가 희박하다. 역사적인 맥락에서 어떤 패턴을 찾아낼 수 없기 때문이다.

홍순영 한국경제가 큰 무리 없이, 인플레이션 없이, 적정 수준의 고용으로 달성 가능한 수준을 잠재성장률로 정의할 수 있다. 그런데 성장을 위해서는 시장이 있고, 수요가 있어야 한다. 현재 국내적으로 시장이 취약하고 그동안 이를 대체하던 해외수요마저 어려워졌다. 따라서 국내시장 확대, 국제적인 제품경쟁력 강화 등이 이런 상황을 극복할 수 있는 변수라고 본다.

현정택 경제의 기본요소는 노동(인적자본), 자본 그리고 생산성이다. 그런데 우리는 자본스톡에 과도하게 집착하는 경향을 보인다. 그렇지만 우리 상황의 실제를 볼 때, 자본스톡으로 인한 변수는 크지 않다. 그리고 노동과 자본은 길게 봤을 때는 변수가 많지만 단기적으로는 크지 않다. 그리고 생산성 측면에서, 발제자가 언급한 미국의 사례를 보더라도 과연 생산성이 20~30년 동안 꾸준히 2~3%씩 증가할 수 있는 것인지에 대한 의문이 생긴다. 나는 이러한 관점에서 잠재성장률에 대해 말한 것이다.

좌승희 출구전략을 수립하고 시행하기에는 이미 늦은 것 아닌가? 과학적으로 적절한 시점을 예측하는 것도 불가능하지만, 설혹 예측했다고 하더라도 그것을 제대로 쓸 수 있는 정치적 토양이 마련되어 있지 못하다.

이 상황이 지속되면 반드시 오버슈팅할 수밖에 없다. 액션(출구전략)을 취할 때 '어떻게 할 것이냐'가 중요하고, 그에 따른 대가를 치러야 한다고 생각한다.

홍순영 굳이 출구전략이라고 하진 않지만 좁은 의미에서의 출구전략은 이미 부분적으로 시행되고 있다고 본다. 유동성 흡수나 통화스왑을 통해 공급했던 외환을 회수한 것 등이 그것이다. 위기극복을 위한 경제긴급조치 중에 지금까지 남아 있는 것은 금리와 재정적자 문제 정도이다. 재정적자는 상대적으로 외국보다 큰 것 같지 않다. 금리나 재정적자 문제의 경우 우리가 구태여 선제적인 조치를 취할 필요가 없다고 본다. 소규모 개방경제의 장점을 살려 선진국이 하는 것을 보면서 따라가는 것이 낫다. 우리가 가진 환경을 최대한 활용해야 한다. 이렇게 생각하면 출구전략의 적절한 시점이 도출될 것이다. 선진국을 따라가면 되기 때문이다. 이런 방식이야말로 소국들이 취할 수 있는 합리적 전략이 아니겠는가.

좌승희 일리가 있다. 지금 우리는 주로 거시적(매크로) 정책에 대해 이야기하고 있다. 그러나 성장은 매크로가 아니라 인센티브에 의해 좌우된다. 불행하게도 우리는 과거의 잘못된 인센티브를 그대로 유지하고 있다. 그런데도 그 이야기를 거의 하지 않고 있다. 그런데 이 상황에서 매크로를 좀 조정한다고 경제가 살아나겠는가? 감세(tax cut)도 단기적 재정정책이 아니라 장기적 인센티브인데, 그냥 추진하고 있다. 노사 문제도 마찬가지다. 이것이 지속가능하겠느냐.

정구현 현재 주식상승이나 부동산 움직임을 보면 자산버블이 일어난 것 아닌가?

이제민 나는 다른 관점에서 이야기하고 싶다. 글로벌 금융위기의 원인

을 글로벌 불균형이라고 말하기 어렵다
고 본다. 그대로 두었다면 더 유지될 수
있던 시스템이, 파생상품 관리를 잘못해
서 터진 것이다. 기본적으로 이것을 들여
다봐야만 문제를 정확히 파악할 수 있다.

선진국이 출구전략을 시행할 때는 금
리 문제도 중요하게 다루어야 하겠지
만, 파생상품과 버블이 더 이상 큰 쇼크
를 일으키지 못하도록 제도적 장치를
만드는 데 역점을 두어야 할 것이다.

IMF 수석 이코노미스트 출신의 시이먼 존슨 교수(MIT)가, 미국 정부가
월스트리트와 워싱턴의 올리가르히(정치-경제-언론을 융합한 과두세력)를
통제하지 못하고, 모럴해저드도 잡지 못했다(미국은 과거 동아시아에만 엄격
한 잣대를 요구했다)고 말한 것에서도 알 수 있듯이 정치경제학 관점에서 글
로벌 금융위기를 보아야 한다.

미국은 대공황을 계기로 각종 규제를 도입했는데, 시간이 지나면서 규
제가 과했다는 평가가 나왔다. 이에 따라 1970년대부터 계속 규제를 풀어
갔는데, 탈규제가 과도했기 때문에 결국 이런 결과가 나왔다. 신자유주의
의 충격이 너무 컸던 것 같다.

월스트리트와 재무관료들의 결탁이 너무 견고했기 때문에 글로벌 금융
위기의 충격이 더욱 강하게 다가왔다. 올리가르히를 약화시키고 규제강화
로 갈 수 있는 정치적 역량이 생겨야 세계경제가 처한 어려움에서 벗어날
수 있다. 출구전략을 논의할 때도 그런 부분이 언급되어야 하는데, 현재

상황을 보면 그렇지 않은 것 같다. 모럴해저드에 대한 처벌도 약하고 규제에 대한 진지한 이야기도 부족하다고 생각한다.

미국의 뉴딜정책 이후 강화된 규제가 그 후 경제성장에 악역향을 주었다고 보기는 어렵다. 이런 관점에서 보면 규제를 좀 과하다 싶을 만큼 강화해도 괜찮다고 본다. 출구전략이 체제를 바꿔놓는 쪽으로 진행되어야 하는데 지금 그렇게 진행되고 있지 않다. 오히려 장래의 불안을 키우는 쪽으로 진행되는 것 같아 우려스럽다.

우리나라의 출구전략도 마찬가지다. 금리 문제를 해결하기 이전 중간 단계에 미시적 수단을 써야 한다. 결국 금융감독의 문제다. 금리, 금융감독, 조세의 3가지를 조화시켜 우선순위와 시기를 논해야 한다. 그러나 정부는 이런 방향에서 어떻게 할 것인지에 대해 별다른 계획을 갖고 있지 않은 듯하다.

특히 감독기구가 문제다. 외환위기 이후 감독기구를 별도로 독립시켰는데, 이는 어떤 의미에서 개악이었다. 민간기구를 만든다고 하면서 결국은 관치로 돌아섰기 때문이다. 이런 문제 또한 출구전략에서 언급돼야 한다.

투자와 관련하여 이야기하자면, 우리나라의 투자는 외환위기 이후 양극화됐다. 우량 대기업은 잘하고 있는데, 중소·중견기업에서 안 되고 있어 일자리가 만들어지지 않고 있다. 기업이 양극화되었기 때문에 투자도 양극화된 것이다. 우리 기업의 40% 이상이 이자 수준의 영업이익도 못 내고 있다. 지금 통계를 내면 이런 기업이 전체의 50%가 넘을 것이다. 외환위기 이후로 이런 강시기업이 늘어났다. 그런데 이 기업들이 그동안 어떻게 살아남을 수 있었는가. 그 서바이벌 메커니즘은 부동산이다. 부동산을 담보 잡혀서 살아온 것이다. 이런 강시기업이 부활해야 양극화가 해결되고 투

자·일자리·잠재성장률이 살아나지
않겠는가?

이근 이제민 교수께서 미국 올리
가르히에 대한 규제 문제와 한국 제
도에 대한 부분을 이야기하셨고, 출
구전략과 관련해 신성장체제를 구
축하고 내수를 강화시켜 소비 중심
의 성장전략을 짜야 한다는 논의도
나왔다.

그런데 우리가 한 가지 빠뜨리고 있는 게 있다. 동아시아 성장모델이 수
출주도형을 선택할 수밖에 없는 상황인데, 우리가 성장모델을 내수 중심
으로 이동한다면, 외환보유액이 줄어 항상 위기를 걱정해야 한다는 것이
다. 이러한 리스크 때문에 과감한 내수진작을 할 수 없다는 사실을 염두에
두어야 한다. 대비 차원에서 항상 외환을 쌓아놓을 수밖에 없고 이를 위해
경상수지 흑자를 유지할 수밖에 없다.

진짜 선진국이 되기 위해선 내수 중심의 성장을 해야 하는데 동아시아
는 수출에 목매고 항상 내수를 쥐어짜야 하는 시스템이다. 이런 거시적 위
기를 차단할 수 있는 제도적 기반이 마련되어야 내수 중심의 경제로 변화
가 가능하다. 이것이 전제조건이다. 이 문제를 출구전략의 하나로 포함시
켜야 한다고 본다.

관리적 요소로는 환율제도, 자본주의에 대한 규제 그리고 동아시아의
기업적 통합을 들 수 있는데 앞의 2가지 요인을 제도적으로 정비한 후에
야 내수 중심으로 변모할 수 있을 것이다.

이제민 앞에서 내가 언급한 내용을 보완하겠다. (심각한 외환위기 상황까지 갈 뻔한) 2008년 글로벌 금융위기는 결국 금융감독을 잘못해서 일어난 것이다. 단기외채가 빨리 증가하고 있는데도 당국은 그냥 보고만 있었다. 이 책임을 금융감독위원회에 맡겨놨는데 이 기관은 전혀 문제를 해결하지 못했다. 참으로 이해가 안 되는 대목이다. 감독만 잘했으면 그렇게 많은 외환보유액이 필요하지는 않았을 것이다.

김장호 위기를 겪으면서 뭔가 배워서, 그것을 반복하지 않는 것이 출구전략의 핵심이라고 생각한다. 단순히 거시적 차원의 위기극복을 말하기보다는 제도적이고 구조적인 문제해결책을 수립하는 것이 필요하다.

현재의 양극화는 사회통합이 이루어지지 않은 상황에서는 극복하기 어렵다고 본다. 좀 더 제도적이고 구조적인 변화를 주문해야 하고, 이에 대해 고민해야 한다.

이제민 교수님께서 지적하신 내용과 동아시아 모델의 필요성에 동감하면서도, 이를 좀 더 심각하게 봐야 한다고 생각한다.

흔히 미국의 금융감독 미비와 과도한 파생상품의 영향으로 한국에 위기가 왔다고 이야기한다. 물론 이것이 계기가 되었다. 그렇지만 우리 경제제도와 구조에 이미 문제가 있었던 것은 아닌가? 그렇다면 출구전략을 검토하면서 새로운 생산체제 구축 등을 논의해야 한다.

대기업은 이미 잘 해나가고 있기 때문에 새삼 규제를 펼 필요는 없다고 본다. 그러나 우리나라에는 400만 개의 제대로 된 일자리가 필요하다. 고용 문제를 수출주도형 모델로 해결할 수는 없다. 실물 부문 못지않게 일자리 문제의 해결조치가 필요하다. 이것은 외환위기 때부터 쌓인 상당히 오래된 문제이며, 근본적인 해결책이 요구된다. 그래서 새로운 형태의 규제,

고용친화적인 산업정책 등의 새로운 정부 역할과 리더십으로 이 문제를 해결해야 한다고 생각한다.

우리가 위기에서 배울 수 있는 교훈은, 종래의 거시적 차원의 해결책에 머물기보다는 그것과 더불어 양극화, 복지 문제, 개발시대와는 다른 사람들의 욕구 등을 종합적으로 검토하여 대안을 제시하는 노력이 필요하다는 것이다.

> 위기를 겪으면서 뭔가 배워서, 그것을 반복하지 않는 것이 출구전략의 핵심이라고 생각한다. 단순히 거시적 차원의 위기극복을 말하기보다는 제도적이고 구조적인 문제해결책을 수립하는 것이 필요하다. _ 김장호

정기영 2008년 글로벌 금융위기 이후 세계 각국은 제로금리, 재정확대 등 최대한의 수단을 동원해 대처했다. 그 결과 2009년 1/4분기, 2/4분기에 기대 이상의 호전을 보였고, 이제 자산버블을 염려할 정도까지 됐다.

그러나 이것조차 염려한다면 정책당국자들은 아무런 정책도 쓸 수 없다. 어떤 의미에서는 이 정도 부작용은 당연하게 받아들여야 하지 않겠는가.

이런 상황을 지켜보면서 출구전략의 액션을 취해야 하는지, 아니면 확실한 경제회복을 기다려야 하는지 판단을 내려야 하는 매우 중요한 시점이다. 한국의 입장에서 출구전략을 어떻게 포지셔닝해야 현명한 정책이 될지 논의하고 싶다.

좌승희 누가 하더라도 이 이상으로 하기는 어려울 것이다. 결국 출구전략의 골자는 금리를 올리고, 재정을 정상화시키는 것이다. 단지 한두 분기 빠른가 느린가가 쟁점이 되는데, 이는 리서치의 문제가 아니라 정치적 판단의 문제다.

KDI는 출구전략에 대해 적절한 문제제기(편집자 주: 2009년 7월 21일 발

표한 〈경제환경 변화와 정책방향〉 보고서에서 부분적 금리인상을 주장하며 출구전략의 필요성을 제기한 것을 말함)를 했는데, 그 외의 기관들은 일절 논의를 꺼내지 않은 것도 그 이유 때문이다.

정기영 출국전략의 핵심은 '절묘한 타이밍에 적절한 선택'이다. 하지만 실질적으로 그런 선택이 어렵다는 것을 받아들여야 한다. 출구전략을 너무 늦게 추진하면 인플레이션, 자산버블 등 폐해가 생기고, 너무 앞서 시행하면 회복기의 경제가 다시 주춤할 것이다. 그래도 후자보다는 전자(회복기의 경제가 다시 후퇴하는 것보다는 인플레이션을 감수하는 것)가 오히려 낫다고 생각한다.

좌승희 출구전략이 늦게 시행되는 게 낫다는 말씀으로 들린다. 그렇지만 그것은 알 수 없는 일이다. 그만큼 불확실하다는 것이다.

그러나 확실한 전략이 있다. 그리고 적절한 시기는 반드시 있다. 적어도 1~2년까지는 아니겠지만, 새로운 모멘텀이 될 수 있는 어젠다는 확실히 생길 것이다. 우리는 그걸 찾아야만 한다.

현재 우리나라의 투자가 많다는 사람도 있고, 부족하다는 사람도 있다. 그런데 대기업이 투자를 해도 일자리가 없다고 한다. 그렇다면 만약 대기업조차 투자를 안 한다면 일자리가 늘어날 방법이 없다. 대기업이 해야 중소기업에도 파급되는 것은 기본적인 상식이다.

정부가 서비스업 중심의 경제정책을 펼치겠다고 하는데, 이는 제조업을 배제하고는 추진할 수 없는 것이다. 기본적으로 같이 가야 한다. 내수와 외수가 같이 가야 한다.

우리의 토론에서 중요하게 다루어져야 할 주제 중 하나는 '수출하던 고용을 어떻게 수입할 것인가'이다. 고용정체의 원인을 찾아, 고용을 다시 정상화시켜야 한다. 빠르든 늦든 출구전략에서 이것이 제일 중요하고 확실한 어젠다이다. 그렇다면 어떻게 해야 하나. 답은 분명히 나온다. 팔아먹은 일자리를 되찾아와야 한다.

글로벌 불균형을 계속 얘기하는데 이것은 원인이 아니고 결과다. 그런데도 많은 이들이 원인이라고 이야기한다. 내수, 외수 비중도 외생변수이다. 큰 틀을 바꾸자고 주장하는데, 그게 말처럼 쉽지 않다. 너무 쉽게 판단하는 것 같다. 글로벌 불균형 문제는 중국, 한국, 동남아만의 문제가 아니다. 지금까지 미국에서 끊임없이 수요를 창출해서 자본수지 흑자가 났다. 이런 큰 틀의 흐름이 있었고 이와 맞물려서 경제가 흘러왔다. 하지만 지금은 미국의 저축이 늘어나서 다시 문제라고 말한다. 미국인들이 저축을 적게 하고 소비를 늘리라고 하는데 그렇게 해서는 불균형을 해결할 수 없다. 이런 부분을 담을 수 있는 틀이 있었으면 좋겠다.

정구현 몇 가지 핵심적인 이슈가 제기됐다. 정기영 소장은 정책의 정확한 실행시기는 불확실하지만 2가지 리스크(인플레이션 리스크와 회복되는 경기를 후퇴시키는 리스크) 중에 '인플레이션 리스크를 선택하는 게 낫다' 는 의견이다.

정갑영 우리가 출구전략을 전면적으로 먼저 시행하기는 어렵다. 외부적인 요인에 의해 어쩔 수 없이 따라가게 되어 있기 때문이다.

우리나라의 성장률이 다른 나라에 비해 높다고 하는데, 성장률이 높은

게 꼭 바람직한 것만은 아니다. 첫째, 2008년 3/4분기와 4/4분기에 성장률이 너무 많이 떨어졌기 때문에 수치의 의미가 약하다. 그리고 우리나라의 성장률은 대기업 중심의 성장률인데다, 자동차와 세제혜택 등 인위적인 요인들도 많다.

두 번째, 다른 나라에 비해 우리의 타격이 작았다. 다른 나라는 풀 스케일(full scale)로 긴급조치를 취했고 우리도 이것을 따라갔다. 그런데 우리는 피해가 적었기 때문에 이 상태로 있으면 과열로 인한 충격이 더 클 것이다.

그래서 정부는 전면적으로는 출구전략을 시행하지 않는 것처럼 하면서도, 이미 실행에 들어가 있어야 한다. 그 징후가 일부 보이는 듯하다. 통화량을 소화하고 있고 외환보유액를 늘리고 있다. 경상수지 흑자가 크고 (재정지출 확대로 인한) 재정적자 등의 요인으로 시행의 어려움이 있지만, 출구전략을 소리 없이 더욱 강화해야 한다고 생각한다.

또 한 가지 꼭 언급할 것이 있다. 이런 상황에서 외국의 출구전략 시행 시기를 기다려야 하는가의 문제이다. 아마 미국의 출구전략 시행이 가장 늦을 것이다. 피해가 제일 커서 다시 일어나려면 시간이 걸릴 것이기 때문이다. 이런 형편인데 미국의 출구전략 시행을 기다린다면, 우리 경제는 너무 과열되어 부작용이 클 것이다.

출구전략 시행을 어렵게 하는 또 하나의 요인은 효과의 즉시성과 관련이 있다. 경기를 살리는 데에는 기간이 오래 걸리지만(최소한 6~9개월), 긴축을 시행하면 그 효과가 빠르다. 왜냐하면 양자는 서로 비대칭성이기 때문이다.

출구전략을 일단 실행하고 이것이 자본시장에 영향을 미치기 시작하면 그 여파는 상당히 클 것이다. 따라서 정부가 출구전략을 실행하되 상당히 조심스럽게 해야 한다고 본다. 그러나 내 생각에, 지금 정부는 그런 능력을 갖추지 못한 것 같다. 우선 정치적인 여건이 그렇다.

지금 우리나라에서는 경기가 살아나면서도 내부에서 양극화가 심화되고 있다. 대기업은 수출이 잘되고 그로 인해 성장률은 부푸는데 고용이나 중소기업, 내수 부분은 어렵다. 지금 이 상황에서 정부가 출구전략을 실행한다고 선언하면 그 여파는 매우 클 것이다. 특히 취약 부분에 미치는 영향이 지대할 것이다. 게다가 정부가 중도선언마저 했다.

현실적으로 봤을 때 미적미적하는 사이에 결국 과열로 갈 것이라 예상한다. 이것이 출구전략의 딜레마다.

지금 정부가 고민해야 할 점은 '위기 이후 신성장체제를 어떻게 가져갈 것인가' 다. 여기서 가장 걱정스러운 부분은, 위기를 계기로 정부가 발표하는 정책이 상당히 복고적이라는 점이다. 정부 주도의 제조업 중심 정책이 나오고 있는데, 제조업은 부가가치가 낮다. 고부가가치로 이동해야 한다.

그렇게 하려면 정부 주도보다는 민간 주도가 바람직하며, 그 밑바탕에 교육제도 개혁이 있어야 하는데 현재 비전이 보이지 않는다. 신성장을 위해서는 우선 제도부터 바꿔야 한다. 돈 안 들이고 할 수 있는 일들도 많다.

정구현 위기 이후 시장 중심적 개혁정책이 후퇴하는 것 아닌가.

류우익 출구전략에서 좀 더 듣고 싶은 것은 '단순히 환수하는 것, 통화

수요의 공급을 맞추는 것을 넘어서, 터널을 빠져나갔을 때 원 상태를 뛰어넘는 무엇을 찾을 수 있을 것일까'이다.

홍역을 한 번 앓고 났으니 새로운 전략을 추구하는 것인가? '출구를 빠져나갔을 때 무엇이 있나. 그 다음에 어떻게 해야 하나.' 이것이 출구전략에 포함될 수 있으면 훨씬 설득력이 있고 정책적인 힘도 받을 수 있지 않겠는가.

정구현 출구전략을 거론한다는 자체가, 우리가 터널에 있다는 것을 전제한 것이다. 일단 빠져나간다면 새로운 성장정책이 언급되어야 한다.

오늘 토론을 보면 출구전략의 거시적 차원, 우리 경제의 구조적 문제, 글로벌 불균형 문제 등 3가지 이슈로 요약된다.

우선 거시정책을 보면, 이대로 간다면 향후에는 쓸 돈이 없어 긴축재정을 선택할 수밖에 없다. 그렇다면 금융통화정책이 남는데 그 핵심은 금리 인상 시기이다. 이 문제는 '우리가 먼저 할 수 없으므로 기다려보자' 정도로 정리되는데 권순우 실장(삼성경제연구소 거시경제실장)의 의견은 어떤가.

권순우 이것은 출구전략을 어떻게 정의할 것이냐의 문제다. 무엇으로부터의 출구인가. 금융위기로부터 출구라면 비상조치 정상화가 출구전략이며, 파생상품 규제, 금융감독체제 등으로부터의 출구라면 신자유주의로부터의 출구전략에 대해 논의해야 할 것이다. 차원이 다른 문제이므로 분리해서 봐야 한다고 본다.

정구현 참고로 금융감독 시스템에 대한 토론(편집자 주: 이 책의 제3장)은 2009년 10월, 신성장동력(기술, 산업 중심)에 대한 논의(편집자 주: 이 책의 제7장)는 2009년 9월에 토론이 예정되어 있다. 더 얘기해봐야 하는 이슈가 거시경제, 고용 문제와 투자의 양극화에 대한 것이다.

권순우 잠재성장률은 그 숫자가 고정된 것이 아니다. 우리가 어떻게 하느냐에 따라 변할 수도 있다. 내수를 확대하면 경상수지가 악화되어 외환위기 위험이 있다는 지적이 있다. 물론 내수 확대가 대외 불균형을 다소 야기할 수도 있다. 그렇지만 관광산업, 교육산업 등 내수와 수출이 엄격하게 분리되지 않는 산업을 찾아내 투자한다면 국제수지를 악화시키지 않으면서도 내수시장을 확대할 수 있다. 특히 교육 분야에서 성장동력을 확보하지 않으면 잠재성장률을 높일 수 없다.

임형규 씨앗을 뿌려 성장이 잠재력을 만드는 시기와 실제 성장하는 시기 간의 시차(time gap)는 20~30년 정도이다. 그런 관점에서 현재 성장하고 있는 사업, 미래에 성장할 사업, 지금부터 새로 만들어야 할 사업 이렇게 3가지로 나누어봐야 할 것이다. 신성장동력에 대한 토론 발제 때 참고해주시길 바란다.

정기영 잠재성장률은 투자와 직결된다. 대기업 투자가 고용을 수출한다는 표현을 하셨는데 대기업 투자가 안 되면 중소기업 투자도 요원한 문제이다. 대기업이 투자를 하지 않으면 잠재성장률 상승은 불가능하다. 그런데 대기업 투자의 걸림돌이 되는 노사 문제, 규제완화 등에 대한 논의는 대기업의 논리로 치부하는 분위기이다. 이러한 논의를 글로벌 금융위기 이후에 어떻게 끌어갈 것인가.

좌승희 정부에서 대기업은 가만히 있으라는 이야기를 하는데 그건 말이 안 된다고 본다. 대기업의 투자가 있어야 중소기업도 살아나는 것이다.

임형규　오늘 나오는 이야기가 〈월스트리트저널〉에 똑같이 나왔다. IBM은 잘나가는데 미국경제는 형편없다고 한다. 이런 현실을 인정하고, 어떻게 할 것인지를 논의해야 할 것이다.

김장호　잠재성장률을 높이는 핵심요인은 결국 한 사람, 한 사람의 능력에 달려 있다. 이것은 결국 교육 문제다. 정부가 교사를 50% 더 뽑고 미래지향적인 교육을 시킬 의향이 있는가? 장기적으로 교육자들의 급여를 올려주면 우수한 인력풀을 활용할 수 있다. 노동시장 쪽에서도 우수한 사람들을 차내는 형국인데, 기회가 공평하게 돌아가게 하려면 정부가 돈을 좀 쓰더라도 복지 부문을 확충해야 한다. 이번 글로벌 금융위기에서 장기적 관점으로 이런 교훈을 얻었으면 한다. 여기에 비하면 매크로는 기계적인 일이라고 본다.

황창규　투자에 대해 이야기하자면, 투자는 결국 선순환투자가 되어야 한다. 우리는 가장 어려운 시기에 투자했기 때문에, 경기가 호전됐을 때 그 이익을 가져올 수 있었고 기업경쟁력이 생겼다. 대만·일본 정부가 그것을 적극적으로 벤치마킹하고 있지만 잘 안 된다. 정부가 의도적으로 나선다고 되는 것이 아니고 민간에서 자생적으로 과감하게 결단한 것이 주효했기 때문이다.

지금까지는 선제적 투자를 함으로써 경기가 상승할 때 그 성공의 과실을 가져올 수 있었지만 이제부터는 안 된다. 미국과 일본을 살펴보자.

미국은 현재 공동화되었다. 공장이 다 중국으로 갔다. 그동안 IT를 통해 이익을 봤던 부분이 일본으로 갔다가 한국으로 오고, 이제는 중국으로 갈 것이라는 위기의식이 있다. 오바마 정부가 들어서면서 미국이 어렵다고 하지만, 학교 쪽으로 유입되는 펀딩은 엄청난 수준이다. 사람을 바꿀 수 있는 기관에 대한 투자가 활성화된 것이다.

일본에서는 민간연구소가 비즈니스 씨앗이다. 일본경제가 어렵다고들 하지만 에너지 · 환경 · 신재료 등에서의 잠재력은 대단한 수준이다. 이들 각각이 미래 산업을 좌지우지하는 것들이기 때문에 그들은 기회가 왔다고 생각한다. 일본은 자원이 없다는 한계가 있지만 우리 역시 갖고 있는 자원이 아무것도 없다. 미국과 일본은 이미 준비하고 있는 것이다.

투자는 설비와 R&D 2가지로 나누어볼 수 있는데, 현재는 R&D가 강해야 한다고 본다. 2002년 IT버블 때 우리나라는 R&D보다 설비투자를 많이 함으로써 또 하나의 발전계기를 만들었는데, 지금은 R&D투자를 해야 한다.

또한 우리는 좋은 인력을 보유하고 있다. 잡셰어링와 비정규직 문제해결에 있어서 한 차원 높은 해결책을 구사해, 미래를 준비하는 차원에서 인력에 투자해야 한다. 우리가 갖고 있는 소스(source)인 좋은 인력을 잘 써야 한다.

현재는 R&D투자와 인력활용 2가지가 중요하다.

좌승희 홍순영 전무께 기술적인 말씀을 드리겠다. 현재 위기의 본질은 통화유통 속도가 급속도로 떨어지고 있다는 것이다. 그것을 회복하려 출구 타이밍을 찾는다면 MV(M은 통화량, V는 유통속도)가 정상화되는 시기가 아닐까? PY(P는 물가, Y는 실질 GDP)가 4%로 나왔다면, MV는 계산할 수 있고 통화량이 얼마나 공급되었는지와 속도의 움직임만 파악하면 금리조절 시기를 테크니컬하게 파악할 수 있지 않나? 조금 더 구체적으로 시점에 대해 얘기할 수 있을 것 같다.

홍순영 생각하지 않은 것은 아니다. 그런데 최근에는 MV=PY가 아니다. Y가 GDP인데 자산은 상당 부분 GDP에 포함되지 않는다. 최근에는

M이 자산거래에 많이 쓰인다. 그래서 MV가 올랐는데, P가 오르지 않았다. 최근 몇 년간 통화량이 많이 늘어났지만 인플레이션이 없었던 것도 자산거래에 많이 쓰였기 때문이다.

정기영 회복속도를 파악하면 출구전략 시행시점을 찾을 수 있을 것이다.

이제민 부동산가격이 오른 것을 통화정책으로 잡으려고 하다가는 큰일이 날 것이다. 따라서 미시적인 감독체제로 잡아야 한다.

홍순영 속도와 통화승수의 2가지 추정 모두 가능하다. 이것을 고려해보겠다. 특히 속도추정은 경제상황과 내생적인 변수로 추정하기 때문에 어려움이 있지만 생각해보겠다.

정갑영 시중금리와 국채수익이 실제 정부의 공식발표보다 상당히 앞서가고 있다. 일시적 변동은 무시해도 되겠지만, 이것이 일정 기간 계속된다면 금리를 0.25%라도 올려 사인을 보내야 한다.

정기영 현재 통안증권[16]으로 엄청나게 자금을 빨아들이고 있다. 시장에서는 이미 한국은행에서 유동성을 흡수하고 있다는 것을 다 알고 있다.

정갑영 이것은 별로 불안하지 않다. 왜냐하면 역사적으로 한국은행은 경제에 큰 영향을 미치지 않았다. 출구전략을 시행하지 않겠다고 공언하겠지만 실제로는 지금 상당 부분 시작해야 할 것이다.

홍순영 출구전략이라고 표현하지 않지만 이미 상당히 흡수하고 있다. 금리는 상징적인 의미로 중요하다. 1%p를 올리려면 0.25%p씩 4번 연속 올려야 하는데 우리에겐 그럴 여유가 없다. 또 그 정도로 우리 경제가 과열되었는가를 검토할 필요가 있다. 부동산 문제에 대해서도 (수요공급 측면

---

[16] **통화안정증권.** 한국은행이 시중 통화량 조절을 위해 발행하는 특별유동증권.

과 여타 규제를 제외하고) 금리정책만으로 대처하기보다는, 다른 정책을 쓰는 것이 더 바람직하기 때문에 여러 가지 사항들을 고려해봐야 한다. 여러 면에서 볼 때 본격적으로 출구전략을 논의하기에는 시기상조라고 본다.

다만 인센티브에 관련된 조치들, 예를 들면 자산을 사준다거나 유동성보증과 같은 조치들은 이제 멈춰야 한다. 또한 신성장동력 발굴은 경제위기와 관계없이 지속적으로 추구해야 한다.

이제민 SERI에서 각종 통계를 발표하는데, 최근 10년간 대기업 투자증가율과 중소기업 투자증가율을 비교한 통계가 있나?

홍순영 있다. 투지 문제를 논의할 때 가장 흔한 오해는, 대기업이 투자를 안 했다는 것이다. 그러나 실제를 보면, 지난 10년간 투자의 주력세력은 대기업이다.

정구현 오늘 논의로 보면 대기업이 투자를 안 했다는 게 아니라 대기업은 너무 많이 하고 중소기업은 너무 안 해서 문제라고 하는데? (좌중 웃음)

홍순영 현실적으로 볼 때, 대기업에게 지금보다 더 투자하라고 요구하는 것은 무리다. 주력사업에서는 이미 투자가 활발하다. 그런데 다른 분야, 즉 서비스산업 진출, 내수진작, 신성장동력 발굴에 대기업의 투자가 필요한데 그것을 다 차단하고 있는 것이 문제다. 투자하고 싶어도 규제 때문에 못 하는 실정이다. 대기업이 수출을 통해 번 돈을 쓸 수 있는 출구를 열어놔야 한다.

정구현 R&D가 중요하고 한국의 대기업들이 하고 있지 않은가?

황창규 경기 때문에 R&D투자가 전 세계적으로 위축되어 있다. 과거에도 다 위축되어 있을 때 우리만 했다. 전부 위축되어 있는 바로 지금이 투자할 때라는 건 불변의 진리다.

임형규 기업이 R&D투자를 한다고 해도, 많이 해봤자 7~8년밖에 내다보지 못한다. 독일의 경우를 보면 정부가 나서서 대규모 자금을 마련하고, 차세대 기술들을 서로 연계해서 연구하게 만들었다. 실제 기업들의 입장에서 보면 불확실한 사업에 대한 투자를 추진한다는 것이 내부적으로 눈치가 보이고 힘든 실정이다. 정부가 세금을 걷어서 강제적으로 기업에게 미래 연구를 하라고 시키는 것도 방법인 것 같다. 참여정부 시절에 이렇게 하겠다고 공언했었다. 중요한 점은 될 만한 곳에 돈을 쓰는 것이다. 결국 돈을 쓰는 안목의 문제다.

좌승희 대기업은 투자하고 싶은데 못 한다는 말은 무슨 의미인가?

홍순영 돈을 쌓아놓고 투자하지 않는다는 말이 있다. 주력사업에서는 투자가 이루어지는데 신규사업진출은 규제로 막혀 있다. 의료, 교육 등에서 기회가 보이는데도 구조적으로 할 수 없게 되어 있다.

정구현 정부의 규제와 경직된 노동시장 문제는 한국경제의 고질적인 이슈다. 오늘 근본적인 이슈가 많이 제기됐다. 일부는 토론이 되었고 토론이 되지 않은 것도 있다. 미래성장동력, 산업정책, 금융규제 등에 대해 차후에 더 토론할 기회가 있을 것이다.

제3장

자본주의의 성격이 근본적으로 변할 것인가?

토론일 · 2009년 10월 26일

발제 | 최흥식 (연세대학교 경영대학 교수)

1. 문제의 제기

미국에서 시작한 서브프라임 대출위기가 글로벌 금융위기를 넘어 영미식 자본주의, 그리고 그 연장선상에서 시장경제 자본주의에 대한 회의와 불신으로 이어지고 있다. 이미 학계에서는 오래전부터 자본주의의 폐해와 지속가능성 여부 등에 대해 논의해왔지만 글로벌 금융위기 이후에는 언론계에서도 자본주의의 미래를 걱정하기 시작하였다.

150년 이상 자유시장경제를 사시(社是)로 삼고 있는 영국의 〈이코노미스트〉가 대표적인 사례이다. 〈이코노미스트〉는 리먼사태 직후인 2008년 10월 16일자에 '자본주의가 궁지에 빠졌다(Capitalism At Bay)'라는 주제로 자본주의를 둘러싼 다양한 비판을 소개하고 평가하였다. 이후 2009년 1월 초에는 프랑스 국무총리실 주관으로 프랑스의 대표적 중도좌파 신문인 르몽드를 비롯하여 파리정경대학(Sciences Po.), 그리고 영국의 〈파이낸셜타임스〉와 런던정경대학(LSE) 등이 공동으로 '새로운 세계, 새로운 자본주의 (Nouveau monde, Nouveau capitalisme)'라는 대주제로 심포지엄을 잇달아 개최하였다.[1] 또 영국의 〈파이낸셜타임스〉는 2009년 3월부터 5월까지 '자본주의의 미래'에 관한 지상토론을 기획하였다.[2] 언론계가 자본주의에 대해 적극적인 관심을 보이는 것과 동시에 내로라하는 학자들도 자본주의의 향방에 대한 책자를 앞 다퉈 내놓고 있다.

자본주의는 인간이 만든 경제 시스템 중 그나마 가장 효율적이라는 평가를 받아왔다. 20세기 초반에 자본주의의 대안으로 우후죽순으로 탄생했던 사회주의경제 국가들은 세기가 끝나기도 전에 지구상에서 거의 사라졌다. 그러나 사회주의가 몰락한 이후에도 자본주의의 미래에 대한 근심과 회의적 시각은 여전하다. 특히 글로벌 금융위기 이후 자본주의에 대한 우려와 근본적 회의의 목소리는 더 높아졌다. 규제완화와 민영화 등으로 특징지을 수 있는 영미식 무한경쟁이 자본주의의 붕괴를 촉진하는 버블과 도덕적 해이의 원죄라는 시각이 대표적이다.

그러나 아직까지 이 같은 비판적 시각들은 자본주의 사회에서 공황은 필연적이라 보고 지구상에 공황이 없는 평등주의 국가를 건설하겠다던 사회주의자들의 관념적인 시각과 크게 다르지 않다. 그간 영미식 자본주의가 사회의 부와 개인의 자유를 빠르게 향상시키고 매우 오랜 기간 동안 지속적 경제성장을 가능토록 하였다는 경험적 사실에 대해서는 제대로 설명하지 못한다. 때문에 자본주의의 많은 위기는 순환적인 것이며, 순환적 속

---

[1] http://archive.colloquenouveaumonde.fr 참조.

[2] http://www.ft.com/indepth/capitalism-future 참조.

성을 지닌 위기의 원인을 제대로 파악하고 통제하지 못한 것이 위기의 근본원인이라는 지적이 여전히 가장 설득력이 높다.

자본주의에 대한 근본적인 비판은 아니지만, 자본주의 내 금융의 역할에 대한 비판도 거세졌다. 예컨대 금융규제완화로 고삐 풀린 금융이 글로벌 금융위기와 같은 문제를 야기시켰다는 지적이다. 실물경제의 생산성을 초월하는 금융 부문의 비대화와 과도한 임금, 부적절한 보상체계 등이 금융위기를 초래했다는 것이다. 그러나 규제완화는 실보다 득이 더 많았다는 실증적 경험을 고려해볼 때 규제완화에 대해서는 좀 더 객관적이고 냉정한 평가가 필요하다.

이처럼 글로벌 금융위기를 계기로 자본주의경제 시스템, 또는 자유금융 시스템에 대한 통렬한 비판과 반성이 뒤따르고 이에 대한 반박과 재반박이 이어질 것으로 예상된다. 이 과정에서 자본주의가 역사 속으로 사라지는 않겠지만 현재와는 상당히 다른 양상을 띠면서 발전하게 될 것이다. 향후 새로운 패러다임 아래에서 자본주의는 어떠한 모습으로 재탄생할 수 있을 것인가. 특히 이번 위기가 금융 부문에서 촉발되었으니 자본주의경제 시스템 아래에서 금융의 역할은 어떻게 변모할 것인가 등에 대해 다양한 논쟁이 예상된다.

이러한 논쟁적 주제가 이 장에서 살펴보고자 하는 내용이다. 이를 위해 우선 전통적으로 인식되고 있는 자본주의의 특징들을 살펴본다. 이어서 자본주의 시장경제 내에서 금융의 역할과 한계를 점검해봄으로써 건실한 금융 인프라의 중요성을 지적하고자 한다. 이러한 인식하에 2008년 글로벌 금융위기의 원인과 그 시사점이 무엇이며, 새로운 모습의 자본주의에 대한 구상 및 그 영향들을 논의해보고자 한다.

2. 자본주의의 특징

1) 자본주의는 사유재산을 바탕으로 이윤추구를 하는 경제체제

경제 시스템은 자원배분방식에 따라 크게 시장원리에 의해 자원이 배분되는 자본주의경제 시스템, 국가가 자원을 배분하는 사회주의경제 시스템으로 분류할 수 있다. 자본주의경제 시스템은 재산권을 보호받는 이기적인 경제주체들이 자유로운 의사결정으로 각자 자신의 이익을 극대화하는 과정에서 자원이 배분되는 시스템이다. 자원배분이 시장에서 자유로운 경쟁을 거치는 과정에서 이루어지기 때문에 자본주의경제 시스템은 시장경제 시스템이라고 불리기도 한다. 구소련, 동구권 국가 등 사회주의경제 국가들이 20세기 말에 거의 대부분 몰락하면서 자본주의 시장경제는 완전하지는 못하지만 현재까지 인류가 개발한 경제 시스템 중 가장 효율적이라는 평가를 받고 있다.

2) 도덕성을 바탕으로 경쟁이 이루질 때 경제의 건전한 발전 가능

자본주의경제 시스템은 가장 효율적이라고 알려져 전 세계 거의 모든 국가가 채택하고 있다. 그러나 자본주의 시스템 자체에 대해 몇 가지 오해가 있는 것이 사실이다. 그중 대표적인 것이 자본주의경제 시스템은 극단적인 이기심을 허용하는 나머지 도덕성에 대해서는 방관적인 태도를 취한다는 것이다. 그러나 자본주의경제 국가들 중에서 극히 일부분의 국가만이 부유하고 많은 나라들이 빈곤한데, 이는 바로 도덕심의 결핍에서 비롯된다.

경제발전에서 가장 핵심적인 요소는 무엇인가? 이러한 질문에 대하여

대부분의 학자들은 경제학의 아버지라고 불리는 아담 스미스가 《국부론》
에서 설파한 내용에 동의한다. 자본주의 시장경제 운용에서 핵심이라고
할 수 있는 경쟁만이 부와 번영을 보장한다는 것이다. 그러나 이때의 경쟁
은 맹목적인 경쟁이 아니라 공정하고 개방된 시장에서 이루어지는 경쟁을
의미한다.

　최근에 맥킨지 글로벌 인스티튜트의 설립 소장인 윌리암 루이스는 자신
의 저서[3]에서 공정하고 왜곡되지 않은 경쟁이야말로 생산성 향상과 번영
을 가져오는 경제발전의 핵심이라고 실증적으로 보여주고 있다. 개도국들
이 경제발전을 이룩하지 못하는 가장 큰 이유는 경쟁이 체계적으로 왜곡
되기 때문이다. 부패한 관리 및 정치인, 특혜받는 기업, 보호받는 정규직
노동자, 노조 간부 등 기득권층의 거센 반대로 경쟁이 제대로 일어나지 못
하여 가난함에서 벗어나지 못한다는 것이다. 자유로운 시장에서 공정하게
경쟁이 이루어지는 자본주의 시장경제체제가 작동할 때 경제가 가장 효율
적으로 발전할 수 있다.

　그러나 자본주의 발전과정에서 경쟁만을 중시하다 보면 정의와 공감의
중요성을 간과하기 쉽다. 도덕성과 책임의식이 결여되면 무책임하고 비도
덕적으로 수단과 방법을 가리지 않는 경쟁이 일어난다. 이 경우 상호신뢰
는 깨지고 자본주의 시스템을 지탱하는 계약의 유효성이 의심받게 되어
경제 전체가 붕괴될 수 있다. 이미 아담 스미스는 《국부론》과 함께 저술한
《도덕적 감성론》에서 자본주의에서 정의와 공감이 중요함을 지적한 바 있
다. 자본주의경제체제 내에서 상호신뢰와 올바른 윤리적 감성을 바탕으로

---

[3] William Lewis (2004). *The Power of Productivity: Wealth, Poverty and the Threat to Global Stability*. University of Chicago Press.

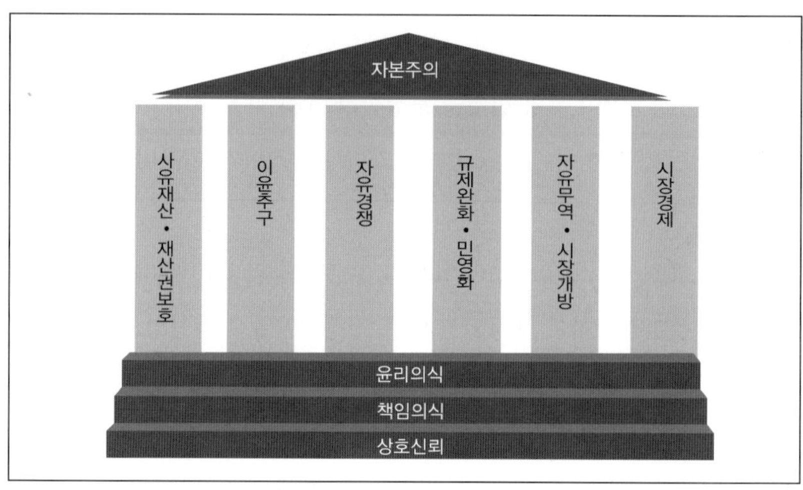

경쟁이 이루어질 때 비로소 경제 전체에 부유와 번영을 가져다줄 수 있음을 간과하면 안 된다.

3. 시장경제에서 금융의 역할 및 한계

1) 시장경제 시스템에서 금융의 역할

시장경제에서는 수요와 공급에 의해 가격이 결정된다. 개별 경제주체의 입장에서는 주어진 가격하에서 자신의 이윤극대화를 위해 행동한다. 이에 따라 경제 전체적으로는 시장가격 시스템에 의해 자원이 배분된다. 기업은 노동을 고용하고 자금을 차입하여 이윤극대화를 달성할 수 있는 만큼 생산하고, 일반 국민은 자신의 효용이 극대화되도록 노동을 공급하고 여유자금을 금융기관에 맡긴다. 이 같은 가격이론이 적용되지 않는 영역, 즉 공공성이나 외부성이 있는 재화에 의한 시장실패는 정부가 보완한다.

시장경제 시스템 하에서 금융회사는 금융시장에서 발생하는 기술적 마찰[4]과 인센티브 마찰 문제[5]를 완화시키면서 자금공급자와 자금조달 기업 사이에 자금이 원활하게 흘러갈 수 있도록 유도한다. 그리고 자금수요자에 대한 정보분석을 통해 자금이 가장 생산성이 높은 사업부터 배분되도록 대출의 우선순위를 정한다. 정보유통이 원활할 경우 초기 부존자원이 없어도 아이디어와 기술만 좋으면 신생기업도 자금을 받아 시장에 진입할 수 있다. 이로 인해 경제는 활력 있게 발전해간다. 또한 금융회사는 자금 대출 후에도 지속적인 감시를 통해 부실징후 기업에 대출한 자금을 회수한다. 즉 금융회사는 '시장에 의한 상시적 기업구조조정' 의 수체 역할도 수행한다. 결국 시장은 새로운 기술을 가지고 있거나 생산성이 높은 기업들이 끊임없이 진입하여 서로 경쟁하는 장소가 된다. 경쟁력이 낙후된 기업은 퇴출되고, 부실기업으로 배분되었던 자금은 다시 생산성 높은 기업으로 재배분되면서 시장경제는 활력 있게 발전한다.

그렇다면 시장경제 시스템에서 정부의 역할은 무엇인가? 우선 시장경제가 잘 작동하도록 규율을 만들고 시장실패 등 시장경제가 야기하는 문

---

[4] 자금의 여유가 있는 사람을 찾는 탐색비용이 발생하거나, 유동성을 확보하기 위해 비용이 발생하는 등 거래비용이 발생한다.

[5] 시장에서의 정보 비대칭성 때문에 부실한 사업주만 대출시장에 참여함으로써 자금제공자가 부실한 사업주와만 거래하게 되는 역선택의 문제, 또한 건실한 사업주라 하더라도 대출을 받고 난 후 최선을 다하지 않고 원래 계획과 다른 위험한 사업을 추진할 도덕적 해이 문제 등이 발생하는 것을 의미한다. 금융회사가 대출 전에는 여러 자금제공자를 대표하여 기업의 투자 전망에 대한 정보를 모집·처리·평가하고, 대출 후에는 대출자의 경영상태를 감시함으로써 규모의 경제로 인해 상대적으로 저렴한 비용으로 역선택의 가능성과 도덕적 해이를 완화시킬 수 있다.

제점들을 해결하는 것이다. 이는 금융 부문의 경우에도 마찬가지다. 금융 시장에서 발생할 수 있는 시장실패의 가능성, 즉 정보 비대칭성에 의한 역선택 및 도덕적 해이의 문제를 보정함으로써 정보가 부족한 소비자를 보호하는 것이다. 이를 위해서는 일정한 금융규제가 불가피하다. 정부는 금융규제를 통해 금융회사가 해결하기 어려운, 또는 금융회사가 방조 내지 조장하게 되는 역선택과 도덕적 해이 문제를 완화시킨다. 예를 들어 은행에 엄격한 대주주 자격요건을 부과하거나, 엄격한 기업공시제도를 운용함으로써 역선택 문제를 해결한다. 또한 철저한 기준에 의하여 재무제표를 작성하도록 하며, 은행의 지나친 위험투자를 억제하는 등 도덕적 해이를 방지하기 위한 금융규제장치를 만든다. 또한 개별 금융회사의 노력만으로는 달성되기 어려운 금융 시스템의 안정성을 유지하기 위해 금융감독제도, 예금보험제도 등을 운용한다.

2) 시장경제 내 금융의 한계

금융 부문은 시장에서 자금을 모으고 배분하는 과정에서 경제주체들에게 가격정보를 제공하며 위험관리가 가능하도록 함으로써 원활한 경제활동에 필수불가결한 기능을 수행한다. 그러나 금융기능이 원활하게 작동하기 위해서는 금융에 내재되어 있는 여러 한계와 문제점들을 분명히 인식할 필요가 있다. 특히 글로벌 금융위기를 거치면서 시장경제 내에서 고삐 풀린 금융활동이 야기할 수 있는 부작용을 재인식하게 된 것은 새로운 금융발전을 위해 매우 중요한 계기가 되었다고 볼 수 있다.

우선 금융은 경기순응적 성격을 지니고 있다. 경기가 확장국면에 있으면 자산가격이 상승하고 기업의 투자의욕도 높아진다. 이로 인해 금융기관들의 자산건전성이 좋아지고 기업들의 투자수요에 적극적으로 부응하여 대출이 일어나게 된다. 이렇게 대출확대로 자금을 조달한 기업들이 투자를 늘리게 되면 경기확장이 지속되고 금융기관은 또다시 느슨한 금융확대 활동을 가속하게 된다. 그러나 이러한 확장적 활동으로 말미암아 실물경제는 실제 능력을 넘는 과도한 호황 상태에 다다르게 되고 자산가격에는 거품이 발생한다. 이 같은 버블 상태는 언젠가는 붕괴될 위험에 노출된다. 반대로 경기가 위축국면에 들어가면 자산가격이 떨어지고 금융기관들은 급격히 대출을 축소하고자 함으로써 시장 내 자금사정이 악화된다. 이로 인해 기업들의 투자활동과 가계소비가 위축되고 이것은 다시 은행들의 금융활동을 축소시켜 경기가 과도한 침체국면, 또는 불황에까지 이르게 될 수 있다.

이와 같이 금융 부문의 신용공여는 경기활황기에 과도하게 확대되고 침체기에는 과잉축소됨에 따라 실물경기 변동의 진폭을 확대시킬 우려가 있다. 이러한 금융 부문의 경기순응성은 상당히 오랜 기간 동안 존재해왔고 근본적인 해소가 어렵기 때문에 경기순응성의 존재 자체보다는 그 정도가 과도한지의 여부가 중요하다. 일정 수준의 경기순응성은 정상적인 조정과정으로 인식되며 금리정책 등으로 어느 정도 조절이 가능하다. 그러나 경기활황기에 실물 부문 대비 여신의 과도한 증가 등과 같은 지나친 경기순응성이 발생하면 물가와 자산가격의 불안을 넘어 금융중개의 마비와 가계 및 기업의 경제활동 파탄을 초래하는 금융위기가 뒤따르게 된다.

한편, 금융 부문은 시장 내 상존하는 정보비대칭을 해소하기도 하지만 이 과정에서 자산배분을 왜곡할 수도 있다. 금융회사는 자금공급자를 대신하여 자금수요자를 평가하고 감시하여 자금을 운용함으로써 일정한 수입을 얻고 경제 전체로서는 효율적으로 자금이 배분될 수 있도록 한다. 금융회사 간에도 경쟁이 있는데, 여신규모를 늘리고 위험을 많이 취할수록 높은 수익을 얻을 가능성이 높다. 물론 고수익·고위험의 자산운용이 실패하면 금융회사도 일부 손해를 보겠지만 전문지식이 없는 고객들에게 상당 부분을 전가할 수 있다. 금융회사들의 수익성 추구 경향이 강해질수록 전문가와 비전문가 사이의 정보비대칭이 확대되고 금융 부문 내에 위험부담을 조장하는 보상체계가 유지될 수 있게 된다.

금융회사가 합리적인 행동을 추구하더라도 금융 부문 내 구성의 오류로 인해 금융 시스템 전체가 위기에 빠질 수도 있다. 구성의 오류는 개별 금융기관의 입장에서는 합리적인 행동이라고 하더라도 모든 금융기관이 동시에 동일한 행동을 하는 경우 금융 시스템 전체에 피해가 되는 현상을 말한다. 예로는 금융기관 간 상호의존도가 높은 상황에서 개별 기관의 리스크 축소 노력이 금융 시스템의 유동성축소를 유발하여 실물 부문을 악화시킴으로써 종국에는 전체 금융 시스템의 리스크를 증가시키는 방향으로 작용하는 것을 들 수 있다.

이처럼 금융 부문은 경제성장에 필수불가결한 요소이기는 하지만 시장경제 내에서 고삐가 풀린 것처럼 방치될 경우에는 경제 전체에 부정적인 영향을 미칠 수 있는 위험이 높아진다. 이러한 시장실패를 방지하기 위하여 일정한 규제가 불가피하지만 지나친 규제는 다시 원활한 금융활동을 억제하고 시장경제가 제대로 작동하지 못하게 하는 요인으로 작용할 수 있다. 결국 시장경제에서는 적절한 규제와 자유 사이의 끊임없는 줄다리기가 불가피하다.

4. 글로벌 금융위기의 원인과 시사점

자본주의와 자유금융에 내재된 위험이 세계화한 결과 2008년 글로벌 금융위기가 일어났다. 전 세계적인 경상수지 불균형, 풍부한 유동성 등과 같은 거시적 요인과 고삐 풀린 금융혁신의 진전이라는 미시적 요인이 복합적으로 결합되어 나타난 결과라고 할 수 있다. 보다 근원적으로는 자본주의 시장경제체제하에서 금융활동에 내재된 여러 리스크가 세계화 과정에서 잠복해 있다가 글로벌 불균형이 축적되고 이것이 지속가능하지 못하게 된 순간 일시에 현재화한 것이라 할 수 있다.

자본주의 시장경제체제에서 나타나는 이 같은 위기는 마르크스가 제기한 '생산성 정체'에 기인한 모순이리기보다는 자본주의 내의 유인체게 불균형 때문에 발생한다고 볼 수 있다. 예를 들어 주식회사제도는 자본주의의 핵심요소 중 하나로서 경제성장의 원동력이라고 볼 수 있다. 주식회사제도로 인해 자유롭게 회사를 설립하여 자본을 모을 수 있을 뿐만 아니라 기업가정신에 의거하여 사업실패 리스크를 감수하면서 그 대가로 수익을 얻게 된다. 주주는 회사운영이 제대로 안 되면 자기가 투자한 부분만 손해를 보는 유한책임을 지지만, 회사운영이 잘되면 무한의 이익을 얻을 수 있다. 그러나 바로 이 점 때문에 주주경영자는 자기자본의 투자분이 적으면 적을수록 위험한 투자를 할 가능성이 높아진다. 특히 은행은 부채를 많이 활용하는 주식회사로서 주주의 이익을 최대화하기 위해 운영되면 될수록 태생적으로 위험한 행동을 할 수밖에 없다. 2008년 글로벌 금융위기의 진원지였던 미국과 유럽의 주요 선진국 투자은행들은 자기자본의 30배 내지 40배의 부채를 활용하여 투자활동을 영위했다고 하니 애초부터 이들의 투자활동은 위험하기 그지없었고 작은 충격에도 큰 위기에 빠질 수밖에 없었다고 생각된다.

이와 관련한 또 다른 미시적인 위기 원인으로는 계약의 불안정성을 들 수 있다. 금융활동은 계약, 또는 약속의 집합체로서 태생적으로 깨지기 쉽다는 위험성을 지니고 있다. 금융은 자금의 여유가 있는 부문을 자금이 부족한 부문과 연결시켜 줌으로써 경제 내 지원을 효율적으로 배분하고 경제활동의 규모를 증대시켜 준다. 이러한 과정은 모두 계약 형태의 약속으로 연결되어 있고 믿음을 바탕으로 하고 있다. 그러나 시장참여자 사이에는 정보의 양이나 질에 상당한 차이가 있기 때문에 약속에 임하는 태도가 다르고 약속에 대한 믿음도 다를 수밖에 없다. 즉, 금융시장 내에서는 전문가와 비전문가 사이에 사기계약과 같은 역선택의 문제가 나타날 수 있고 설령 공정한 계약을 했다손 치더라도 계약 이후 도덕적 해이 현상이 발생한다. 여기에 정보비대칭이 원인이 되어 발생하는 쏠림현상이 가세하면 금융 시스템에 누적된 불완전계약들이 경제 전체적으로 주기적인 위기를 유발할 수 있다.

한편, 자본주의 위기의 거시적 원인으로는 자유교역이 바탕이 된 세계화를 들 수 있다. 본래 자유교역과 분업은 자본주의 시스템 이전에 인간 존재의 근원이라 할 수 있다. 인간의 역사를 살펴보면 40만 년 전에 유럽에 안착하여 살던 네안데르탈인은, 4만 년 전에 유럽에 도착한 호모사피엔스와 사냥과 농업을 유사하게 하면서 공생하다가 결국 1만 년 후에 사라졌다고 한다. 미국 와이오밍대학교 쇼그렌 교수의 연구결과에 따르면 호모사피엔스가 살아남은 이유는 자유교역과 분업을 했기 때문이라고 한다.

이 같은 자유교역과 분업, 특히 20세기 이후의 자유로운 무역과 금융의 진전은 세계경제성장에 지대한 역할을 하였다는 평가를 받고 있다. 그러나 세계화는 혜택도 많지만 동시에 많은 위험을 내재하고 있다. 경제학자들 중에는 자유무역의 혜택은 인정하면서도 자유금융에 대해서는 확연히 부정적 입장을 취하는 경우가 많다.[6] 이들은 자유금융의 잠재적 이점에도 불구하고 정보비대칭성으로 인해 잠재적 위험이 더 크다고 주장한다. 특히 외국인과의 약속은 같은 한 국가 내에서 이루어진 약속보다 정보의 내용이나 약속이행의 측면에서 신뢰성이 떨어질 수 있는데, 이로 인해 국제적인 금융위기는 통제가 어렵고 심각성도 더 크다고 주장한다.

이러한 위험성을 내재하고 있음에도 불구하고 지난 20년간 세계는 글로벌 불균형에 노출되어 왔다. 미국 등이 지속적으로 경상수지 적지를 누적하는 과정에서 중국 등 동아시아 국가들은 막대한 경상수지 흑자를 지속적으로 기록하였다. 이 같은 무역거래 불균형은 자유금융 시스템 하에서 자본거래로 메워나갔다. 경상수지 흑자국 및 산유국의 자본이 미국으로 다시 유입되는 달러 리사이클이 지속되고 그 덕에 미국은 지속적으로 과다소비 상태를 유지할 수 있었다. 미국이 아니었다면 전 세계가 벌써 위기에 봉착했을 것이지만 달러가 기축통화였기 때문에 최근까지 불균형을 유지할 수 있었다. 그렇지만 최근의 금융위기에서 드러났듯 아무리 달러화가 기축통화라 하더라도 글로벌 불균형은 지속가능하지 못하다. 더욱이 글로벌 불균형이 깨지면 동시에 자유금융의 부작용도 더 커질 수밖에 없다.

---

6 Martin Wolf (2008), *Fixing Global Finance*, Johns Hopkins University Press.

그렇다면 금융규제완화가 위기의 근본원인인가?

글로벌 금융위기를 거치면서 제기된 자본주의 시장경제 시스템에 대한 가장 직접적인 비판 중의 하나는 금융 부문에 대한 지나친 규제완화가 잘 못됐다는 것이다. 금융규제완화가 실물경제와는 유리되게 금융 부문의 과도한 성장을 유발하고, 이는 금융체제의 불안정성을 높여 경제 전체에 대한 잠재적 파급영향을 증폭시켰다는 것이다. 그러나 이 같은 견해는 규제완화의 부작용에만 주목하고 규제완화의 불가피성과 긍정적 효과에 대해서는 상대적으로 간과하는 측면이 있다.

전 세계적인 규제완화의 첫 단추는 1970년대 초 브레튼우즈 체제의 붕괴라고 할 수 있다. 고정환율제에서 변동환율제로 전환되고 자본이동이 자유화되기 시작함에 따라 환율의 변동성이 확대되고 각종 수수료가 자율화되었다. 이에 따라 금융회사들은 각국 통화 및 자산에 내재된 리스크를 받아들이면서 고수익을 쫓는 활동을 강화하고 금융 전반에 걸친 혁신을 도모하였다. 규모가 크거나 업무의 범위를 확대하면 경쟁에서 유리할 수 있으므로 금융회사들은 인수합병 등을 통해 끊임없이 대형화를 도모하였다. 이러한 과정에서 금융회사들은 자체의 리스크 관리를 강화해나갔지만 개별 금융회사 차원에서는 최선의 선택이라고 하더라도 전체 금융 시스템을 붕괴시킬 수 있는 시스템 위기의 가능성은 간과하였다.

사실 시스템 위기의 가능성을 사전에 진단하고 규제하는 것은 정책 당국의 몫이지만 시장경제 시스템에서는 시장이 규제당국보다는 항상 한발 앞서가기 마련이다. 따라서 정책당국자의 입장에서는 선제적으로 규제체제를 구축하는 것이 쉽지 않고 설령 규제를 강화하여도 시장에서는 지속적으로 규제를 회피할 수 있는 방안을 마련하게 된다. 2008년 글로벌 금융위기 폭풍의 핵에 있는 CDS, CMO 등의 증권화상품, 대형금융회사들이 설립한 투자전문회사(structured investment vehicle) 등은 모두 규제를 회피하여 자금을 원활하게 조달하기 위한 수단으로 시장에서 출현한 것들이다. 1987년 블랙먼데이 증시폭락, 1990년대 롱텀캐피털매니지먼트(LTCM) 붕괴, 2000년대 초 IT버블 붕괴 등은 금융당국이 거시적 관점에서 사전 감지를 제대로 못 하였을 뿐 아니라 규제규율도 미처 세우지 못한 사례로 꼽을 수 있다.

더욱이 정치적 입장에서 규제완화를 원하는 유권자들을 외면하는 것은 매우 어려울 수밖에 없는 현실이 존재한다. 지난 40년간의 금융규제완화는 시장발전뿐 아니라 정치적 선택에 의해 이루어져 왔다고 할 수 있다. 이번 글로벌 금융위기의 출발점도 금융기관의 문턱을 낮춰 유권자들이 쉽게 대출을 받을 수 있도록 정치적으로 배려하는 과정에서 시작되었다. 부시 정부는 '오너십 소사이어티(Ownership Society)'라는 구호를 내걸고 주택소유율을 70%로 높이겠다며 패니메이(Fannie Mae)와 프래디맥(Fredie Mac)을 통하여 낮은 금리로 주택금융을 대대적으로 지원하였다. 또한 지역재투자법(Community Reinvestment Act)을 통해 저소득층에 대한 대출을 유도하였다. 이러한 과정에서 소비확대로 경기활성화가 지속되는 대호황을 장기간 지속하여 경제적으로나 정치적으로 국민의 호응을 유지할 수 있었다. 비록 인플레이션과 경상수지 적자가 우려되었지만 기술개발 및 중국, 인도의 덕으로 물가상승을 억제할 수 있었고 아시아 국가들의 저축으로 인해 대외부채를 쉽게 조달하여 경상수지 적자를 만회할 수 있었다.

여기에 정치권은 막대한 정치적 기부금을 제공하는 금융권에 대하여 편익을 제공하고자 규제를 혁신적으로 완화해나갔다.[7] 씨티그룹 등 은행권의 대대적 로비로 1930년대 대공황 이후 금융산업 내 겸업을 금지하는 글래스스티걸(Glass-Steagall)법이 1999년에 폐지되었다. 2004년에는 투자은행들의 적극적인 로비의 영향으로 자율규제 프로그램(Consolidated Supervised Entity)이 운영되면서 레버리지 규제가 없어지고 자발적 모형에 의한 자율규제가 도입됨으로써 투자은행에 대한 규제공백이 발생하였다. 2005년에는 국제스왑 및 파생상품협회의 적극적 로비로 인해 미국 선물규제위원회(CFTC)의 금융파생상품 규제법안이 무산되었다. 이와 같이 금융규제완화는 규제를 회피하려는 시장의 노력뿐만 아니라 시장발전에 대한 규제당국의 미흡한 대응과 정치적 고려 등이 맞물리면서 이루어졌다고 할 수 있다.

그러나 지난 40여 년간 금융규제완화 추세가 유지될 수 있었던 가장 중요한 요인은 규제완화의 긍정적 효과가 있었기 때문이다. 경제발전과정을 종합적으로 검토해보면 규제완화는 경제에 손실보다는 더 많은 혜택을 가져왔다. 규제완화를 통해 경쟁을 촉진함으로써 생산성이 낮은 부문은 도태되고 창의적이고 성장잠재력이 높은 산업이 시장에 진입함으로써 지속적으로 경제수준을 향상시킬 수 있었다. 정책당국의 미흡한 대응과 정치적 선택도 모두 그동안 규제완화의 득이 실보다 컸다는 경험적 사실 때문에 허용될 수 있었다. 즉 규제완화는 경제발전과 정치적 선택의 산물로서 그 자체가 위기의 원인이라기보다는 공존공영관계에 있는 경제발전과의 조화가 부족할 때, 대중영합주의와 같은 잘못된 정치적 선택을 반복할 때

---

7 미 의회가 발표한 바에 의하면 1998~2008년 동안 투자은행, 상업은행, 헤지펀드, 보험사 등 미국의 주요 금융회사들이 정치기부금 및 로비스트 활동비 등으로 약 51억 달러를 지출하였고, 2007년 한 해에 약 3,000명의 로비스트가 고용되어 국회의원 1인당 5명 정도가 활동하였다고 한다.

위기를 부르는 하나의 요인이 될 뿐이다.

5. 새로운 모습의 자본주의 구상 및 영향

1) 다양한 형태의 자본주의 공존

지구상에는 다양한 형태의 자본주의가 공존하고 있다. 가격기구와 경쟁으로 유연성을 중시하는 영미식 자본주의가 그 대표적 형태라 할 수 있다. 이는 부채보다는 주식을 중시하고, 기관투자가가 주로 주식을 소유하며, 높은 주당이익과 배당을 선호하는 주주 중심의 자원배분 시스템이다. 이 같은 시스템에서는 개인주의와 자유주의가 강조된다. 그러나 영미식 자본주의가 비대한 금융자본주의로 진전되면서 극단적으로 무차별적이고 비이성적인 투기가 횡행하는 카지노 자본주의로 변질되었다는 지적을 받고 있으며, 이번 글로벌 금융위기를 거치면서 가장 크게 비판의 대상이 되고 있다.

독일 등 서유럽 대륙의 국가들이 지향하는 이해관계자 자본주의(stakeholders capitalism)는 개인주의에 형평성을 가미한 것이며 사회적 통합과 안정성을 중시한다. 일부에서는 영미식 개인주의에 대한 대안으로 인식하고 있지만 일부에서는 역동성 상실을 가장 큰 문제점으로 지적하고 있다. 한편, 인적 관계를 중시하는 가족 중시 자본주의(family capitalism)는 동아시아권, 남미 등에서 풍미하는 형태로서 초기에 고도의 경제성장을 이룰 수 있다는 평가를 받고 있지만 외환위기를 거치면서 정실자본주의(crony capitalism)로 비하되어 낮은 평가를 받고 있다. 정부 주도 자본주의

(government capitalism)는 중국 등에서 정부 주도하에 시장경제 시스템을 통제해나가는 체제로 목적지향적으로 경제성장을 이룰 수 있다는 긍정적인 평가를 받지만 국수주의적 성격을 지니고 있어 다른 나라와의 호혜적인 관계를 유지하기 어렵고 힘을 바탕으로 한 권위적 자본주의 형태라는 비판을 받고 있다.

2) 대안의 모색: 민주주의의 기본으로 돌아갈 필요성

글로벌 금융위기를 거치면서 현존하는 다양한 형태의 자본주의에 대하여 비판의 소리가 높아지고 다른 대안을 모색하려는 시도가 다양하게 일어났다. 클린턴 정부 때 노동부 장관을 역임한 로버트 라이시는 민주주의적 자본주의가 쇠퇴하고 슈퍼자본주의가 출현하여 다양한 문제를 유발하고 있다고 주장한다.[8] 슈퍼자본주의는 기술의 발달로 규제완화와 세계화가 진전되면서 출현하였으며, 전체를 위한 자본주의가 아니라 구매력과 정보를 가진 소비자와 투자자를 위한 자본주의를 의미한다. 슈퍼자본주의의 도래로 인해 경제 내 불평등의 심화, 고용불안정, 공동체의식의 상실 등이 초래되고 있다. 라이시는 이러한 사회적 결과에 대응하기 위하여 민주주의의 역할이 필요하다고 역설한다. 여기서의 민주주의는 절차적 민주주의라기보다는 민주정치를 통해 달성하고자 하는 목적적 민주주의라는 의미에 가깝다. 소비자와 투자자로서 원하는 목적보다는 민주주의 구성원으로서 함께 성취하고자 하는 목표 및 시민적 가치를 추구하는 자본주의 체제를 의미한다. 라이시는 민주주의적 자본주의의 달성을 위하여 정치에

---

8 Robert Reich (2007). *Supercapitalism: The Transformation of Business, Democracy, and Everyday Life.* Random House.

대한 기업의 영향력을 축소시키고 시민의 목소리를 높이며 교육을 통한 개인의 역량을 강화하는 것이 중요하다고 주장한다.

프랑스의 자크 아딸리도 최근 저서[9]에서 자본주의에 민주주의 역할이 좀 더 가미될 필요가 있다고 주장한 바 있다. 그에 의하면 시장과 민주주의의 관계는 모순적이다. 시장으로 대표되는 자본주의의 원동력은 불평등에 있고 민주주의의 원동력은 평등에 있기 때문이다. 민주적 평등이념은 정치적으로 훌륭하지만 경제 문제를 해결하는 데 무력하다. 반면 자본주의적 불평등의 원리는 먹고사는 문제를 해결하는 데 요긴하지만 사회적 통합을 저해한다. 아딸리는 현재는 시장이 민주주의를 지배하는 상황으로서 시장권력, 특히 정보선점자인 금융권력이 민주주의권력을 압도한 상황이라고 주장한다. 그에 의하면 해결책은 법치를 통해 시장의 균형을 되찾는 것이라고 한다. 민주주의가 지닌 권력을 통해 시장권력과의 조화와 균형을 도모하며, 금융시장의 권력을 법의 권위 밑에 두고 정보선점자의 권력을 시민의 권리 밑에 두어야 한다는 것이다. 다만 시민 중심 사회가 효율적으로 기능하기 위해서는 사유재산권을 보장하고 경쟁을 유지하되 충분한 임금과 정부로부터의 수요가 창출될 수 있는 법치성이 존재해야 한다. 즉, 자원의 배분에 정치적 개입이 불가피하다는 논리로 귀결된다. 물론 아딸리는 자원배분에 개입하는 권력은 민주적이어야 한다고 강조한다.

3) 자본주의 기본가치의 확립: 윤리성 회복

2009년 1월 초, 프랑스 파리에서는 '새로운 세계, 새로운 자본주의' 라

---

[9] Jacques Attali (2008). *La crise, et après?*. Fayard.

는 주제의 심포지엄이 개최되었다. 이 심포지엄에서 유럽의 학계, 언론계, 정치권은 모두 자본주의에 윤리성 회복과 사회정의가 깊숙이 구현되어야 한다는 공통된 의견을 제시하였다. 자본주의의 기본가치를 재확립할 필요가 있고 세계화 진전에도 사회정의가 구현되도록 해야 하며, 이를 위해서는 자본주의에 일정한 규제가 필요하다고 주장하였다.

더욱이 이번 위기는 자본주의 체제의 일부 중요한 모순들이 폭발적으로 분출된 구조적 위기로서 해결방안도 구조적 변혁의 차원이 되는 것이 바람직하다는 견해가 제시되었다. 현대 자본주의경제 체제는 부의 추구가 극한 상태에까지 이르러 양극화 사회의 특징을 보이며, 윤리적 수준은 표면적 강조 분위기와 달리 실제 현실에서는 크게 저하된 상황이다. 이를 해결하기 위해서는 자본주의의 핵심요소의 하나로서 막스 베버(Max Weber)가 강조한 윤리성 회복이 중요하다. 공동체 구성원 간 신뢰의 회복도 경제적으로 중요하며, 이번 위기를 자본주의 윤리성 회복의 절호의 기회로 삼을 필요도 있다. 궁극적으로는 자본주의 체제를 정치적 의지에 종속시킬 필요가 있다.

세계화 과정에서도 사회정의의 구현이 필요하다. 세계화는 효과 면에서 인류의 공통번영을 이끌었다는 긍정적 측면이 있지만 국내 경제주체 간 빈부격차 확대라는 부작용을 수반하기도 했다. 그러나 빈부격차의 확대는 민주주의 체제를 위협하기 때문에 세계화의 지속가능성을 위해서라도 빈부격차와 같은 부작용을 해소하기 위한 특단의 대책이 필요하다. 특히 세계화의 역기능을 최소화하고 긍정적 효과를 지속적으로 유지하기 위해서는 효과적으로 협력할 수 있는 국제적 지배구조 구축이 긴요하다. 강력한 국제적 지배구조가 구축되지 않으면 개별 국가는 세계화의 부작용을 억제

 | 세계경제대토론: 금융위기 이후를 論하다

하기 위한 자구책으로서 국내 규제체계 강화 또는 보호주의 강화라는 편법을 동원할 우려가 있기 때문이다.

자본주의를 규제하는 방법도 개선되어야 한다. 위기 이전에는 내부정보를 가장 잘 아는 민간경제주체가 자율규제를 통해 자본주의의 기본질서를 유지하도록 하는 것이 중요했다. 그러나 이번 위기를 통해 민간경제주체, 특히 금융기관이 자율규제에 실패했음이 드러났다. 즉, 이번 위기를 통해 시장기제(market mechanism)의 자율규제 능력에 기본적 결함이 있음이 드러났다. 이를 개선하기 위해서는 규제범위를 확장하고 투명성 제고 및 시장의 비합리성 규제에 주안점을 두어야 한다.

4) 향후 자본주의의 모습과 과제

이번 위기에도 불구하고 자본주의의 주요 특징인 사유재산권 보호와 경쟁촉진, 자유무역과 시장개방 등은 견고히 유지될 것이다. 그러나 맹목적 자본주의에 대한 반성의 목소리가 높아질 것이고 민주주의의 기본으로 회귀하려는 움직임도 강화될 것이다. 자본주의 시장경제에 믿음과 상호신뢰를 바탕으로 한 정의와 윤리의식을 접목하려는 노력도 강화될 것이다. 즉, 자유방임적인 자본주의에서 책임성 있고 절제된 자본주의경제 시스템으로 변모해나갈 것이다.

좀 더 구체적으로는 정보비대칭을 악용하여 지나친 차익을 도모하는 금융전문가를 규율하기 위한 사전적 규제조치, 즉 투명성과 신뢰성 제고 장치가 강화될 것이다. 자유경쟁의 결과에 대한 책임성 강화조치, 예컨대 배임에 대한 제재조치 등의 사후적 규제도 강화될 것으로 예상된다. 세계화도 단순한 금융규제 완화나 강화가 아닌, 거시경제 및 통화정책 등 과거보다 폭넓고 균형 잡힌 조율화 과정을 거치면서 진전될 것이다. 이러한 과정에서 개별 정부 차원의 노력은 물론, 글로벌 차원의 정부협력이 많이 강조될 것이다.

5) 시장과 정부의 역할 균형

자본주의 시장경제 시스템 속에서 시장의 한계를 인식할 필요가 있다. 인간은 항상 이성적인 것도 아니고 실수도 저지르고 도취감에 빠져 무모한 선택을 하기도 한다. 이번 위기를 통해 새삼스럽게 얻은 교훈은 시장 또한 자기교정능력을 제대로 가지고 있지 못하다는 것이다. 즉, 시장에 적절한 규제장치가 보완되지 않으면 사회적 효율성이 높아지기는커녕 오히려 크게 감소할 수도 있다. 또한 글로벌 금융위기를 거치면서 시장실패가 현실화되는 경우 정부의 시장개입이 불가피하거나 심지어 상당히 유용하다는 것을 재인식하게 되었다.

시장경제 시스템은 구조적으로 다양한 반대에 직면하게 된다. 특히 기득권층과 소외계층이라는 두 집단은 경쟁이라는 시장원리에 의거 자원이 배분되는 시장경제 시스템을 반대하고 정치그룹화 하면서 시장경제 시스템을 지속적으로 공격한다.[10]

우선 기득권층은 시장에서 이미 확고한 위치를 차지하고 있고 이런 상황이 독점적으로 유지되기를 바라는 사람들이다. 지주계층, 대기업의 소유주나 경영자, 금융인, 노조 집행간부 등을 예로 들 수 있다. 이들은 계속 권력을 보유하고 싶어 하며 새로운 참여자에게 기회를 주고 경쟁적으로

---

[10] Raghuram Rajan & Luigi Zingales (2003). *Saving Capitalism from the Capitalists*. Princeton University Press.

만드는 시장체제에 의해 위협을 받기 때문에 자유로운 시장이 형성되는 것을 내심 반대하기 마련이다. 시장경제를 반대하는 또 다른 집단인 소외계층은 시장 내 창조적 파괴라는 경쟁과정에서 버림받은 계층, 예를 들어 실업자, 깡통 찬 투자가, 부도난 기업가, 신용불량자 등으로서 시장에서 구원받지 못하기 때문에 정치권에 호소하여 정치적으로 구제되고 싶어 한다.

결국 이 같은 이해당사자들의 존재로 인해 시장과 정치는 끝없는 긴장관계를 형성하게 된다. 즉, 시장이 경쟁적으로 작동하기 위해서는 상당한 규모의 인프라가 필요하고 건실한 인프라를 구축하려면 경제참여자들의 집단적이고 적극적인 행동이 필요하나 기득권층과 소외계층은 자유경쟁 시장 형성에 근간이 되는 인프라 구축에 기본적으로 반대의 유인을 가지게 된다. 따라서 정부가 개입하여 이러한 인프라 구축에 방해가 되는 세력을 약화시켜야 한다.

우선 기득권층 중에도 시장에서 경쟁력을 갖고 있거나, 경쟁력이 없더라도 별다른 정치적인 명분이나 영향력이 없는 기득권층은 시장원리에 의해 경제가 움직여가는 것에 대하여 어느 정도 순응하기 마련이다. 따라서 정책당국은 생산적 자산이 일부 극소수에 의해 집중되어 통제되지 않도록 하고 이들이 효율적으로 자산을 활용할 수 있도록 여건을 조성하는 등의 정책을 펼쳐야 한다. 보다 구체적으로는 기득권층이 시장에 적게 반대하도록 공정경쟁법을 강화하고, 소득세보다 재산세를 강화하며 상속세제를 개편하고, 기업지배구조를 강화하는 정책 등을 추진할 필요가 있다.

또한 경쟁에서 낙오된 소외계층을 적절히 지원해야 시장경제의 인프라가 견실해진다. 본래 시장경제 내 경쟁은 양면성이 있다. 경제주체에게 낮은 가격과 양질의 재화 및 서비스를 제공하지만, 이 과정에서 경쟁에서 낙오된 사람들을 배출하게 된다. 따라서 이들에 대한 배려도 정책당국의 역할에 포함된다. 정책당국은 소외계층에게 안전망을 구축해주기 위한 제도와 관행을 세심하게 마련하고 정착시켜야 한다. 예컨대 지원이 필요한 사람들에게 직접 혜택이 가도록 조직화되어야 하며, 정치적으로 이용되는 것을 방지하기 위하여 사전에 기본 가이드라인을 설계해놓아야 한다. 또한 소모적 지원에 그칠 것이 아니라 지원을 통해 소외계층에게 근본적이고 장기적인 변화가 일어날 수 있도록 유도하는 것이 바람직하다. 이를 통해 소외계층의 시장경제에 대한 거부감과 적대감을 완화시켜야 한다.

한편 정부가 안정적인 시장 인프라를 구축하고 추진하는 과정에서 또 다른 문제가 야기될 수 있다. 정부가 공익을 위하여 행동한다는 보장이 없고, 오히려 일부 기득권층에 포획(捕獲)되어 자유로운 시장을 구축하는 것을 방해할 수 있다는 점이다. 중재자 역할을 해야 하는 정부가 우월적 지위에 있는 기득권층 편에 선다면 국민의 신뢰를 크게 손상하여 결국에는 민주주의에 대한 신뢰상실로 이어질 우려가 있다. 반면, 정치권이 투표권을 의식하여 소외계층을 위한 대중영합주의(populism) 정책을 집행하도록 정부에 압력을 가할 수도 있다. 이처럼 현실 사회에서 자유경쟁시장이 형성되려면 정부의 개입이 불가피하나, 정부의 역할은 기득권층이나 소외계층과 같은 다양한 이해당사자의 정치적 저항과 포획 등에 부딪힐 위험에 노출되어 있다. 결국 정부의 공정한 역할은 시장경쟁으로부터 수혜를 입는 다수의 합리적인 선택, 그리고 견제와 균형이라는 민주주의 원리가 뒷받침되어야 험난한 과정을 거쳐 비로소 자리 잡게 될 것이다.

6. 맺는 말

Plus ça change, plus c'est la même chose[11]

2008년 글로벌 금융위기를 해결하기 위한 국내외 노력이 다방면에 걸쳐 진전되었고 어느 정도 성과를 얻고 있다. 각국은 재정 및 금융정책을 비롯하여 가능한 모든 정책수단을 동원하여 위기극복을 위해 노력해왔다. 이와 더불어 통화신용제도, 외환제도를 비롯하여 금융규제 및 감독제도에 대한 전반적인 개편을 시도하고 있다. 국제적으로도 국제기구를 통하거나 G20 등 국제회의를 통해 상호정책협조와 공조를 시도하고 있다. 이러한 노력에 힘입어 정도의 차이는 있지만 세계경제가 정상으로 회복하는 기미가 보이고 일부 국가에서는 다시 자산가격 상승을 우려하는 목소리도 들린다. 위기극복을 위해 단기적으로 취했던 정책의 부작용을 완화하기 위한 방안을 검토해야 한다는 주장도 나오고 있다.

이러한 회복에도 불구하고 금융의 세계화에 따른 문제를 해결하기는 쉽지 않을 전망이다. 현재의 위기를 극복하고 제도를 정비하여 재발을 방지하고자 노력하겠지만 다양한 시도가 지지부진할 가능성이 높기 때문이다. 인간은 망각의 동물로서 경제가 좀 나아지면 모두 위기 이전 상태로 되돌아갈 수 있고, 금융 부문에 대한 개혁조치가 이해당사자를 비롯하여 시장 및 정치권의 반대로 불발될 우려가 있기 때문이다. 보다 근본적으로는 글로벌 금융위기의 근본 원인이 글로벌 자본주의 시장경제 시스템 내의 금융활동에 내재된 것이기 때문이다.

---

11 "변하면 변할수록 점점 더 마찬가지가 된다"는 뜻으로 프랑스 저널리스트 A. Karr(1884)가 신문에 사용한 문장.

　따라서 최선은 현재의 경제 시스템 내에서 발생할 수 있는 위기 가능성과 진폭을 줄이기 위한 노력이며, 시장경제가 제대로 작동하도록 시장경제의 활성화 및 시장참여 촉진 메커니즘을 강화하는 것이 중요하다고 할 수 있다. 시장경제를 활성화하기 위해서는 지속적으로 경쟁을 촉진하는 한편 그 결과에 책임을 지며 올바른 윤리관과 도덕성이 정착되어 절제된 자본주의가 구현되도록 해야 한다. 또한 시장 내 투명성과 공정성을 제고하고 공평하고 적정한 거리관계를 갖는 규제정책을 통해 정부가 시장에 참여하는 정부와 시장의 역할균형이 긴요하다. 이와 함께 시장경제에의 참여를 촉진하기 위하여 소외계층에 대한 배려와 동시에 기득권층과 소외계층의 반대와 영향력을 축소하기 위한 제도와 인프라를 지속적으로 구축하고 추진해야 한다.

　자본주의 시장경제 시스템은 생산과 배분을 효율적으로 하는 탁월한 시스템이다. 그러나 위기 이후 국제적인 논의로부터 얻을 수 있는 교훈이 있다면, 실제 시장은 완전하지 못하며 도덕성과 윤리성이 결여된 시장의 수명은 결코 길지 못하다는 것이다. 또한 온전한 시장경제를 수립하기 위한 정부의 노력도 다수의 이해당사자들의 적극적인 지지와 관심이 없다면 소수 기득권층을 위한 제도왜곡이나 대중영합주의로 흐를 위험을 안고 있다는 것이다.

　즉, 시장이 제대로 작동할 수 있는 인프라가 견고하게 설치되어 있지 못하면 시장경제가 작동되지 않고 혼돈과 무질서가 난무할 수 있다. 따라서 시장에 반대할 유인을 축소시키고, 경쟁을 저해할 의지가 있더라도 그렇게 하기 쉽지 않게 만들며, 일반대중이 시장을 무서워하지 않고 충분히 이해할 수 있도록 시장 인프라를 구축해야 한다. 물론 시장 인프라는 올바른

윤리의식과 상호신뢰를 바탕으로 운용되어야 한다. 이것이 쉽지 않은 일
이지만 그렇지 못하면 자본주의 시장경제가 또 다른 위기에 봉착할 수 있
다는 것을 우리 모두 명심해야 할 것이다.

| 개요 |

경제와 금융에 정부가 어떻게 얼마나 개입해야 하는가가 이번 토론의 주된 논점이 되었다.

글로벌 금융위기가 발생한 이유는, 실물경제에 비해 불균형하게 발전한 금융 부문이 적절한 감독을 받지 못했기 때문이라는 분석이 있었다. 기본적으로 금융은 규제가 필요한 산업인데도 지나치게 규제가 완화되어 그 시스템이 무너졌다는 지적이었다.

그러나 규제가 관치로 이어지는 데 대해서도 우려를 나타냈다. 핵심은 적합한 금융감독인데, 이것이 과도해서 관치금융으로 이어져서는 안 된다는 것이다. 관치금융을 극복하기 위한 대안으로 국내와 국제금융의 통합, 금융정책과 감독의 분리, 민간 주도의 감독, 국제협력을 통한 안정성 강화 등이 제시되었다.

금융기관의 건전성감독을 소홀히 하는 과소규제도 문제지만, 사회정책에 금융을 동원하는 과잉규제도 위험성을 안고 있다는 의견도 개진되었다. 자본주의를 가치나 이념의 문제가 아닌 현실로 바라보아야 하는데, 이를 이상이나 정치적 이해관계와 결부시킴으로써 반시장적 대증요법이 발생한다는 견해도 있었다.

금융위기를 체제 자체의 문제로 돌리는 것은 과도하다는 지적과, 시장의 사각지대와 실패를 보완할 수 있는 자본주의 수정이나 보완적 체제가 필요하다는 의견이 맞섰다.

정구현 글로벌 금융위기를 거치면서 자본주의 체제와 금융에 대해 어떤 논의가 있는지, 어떤 변화가 있을 것인지에 대해 자유롭게 말씀해달라.

이한구 세계적으로 벌어지고 있는 새로운 움직임이 우리나라에 얼마나 가치가 있을 것인가를 살펴봐야 한다. 글로벌 금융위기를 해결하는 과정에서 관치경제 움직임이 두드러지게 나타나고 있는데, 이는 특히 금융 분야에서 더 심하다. 그래서 관치금융 행태가 매우 우려스러운 실정이다. 다른 나라들은 지나치게 규제를 풀었던 것을 바로잡자는 차원에서 금융관리감독을 강화하고 있는데, 우리나라에서는 이런 상황을 이용해 관치를 더 하자고 할 가능성이 농후하다. 그와 관련한 구체적 사례와 정보가 학계나 언론에 전달되지 않는다.

지금 감독하는 사람과 감독받는 사람 사이에 특수관계기 형성되어, 정보가 외부로 나오지 않고 있다. 이 부분을 어떻게 해야 할지, 우리는 관리감독을 어떤 수준까지 해야 할지에 대해 심각하게 고려해야 한다. 지금의 상황은 위험성을 안고 있다.

또 다른 한 가지 문제를 제기하고 싶다. 전 세계적으로 금융 부문 종사자들은 실물 부문 종사자들보다 대우를 잘 받고 있다. 나는 왜 그래야 하는지 모르겠다. 우리나라도 그 차이가 심하다. 금융의 부가가치가 높아서 그런 것인지, 아니면 독과점 형태 때문인지 모르겠지만, 부가가치의 배분 방법을 금융과 비금융으로 나누어 고민해봐야 할 것이다.

또 금융이 중요하다 보니 잘될 때는 금융 종사자들이 대접을 받고, 잘못되면 과실에 대한 부담을 재정이 책임지는 경향이 있다. 이 문제를 어떤 기준에 의해 조정해야 하는지 회의가 든다. 말로는 책임진다고 하면서 한두 명 감옥 가기도 하지만, 뒤돌아서면 똑같은 일이 벌어진다. 이 부분에 대해 체계적으로 연구가 되어야 할 것 같다.

정구현 중요한 이슈가 2가지 제기됐다. 하나는 대마불사 신화가 사실상 강화되었다는 것이다. 은행은 거의 공공기관화 되어 절대 망하지 않을 것이라는 이야기다. 금융기관이 잘될 때는 이득을 보다가, 어려워지면 정부 구제를 받는다는 것인데, 상당히 핵심적 이슈라고 본다.

또 하나는 우리는 이미 관치상황이었는데, 글로벌 금융위기가 앞으로 관치를 더 강화하는 핑계가 되는 게 아닌가 하는 것이다.

현정택 금융 쪽에서 뭔가 변화해야 함은 틀림없다. 특히 건전성을 살리는 쪽으로 변화해야 한다. 그런데 인식이 부족한 사람들에게 칼자루를 쥐어줌으로써 오히려 감독만 강화되는 것은 잘못이다. 예를 들어 국회에 서류를 제출할 때, 입법조사관들이 문서 여백 크기의 규정을 지키지 않았다는 이유로 다시 만들어오라고 하는데, 이는 콘텐츠를 못 보기 때문에 형식만 지적하는 것이다. 건전성규제는 틀림없이 강화되어야 하지만 금융감독기구의 전문성 및 감독역량 강화도 반드시 동반되어야 한다. 이것이 정확하고 핵심적인 문제가 아니겠는가?

또 외환보유액의 규모를 어느 정도까지 가져가 외환위기에 대비한 안전판을 유지할지 고민하는 것도 중요한 과제가 아닐까 생각한다.

좌승희 관치는 없어지지 않는다. 오히려 더 심해진다. 따라서 우리가 고민할 문제는 '정부가 관치를 어떻게 해야 옳은 것인가? 어떻게 해야 도움이 되겠는가?' 이다. 이런 고민을 젖혀두고 학자들은 시장 대 정부로 추상적 얘기만 하고 있다. 정부가 개입을 해야 하는 경우가 생기는데 이때 어떻게 할 것인가?

관치를 하는 이유는 중소기업을 지원하자는 것인데, 이것이 과연 옳은

가부터 토론해야 한다. 만약 옳다면 '어떻게 중소기업을 지원해야 육성이 될까?' 하는 이야기를 해야 한다. 관치만 이야기하면 근본적인 부분의 진전이 없다.

자본주의는 기본가치가 없다. 현실일 뿐이다. 그런데 자꾸 가치를 부여해 형태를 만들고 이념을 추구하려 한다. 나는 글로벌 금융위기도 여기서 출발했다고 본다. 국가의 모든 제도, 법령, 헌법이 다 이념에서 출발했기 때문이다. 잘못된 이념이 들어오면 잘못된 인센티브가 생긴다. 반시장적으로 움직이게 된다. 이때 정부는 근본이 왜곡되어 있는 것은 보지 않고 결과만을 보며 규제를 하려 한다. 대증요법을 쓰는 것이다. 이래서는 해결책이 안 나온다.

나는 문제가 슈퍼캐피털리즘이 아니라 슈퍼데모크라시라고 본다. 이것이 전 세계적으로 경제 문제를 일으키는 핵심원인이다. 이 관점을 가지고 문제를 들여다봐야지 그렇지 않으면 근본원인이 해결되지 않는다. G20도 일종의 '정치적 제도(political institution)'이다. 글로벌 리더들이 모여 무엇을 의논하겠는가. 국민을 행복하게 하자고 이야기하지 않겠는가. 거기서 나오는 결론도 상당히 많은 문제를 안고 있을 가능성이 있다. 결국 규제정책을 들고 나올 것이고, 그 바탕에는 민주주의 이념이 깔려 있다. 그런데 어떻게 해야 하는가에 대해선 고민을 하지 않고 있다. 이는 나의 개인적인 고민이기도 하다.

나는 이런 표현을 쓴다. '이념이 대단히 중요한데, 좋은 이념보다 옳은 이념이 중요하다.' 좋은 이념은 아무나 이야기할 수 있지만 그것은 국민을

> 건전성규제는 틀림없이 강화되어야 하지만 금융감독기구의 전문성 및 감독역량 강화도 반드시 동반되어야 한다. _ 현정택

대단히 불편하게 만든다. 버블을 키우고 현실과 맞지 않는 인센티브 구조를 자꾸 만들어낸다. 그래서 국민 행동이 엉뚱한 방향으로 흐른다. 경우에 따라서는 규제의 원인도 된다. 따라서 어떤 이념이 옳은 것이냐를 고민해야 한다. 이는 관치에 대한 문제와 유사하다. 이것을 토론하다 보면 관치에 대한 답도 나오지 않겠나.

정부는 서민정책의 일환으로 중소기업을 외면하지 않고 육성시키겠다고 말한다. 그렇다면 그 방법은 무엇인가? 중소기업에 도움이 되고 국가에 도움이 되는 방법은 무엇인가. 또 그렇지 않다면 어떻게 해결할 것인가. 이에 대해 고민하다 보면 관치에 대한 근본적인 해결책이 나올 것이다.

20~21세기 선진국 경제정책의 대부분은 정치적 사고에 대한 문제에서 나온다고 본다. 내가 볼 때 지난 50~60년간 경제정책의 역사는 이념의 역사다. 이념이 어떻게 제도를 만들어내고 반시장적인 구조를 만들었는지에 대한 토론과 분석이 이루어진다면 뭔가가 잡히지 않을까 생각한다.

최흥식 관치금융에 대해 말씀드리겠다. 사실 금융을 연구하는 우리 입장에서 보면 지친 감이 있다. 외환위기 이후 10년 동안 거의 똑같은 소리를 하는 사람들이 많다. 그런데 지금은 오히려 거꾸로 가고 있다는 생각을 많이 하게 된다. 과거에 비해 정책결정 과정이 거의 공개되지 않는다. 예전에는 금감위에 외부인 비상임위원들이 몇 명 있었다. 그런데 지금은 딱 한 사람이다. 그리고 의사결정 과정이 전혀 외부에 노출되지 않는다.

금융을 하는 사람들이 주장하는 4가지가 있다. 첫째, 국내와 국제금융을 구별하자는 것인데 이것은 불가능하다. 글로벌 금융위기만 하더라도 우리 내부적 문제가 아니었다. 외부적 충격이 훨씬 컸다. 그러면서 외환보유액, 외환관리, 환율을 같이 고민하지 않는다. 소규모 개방경제인 우리나

라는 내부의 문제는 국제적인 룰을 받
아들임으로써 해결하고, 국제금융과
외환관리만 잘하면 유연하게 대처할
수 있다.

둘째, 금융정책과 금융감독 간에 선
을 긋자는 것이다. 법률제정과 이것을
이행하는 감독기관을 나누어야 한다. 감독과 감독정책은 나눌 필요가 없다.

셋째, 민간으로 감독기능을 넘김으로써 관치관행을 타파하자는 것이다.
이때 금융정책당국이 모니터링할 필요가 있다.

넷째, 국제협력으로 안정을 찾자. 관치상황에서 공무원들이 되도록 시
장과 가까이 하도록 자꾸 끌어내야 하는데, 지금은 그 반대로 기고 있다.
글로벌 금융위기를 지나면서 커뮤니케이션도 더 안 된다. 사실 금융 문제
에는 정치적인 요소들이 있다.

'금융기관 보수' 문제를 짚어보자. 금융기관의 자기자본이익률(ROE)은
다른 제조업체에 비해 월등하다. 보통 은행들의 ROE는 20~25%가 된다.
이것은 일반 제조업체에서는 불가능하다. 그래서 상대적으로 보수가 많
다. 그렇지만 외국과 비교하면 보수격차가 훨씬 덜한 편이다. 보수 문제는
단순하다. 내가 이룬 성과만큼 가져가겠다는 말이다. 즉, 돈이 생겼는데
같이 나누자, 돈 안 주면 다른 데 가겠다는 것이지 다른 배경이 있는 것은
아니다.

그리고 금융기관은 태생적으로 부채비율(레버리지)이 높다. 따라서 규제
가 해결책이다. '잘되면 내 것, 잘 안 되면 재정의 문제'는 우리나라의 차
원을 넘는다. 세계 곳곳에서 이것을 어떻게 컨트롤할지가 문제다. 더 가까

이 가서 감시하는 수밖에 없다. 자본주의시장에서 주식회사를 없앨 수 없기 때문에 꾸준한 감시가 필요한 것이다.

답은 명확하진 않지만, 지금 시스템을 엄격하게 지키기만 해도 많이 정리가 될 수 있다는 생각이다.

정구현 2가지 질문이 있다. 하나는 단기자금 문제다. 최근 브라질에서도 토빈세(Tobin Tax: 단기성 외환거래에 부과하는 세금)를 추진하였다. 글로벌 금융위기에서 노출된 우리의 취약점이 결국 단기자금에서 기인한 문제는 아닌가? 주식시장의 핫머니와 단기외채에 대해 한국이 어떤 규제를 할 수 있는가?

두 번째는, 발제를 보면 정책금리가 지난 30년 동안 내린 것은, 저인플레시대가 됐다는 것을 의미하는데, 이것은 굉장히 좋은 일이 아닌가. 생산성도 높아지고, 인플레 위험도 작았으며, 금융도 발전했다는 것이다. 어떻게 보면 세계경제가 큰 번영을 누리고 있는 경제지표가 나온 셈이다. 글로벌 금융위기로 일부 문제가 발견되긴 했지만 전체적 시스템은 발전했다고 봐도 되는가?

최흥식 우리도 토빈세를 들여올 수는 있다. 그러나 지금은 그것을 작동할 시기는 아니라고 본다. 먼저 법적인 조항과 시스템을 구축해야 하고 적절한 정책을 쓸 수 있는 능력을 마련해야 한다. 또한 국제적 공조가 있어야 하는데 지금은 그 부분이 부족하다. 아직 토빈세를 사용하기에는 어려움이 있다.

정구현 토빈세가 작동되면 국제금융시장에서 가만히 있겠는가?

최흥식 가만히 있지 않을 것이다. 그러나 그것은 주권에 관한 문제다. 정책당국의 판단여부에 달려 있다. 먼저 필요하면 토빈세를 부과할 수 있는 제도를 구축해놓되, 부과의 기준을 만들어야 한다. 그러나 되도록 사용하지 않고 최후의 보루로 남겨놔야 한다. 결론적으로 국제공조에는 한계가 있다고 할 수 있다.

2000년대 중반까지 'The Great Moderation(대안정기)' 이라는 말처럼 우리가 풍요를 누렸지만 항상 좋을 수는 없는 것이다. 이것은 자신의 실질소득보다 더 누릴 수 있는 시스템이었고 결국 사상누각이었을 수도 있다.

즉, 실질소득에 상응하지 않는 소비를 했다는 것이 가장 큰 문제다. 그랬기 때문에 경제상황이 악화됐다. 지표상 좋아 보였지만 내실은 허약했다.

김장호 글로벌 금융위기는 한마디로 모든 것을 시장에만 맡겨놔서 일어난 일이 아닌가?

정기영 규제완화는 경제를 촉진시켜 시장을 효율적으로 만들려는 것이 기본인데, 오히려 시장실패를 가져왔다. 글로벌 금융위기는 글로벌 불균형 문제가 자본이동을 촉진시키면서 금융혁신과 상승작용을 일으켜 더욱 커짐으로써 결국 터진 것이다.

실물경제와 금융이 대등하게 성장해야 하는데, 금융이 너무 발전하면서 둘 사이에 갭이 생겼다. 지난 몇십 년간 전 세계 연평균성장률이 2~3%였는데, 금융이 단독적으로 엄청나게 성장하면서 버블과 시장불안을 가져왔다.

금융산업은 기본적으로 규제산업이다. 만약 시장에서 실패가 일어나면 엄청난 충격을 주기 때문에 규제를 하는 것이다. 금융기관이 실패하면 그 영향력이 엄청나므로, 정부가 울며 겨자 먹기 식으로 지원을 하지 않을 수 없다.

미국경제사에 나타난 금융위기를 연구해보면 과도한 규제완화가 항상 금융위기를 불러왔음을 알 수 있다. 우리나라의 경우를 보면 대표적인 것이 신용카드 사태다. 이는 규제완화에 의한 과도한 경쟁의 결과였다.

결론적으로, G20 정상회의 등 새로운 경제체제가 구축되고 있는 지금 금융실패는 엄청난 폐해를 주기 때문에 금융이 주도하는 자본주의에 대한 교정이 필요하다. 적정한 규제를 가해 과도한 경쟁으로 인한 시장실패는 막아야 한다. 이것이 지속가능한 성장을 위한 핵심요인이라고 생각한다. 그렇지만 '적정한 규제'라는 게 매우 어려운 것이다.

김장호 금융산업에 그런 특징이 있기 때문에 각 나라마다 고유한 규제 시스템을 갖고 있다. 나는 지난 10~20년 사이에 우리가 소화할 수 없을 정도로 너무 과도하게 규제를 완화하고, 개방을 빨리 했다고 생각한다. 그래서 밖에서 흔들면 당해내지 못하는 상황에 왔다. 우리 실정에 맞게 만들어나갈 필요가 있다.

시장이 모든 것을 해결하지 못한다. 시장은 말 그대로 현실이다. 시장은 많은 이해당사자들, 관계자들, 문화까지 얽혀 있는 것이다. 좌파 쪽에서 잘 인용하는 폴라니(Karl Polanyi)에 의하면 마켓은 임베디드(embedded)되어 있다고 한다. 시장 메커니즘 자체가 복합적인 요소들로 임베디드되어 있기 때문에 시장이 모든 것을 해결할 수 있다는 논리는 맞을 수 없다. 제도 등을 종합적으로 잘 판단해서 끌고 가야 한다.

로버트 라이치(Robert Reich)는 기업 중심으로 돌아가는 바퀴가 너무 크다고 말했다. 의사결정에 있어서 법의 지배(rule of law)라는 바퀴가 실제로 움직이는 바퀴(기업들)와 균형을 맞춰 돌아가야 하는데, 그것이 안 된다는 것이다. 슈퍼자본주의에서는 그 법칙을 기업가, 월스트리트의 로비스트들이 만든다. 경제가 힘을 가진 자 중심으로 돌아가고 있는데 민주주의에서 기업도 하나의 행위자일 뿐이다. 민주주의라는 조직의 힘을 키워서 사회적인 합의하에 룰을 만들고 기업과 금융행위자들이 그것을 지키도록 만들어야 한다. 그렇게 하면 자본주의가 지금 안고 있는 문제를 상당 부분 해결할 수 있다는 이야기다.

현정택 우리나라에서 카드 사태가 벌어졌을 때 세계 자본주의가 붕괴됐다고 보는 사람은 없었다. 그것은 한국 자본주의의 문제가 아니라 카드회사의 문제였기 때문이다. 지금도 우리 입장에서는 많은 경계를 해야 한다. 지금 우리나라에서 영미식 자본주의, 유럽식 자본주의 논란이 나오는데 무엇이 옳으냐를 떠나 우리 입장과 갭이 엄청나게 크다는 것을 알아야 한다.

우리는 아직도 민주주의 시장경제를 하지 못하고 있다. 민주주의 시장경제를 하려면, 기업지배구조, 노사 문제까지 포함해서 논의해야 하고 성숙한 시장경제의 바탕이 되는 책임의식, 윤리의식, 상호신뢰도 등을 꾸준한 훈련을 통해 쌓아야 한다. 그래야 제대로 된 해결책이 나온다. 이번 위기를 기회로 "이 체제는 틀렸으니까 중국 혹은 중국식 체제에 주목해야 한다"고 말하는 것은 매우 어리석다.

정구현 우리에게 윤리의식, 책임의식 등이 약한 것은, 문화적인 게 아니라 제도적 문제 아닌가?

현정택 더 훈련해서 쌓을 수 있는 것이라고 생각한다.

이원덕 기본적으로 자본주의를 대체할 만한 체제는 없다는 데 생각을 같이하고 있다. 그러나 자본주의 체제가 지속가능하고 인간세계에 안정성을 가져다주기 위해서는 시장을 보완할 수 있는 체제가 필요하다고 생각한다. 시장이 일단 작동을 시작하면 이념, 도덕성 등이 실종되고 사이클이 생기게 된다. 시장 시스템은 매우 파워풀하기 때문에 시장이 추구하는 가치와 인간이 추구하는 가치가 충돌하면 이를 파괴할 수 있다. 이것을 보완해야 한다.

시장은 자기확장적 본능을 지니고 있다. 제약이 없다면 무한증가하는 내재적 본능이 있다. 그러나 확장과정은 단조증가[32]가 아니라 불가피하게 사이클을 그리며 진행된다. 그리고 제약이 없다면, 즉 시장에만 맡겨진다면 사이클의 진폭이 대단히 커져서 경기하강부터 다시 상승기조를 회복하기까지 굉장히 긴 시간이 소요되고 이 기간은 사람에게는 감내하기 어려운 고통의 시간이 되는 것이다. 따라서 시장이 정상적인 확장궤도를 유지할 수 있도록 하는 정부 역할이 필요하다고 본다.

지난 20~30년간 시장체제가 우월하게 작동했기 때문에 벌어진 실물과 금융, 소득분배에서의 불균형을 어떻게 고쳐나갈 것인가.

2009년 스위스 국제경영개발원(IMD)이 국가경쟁력 평가와 함께 처음으로 국가 스트레스 테스트 결과를 발표했는데 미국은 경쟁력 1위였지만 스트레스 테스트는 28위를 했다. 덴마크는 둘 다 10위권 안에 들어간다(국가경쟁력은 5위). 덴마크는 시장체제를 발전시키되, 사회안정성을 보완하는 시스템을 같이 발전시키고 있다. 덴마크는 영미와 비교하면 시장체제를 발전시키되 도덕기준을 발전시키고 고용친화적인 성장을 강조하며, 시장

---

[32] 일부 구간에서조차 감소함이 없이 계속 증가하는 것.

유연성을 살리되 사회적 안정성을 강화하는 시스템을 정착시키려고 한다. 결국은 시장의 밸런스를 맞춰주는 시스템이 있어야 역설적으로 시장의 지속가능성, 안정성이 높아진다고 본다. 정부가 그런 역할을 맡아야 한다고 생각한다.

좌승희 로버트 쉴러(Robert Shiller)가 말한 금융민주주의(financial democracy)라는 용어를 들어보셨는지 모르겠다. 20세기 민주주의에서 금융의 역할은 정부 입장에서 보면 취약계층을 돕는 수단이다. 서민금융, 주택금융 등이 대표적인 금융정책이었다.

사회금융의 대표적 모델인 그리민은행을 보디라도 그 규징이 굉장히 임격하지 않은가. 네 명이 연대보증을 서야 한다. 그래야 금융이다. 금융은 문턱이 높아야 한다. 금융은 돈을 빌려서 잘 쓸 수 있는 사람한테 가도록 자원배분을 해야 한다. 우리는 어떤가. 정부가 문턱을 모두 낮추라고 한다. 주택금융도 그래서 시작된 것이다.

G20을 통해 우리는 G7, G8이 무엇을 잘못해서 우리가 의장국이 될 수 있었는지를 배워야 한다. 선진국을 쫓을 게 아니라 선진국이 뭘 잘못해서 역동성을 잃었는지 알아야 한다.

쉴러는 금융민주주의에서 금융에 대한 접근성을 최대화하라고 주장한다. 그렇지만 금융자율화에는 이유가 있어야 한다. 접근성을 늘려서 모든 사람에게 혜택이 가도록 하고 미국의 경우처럼 국민이 집을 한 채씩 갖게 만든다는 발상은 위험하기 그지없다. 우리나라에서도 보금자리주택 등을 추진하고 있다. 민주주의는 좋은 것이지만 그 한계도 알아야 한다. 국민에

> 자본주의체제가 지속가능하고 인간세계에 안정성을 가져다주기 위해서는 시장을 보완할 수 있는 체제가 필요하다. _ 이원덕

게 함부로 약속을 하면 안 된다. 온정주의에 빠지게 하면 안 된다. 정치인들이 보다 현실적인 정책을 만들 필요가 있다.

하다가 잘못되면 규제하겠다고 한다. 민주주의가 할 수 없는 게 많다. 시장경제는 원래 불확실한 것이고 정치도 마찬가지다. 이 점을 상호 간에 이해해야 한다.

이제민 오늘 발표하신 내용에 '시간'이라는 차원을 포함시켜 생각할 필요가 있다. 우리의 경우 관치로부터 시장으로의 이행이라는 문제를 갖고 파악해야 한다. 우리는 초기에 관치로 경제발전을 이루었다. 신중상주의 정책이다. 18~19세기 유럽 국가들도 다 마찬가지였다. 우리만 겪은 문제가 아니다. 초기에 불투명, 부패, 정경유착 등이 모두 있었고, 이후 제대로 된 시장경제를 하려면 제도를 고치고 정경유착을 끊어야 한다는 지적이 나왔다. 문화의 문제가 아니라 다른 나라도 다 겪었던 문제다.

이제 관치, 즉 경제적 규제(economic regulation)는 제거해야 하고 감독, 즉 건전성규제(prudential regulation)는 강화해야 한다. 그런데 이한구 의원님의 말씀처럼 건전성규제 문제가 나오니 우리 관료들이 옛날 버릇대로 경제적 규제를 들고 나온다.

한편 선진국의 시장경제도 문제가 많이 누적됐는데, 정부가 과소규제한 부분은 월스트리트에 대한 규제였고, 또 한편으로 과잉규제한 부분은 사회정책을 위해 금융을 동원했다는 점이다.

한국은 1980년 이후로 산업정책 목적으로 금융을 이용하지 않고 꼭 필요하다면 재정을 이용한다고 선언했다. 우리도 그랬지만 1990년대 이후로 미국에서는 사회정책에 금융을 이용했다. 사회정책은 재정이 담당해야 한다. 사회정책에 금융을 동원하다 보니 이런 일(글로벌 금융위기)이 일어

난 것이다. 어려운 사람을 도우려면 EITC(근로
장려세제)를 강화하든지, 기초생활보장, 교육
지원 등을 해야 한다. 미국에서 과잉규제한 것
이 이 부분이다.

미국이 과소규제한 것은 건전성규제다. 미국
정부가 월스트리트에 포획(capture)당했다고 볼

수 있다. 얼마 전 참석한 미국경제학회 모임에서는 4가지 과소 규제된 분야
가 논의되었다. ① 투자은행의 자기자본비율, ② 신용평가기관의 행태, ③
파생상품에 대한 청산기구(clearing house), ④ 펀드 매니저 등 금융 종사자
에 대한 단기적 인센티브 구조 등이다.

로렌스 시머스(Lawrence Summers) 같은 사람이 747항공기를 예로 들면
서 금융의 기술진보가 중요하기 때문에 규제에 신중해야 한다고 했다. 그
리고 로버트 쉴러의 경우에도 예상 밖으로 규제를 반대하고 주택보험 같
은 것을 도입하자고 했다. 나는 이들의 견해에 동의할 수 없다. 747 승객
은 어쨌든 자신의 위험부담을 전제로 비행기를 탄 사람들이다. 저지른 사
람들은 따로 있는데 수만 리 떨어진 한국에서 아무 잘못도 없는 사람들이
직장을 잃었고, 그 부담은 재정이 떠안게 됐다. 너무나 비도덕적인 일이
다. 이런 부분은 엄격히 규제해야 한다.

금융기법의 발달을 조금이라도 억제하면 경제성장이 안 된다고 보는 것
도 문제가 있다. 18세기 영국 산업혁명 기간에 당시로서는 첨단금융기법인
주식회사가 금지되어 있었지만 산업혁명을 저해하지는 않았다. 1930년대
후반부터 1970년대 중반까지 전 세계적으로 금융규제가 심했음에도 불구
하고 고도성장이 이루어졌다.

그런 한편 경제적 규제도 다시 생각해보아야 하는 측면은 있다고 본다. 지금 중국이 가장 빨리 경기가 회복되고 있는 이유는 금융이 정부 손에 있기 때문이다. 재정지출도 빨랐지만 은행에 무조건 풀라고 했다. 2007년까지는 인플레를 억제하기 위해 정부가 금융을 엄격하게 규제했지만 글로벌 금융위기 때에는 대출을 다 풀었다. 금융기관은 비가 올 때 우산을 거둬가는 곳이 아닌가. 그런데 중국은 우산을 편 것이다. 우리나라에서는 금감위원장이 은행장들을 대상으로 돈을 풀라고 강하게 요청해도 여기에 따르지 않는다. 그런 관점에서 나는 산업은행의 완전한 민영화에는 반대다. 비가 올 때 우산을 펴는 은행이 있어야 한다.

정기영 나는 자본주의가 수정돼야 한다고 주장한다. 시장이 잘 작동되기만 하면 된다고 할 때, 시장을 통해서 신용을 공급받을 수 없는 서민들이나 기업은 어디로 가야 되나.

좌승희 그것은 재정이 할 일이다.

정기영 금융시장이 완전무결한 시장이 되려면 조건이 필요하다. 그런데 그 조건들은 현실에선 작동이 잘 안 되는 불가능한 것들이다. 따라서 시장 실패를 보완할 수 있는 제도적 장치가 있어야 한다는 것이다.

재정이 됐든 혹은 다른 무엇이 됐든 그 역할을 담당해야 하는데, 그 부분을 맡아서 시장을 보완하는 기구가 있어야 자본주의가 영원히 발전할 것 같다. 시장을 보완하는 무엇인가가 있어야 한다는 측면에서 수정자본주의 이야기를 한 것이다.

좌승희 수정자본주의라는 말은 잘 써야 한다. (좌중 웃음) 상당한 가치를 내포하고 있기 때문이다.

정구현 인간의 얼굴을 한 자본주의 정도면 어떨까? 발제자께서 마지막으로 코멘트 해달라.

최흥식 최근 10년 동안 미국 기업들이 로비를 위해 50억 달러(5조 원 정도)를 썼다고 한다. 미국 의회 의원수가 535명이다(상원 100명, 하원 435명). 그런데 의회에 등록된 로비스트가 3,000명이다. 의원 1인당 5명 이상의 로비스트가 붙는다는 얘기다. 이들은 돈이 있을 뿐만 아니라 지식(논리)도 있다. 때문에 이들이 대변하는 이익을 규제한다는 것이 얼마나 잘될지 의문이 생긴다. 다만 변화해나가려는 트렌드는 분명히 있다는 것은 말씀드리겠다.

좌승희 민주주의에 대해 한마디만 더하겠다. 민주주의가 출발할 때 기본기능이 무엇이냐? 민주주의는 리더를 뽑는 것이다. 정책을 결정하는 것이 아니다. 그럼 정책은 누가 결정하나? 헌법이 한다. 지금 미국에서는 이것이 무너지고 있다. 의회가 나서서 정책을 만들기 시작하면 반드시 포퓰리즘으로 간다. 대한민국 민주주의 역시 어디로 갈지 걱정스럽다.

제4장

미국의 세계질서 주도권은 어느 정도 쇠락할 것인가?

토론일 · 2009년 11월 16일

발제 | 김용기 (삼성경제연구소 공공정책실 연구전문위원)

1. 미국의 쇠퇴와 글로벌 거버넌스의 불안정성 확대

1) 패권의 전이, 금융위기 이후의 글로벌 거버넌스에 대한 관심

금융위기를 겪으면서 전후 패권국가로서의 지위를 흔들림 없이 유지해왔던 미국의 위상이 어느 정도 쇠락할 것인지, 새로운 패권국가가 부상할 것인지에 대한 관심이 높다. 패권의 전이는 경기순환보다 훨씬 더 긴 시간에 걸쳐 이뤄지고 순수 경제적 현상 이상의 요인에 의해 좌우된다. 때문에 향후 패권의 향방과 이에 따른 경제적 결과에 대해 당장 분명하게 전망하는 것은 결코 쉽지 않은 과제이지만 이런 한계에도 불구하고 본 연구는 글로벌금융위기가 글로벌 거버넌스에 미친 결과를 가늠해보고자 한다.

우선 글로벌금융위기 발발 이후 금융위기의 발원지인 미국의 정치·경제·군사적 영향력이 쇠퇴하고 있다는 인식에 대해서는 어느 정도 공감대가 존재하는 것으로 보인다. 위기 이후 마이너스 성장으로 미국이 세계경제에서 차지하는 비중이 저하되었음은 물론이고 제2차 세계대전 이후 기축통화의 지위를 유지해왔던 미국 달러화에 대한 신뢰가 크게 흔들리고 있는 게 현실이다. 또한 정부재정을 보더라도 금융위기 극복을 위한 국내 금융 구조조정과 경기부양책에 재원이 우선적으로 배분됨으로써 안보 분야에 대한 투자가 줄어들게 되어 미국의 해외주둔 및 파병규모가 점진적으로 축소되고 있다. 그 결과 1970~1980년대 유행하였던 미국 패권쇠퇴론이 재등장하고 있다.[1]

2) 국제질서의 불안 우려

패권국가의 전이는 국제질서의 불안정성을 대폭 증가시킬 가능성이 있다는 점에서 특히 주목해야 할 현상이다. 역사적으로 보면 이른바 전간 시기(제1차 세계대전과 제2차 세계대전 사이의 시기) 중 구패권국가였던 영국은 능력이 없었고, 새로운 패권국가로서 역량을 갖춘 미국은 신패권국가로서의 의지를 갖지 않았다. 그리고 그것이 국제금융 및 무역질서의 혼란을 가져왔고 결국 제2차 세계대전으로 이어졌다. 미국 MIT의 유명한 경제사학자 킨들버거의 지적이다.[2] 다행인 것은 과거 패권국가의 부재와 국제질서의 불안정이 제2차 세계대전 발발의 주요한 배경이었다는 역사적 교훈 덕분에 세계 주요국들은 안정적인 국제질서를 유지하기 위해 국제적 차원의 정책공조에 많은 노력을 경주하고 있다는 점이다. 때문에 미국발 금융위

---

[1] Kennedy, Paul (2009. 1. 15). American Power is on the Wane, *Wall Street Journal*; Meltzer, Allan H. (2008). End of the 'American Century'. *World Economics*, Vol.9, No.4.

[2] Kindleberger, Charles P. (1986). *The World in Depression 1929–1939*. revised and enlarged edition. Berkeley: University of California Press.

기와 미국 리더십의 일정한 쇠퇴에도 불구하고 국제질서의 불안정 혹은 극심한 혼란이 나타나고 있지는 않은 것으로 보인다.[3]

하지만 금융위기를 계기로 향후 변화의 주도권을 둘러싼 국가 간 갈등은 이미 시작되고 있다. 특히 금융위기로 직접적 타격을 받은 국제통화질서는 국제적 차원에서 부와 권력을 불균등하게 배분할 수 있는 시스템이라는 점 때문에 각 국가들은 이를 자국경제에 유리하게 가져가려고 각축을 벌이고 있다. 위기를 해결해나가는 과정에서 패권의 전이를 포함한 국제질서의 근본적 재편이 이뤄질 수도 있고 새로운 질서로의 재편을 향한 과도기적 체제가 형성될 수도 있다.

새로운 국제질서가 어떤 형태를 보일 것인가를 살펴보기 위해 우선 본 연구는 2절에서 이번 금융위기의 원인을 둘러싼 논쟁을 살펴본다. 위기의 책임소재에 대한 논쟁은 단기적으로 위기를 극복하는 데 필요한 경제적 비용과 정치적 책임을 어떤 국가가 더 부담할 것인가와 직결되어 있을 뿐 아니라 궁극적으로 위기해결과정에서 누가 주도권을 행사하는가의 문제도 연결된다. 원인을 제공한 국가가 새로운 질서를 주도할 정치적 정당성을 갖기 어렵기 때문이다. 3절에서는 미국의 쇠퇴가 일시적인지, 구조적인지를 살펴본다. 과거에도 미국의 일극체제가 위협받은 적이 있다. 미국이 세계경제에서 차지하는 비중에도 부침이 있었다. 하지만 미국 일극체제에 대한 소련, 독일, 일본 등의 도전은 일시적인 현상으로 끝났고 미국의 주도권은 성공적으로 유지되어 왔다. 때문에 최근에 나타나고 있는 미

---

3 Feldstein Martin S. (2009). Economic Conditions and U.S. National Security in the 1930s and Today. (Working Paper No.15290). NBER; Wolf, Martin (2009. 5. 19). This Crisis is a Moment, But may not be a Defining One. *Financial Times*.

국의 쇠퇴가 일시적 현상인지, 아니면 구조적 변환인지 아닌지를 판단하는 것은 중요하다. 4절에서는 미중관계가 어떻게 진행되고 있는지를 다각도로 살펴본 후 5절에서 향후 전망과 한국에 주는 함의를 찾고자 한다.

2. 세계경제 불균형에 대한 상반된 시각

1) 과거와는 다른 세계경제 불균형 해소의 어려움

위기를 둘러싼 논쟁을 살펴보면 미국과 중국, 두 나라가 상반된 시각을 가지고 있음을 잘 알 수 있다. 미국은 글로벌 불균형이 이번 금융위기의 원인이라는 점을 부각시키고 있고, 중국은 미국의 저금리정책과 금융감독의 실패에서 위기의 원인을 찾고 있다.

역사적으로 보면 과거 1980년대에도 미국의 '쌍둥이 적자' 로 표현되는 세계경제 불균형이 존재했다. 미국은 플라자협의라는 이름의 G5(선진 5개국) 회의를 거쳐 엔화 강세를 통해 불균형을 해소하였다. 당시와는 대조적으로 2000년대에 뚜렷하게 나타나고 있는 세계경제 불균형은 중국이나 동아시아 국가들과 같은 경상수지 흑자 국가들의 환율절상으로 해결되어야 한다는 미국의 주장에도 불구하고 해결이 어려워 보인다. 이들 국가들의 반발 때문이다. 과거에는 미국의 주도로 해결이 가능했던 것이 어렵게 된 것 자체가 미국의 주도권이 상당 부분 약화되어 있음을 보여주는 증거라 할 수 있다.

금융위기의 원인을 어떻게 분석하느냐에 따라 해결방안도 달라질 수 있다는 점에서 이 논쟁은 경제적 차원을 뛰어넘는다. 1997년 외환위기를 겪고 국제사회와 한국정부가 이른바 '발전국가(developmental state)'로 불리는 한국 내부의 문제점에서 그 원인을 찾았기 때문에 한국은 과거의 경제 운용방식을 송두리째 바꿔야 했다. 위기의 원인을 제공한 국가는 위기의 해결 과정에서 발생하는 경제적 비용을 상당 부분 부담해야 한다. 또한 위기를 일으킨 국가는 정치적 책임에 대한 논란 때문에 위기를 해결하기 위한 국제적 협력 과정에서 자국에게 유리한 정책방향을 적극적으로 제시하기 어렵다.

2) 외인론과 내인론

2007년 발생한 미국 서브프라임 모기지론 위기의 원인에 대한 분석은 외인론과 내인론으로 대별된다. 외인론은 중국 등 동아시아 국가들과 중동 국가들의 경상수지 흑자가 미국 국채매입 등의 형태로 다시 선진국으로 흘러들어가 해당 국가들의 저금리와 자산거품을 야기했다는 이른바 '세계적 저축과잉론(global savings glut)'으로 대표된다. 반면 내인론은 미국 등 영미권 국가들의 거시경제정책의 실패와 영미식 금융모델에 내재된 제도적 문제들에 기인한 미시적 금융감독정책의 실패에서 위기의 원인을 찾는다. 불균형을 조정하는 주체와 방법에 대해서도 양쪽 시각 간 첨예한 대립이 벌어지고 있다. 미국 정책당국자들은 동아시아의 경상수지 흑자가 환율조작의 결과라고 주장하는 반면, 동아시아 국가들은 환율보다는 구조적인 문제에서 경상수지의 불균형이 초래되고 있다는 견해를 견지하고 있다.

(1) 외인론: 동아시아 수출형 모델과 환율정책이 세계경제 불안정 요인

상이한 시각의 출발점은 2005년 3월 벤 버냉키 미 연방준비제도이사회

의장이 제시한 '세계적 저축과잉론'이었다. 버냉키 의장은 미국 바깥 지역에서의 저축과잉이 미국의 경상수지 적자를 낳았다는, 당시로서는 새로운 해석을 제시하였다. 그에 따르면 1996년과 2003년 사이 큰 변화가 있었다. 선진국은 462억 달러 흑자에서 3,423억 달러 적자로 전환한 반면, 신흥시장국은 875억 달러 적자에서 2,050억 달러 흑자로 바뀐 것이다.

버냉키 의장의 분석 이후 중국 등 동아시아 국가의 환율정책이 대규모 경상수지 흑자와 외환보유액 증가를 가져왔다는 비판이 확산되었다. 중국의 GDP 대비 경상수지 흑자 규모는 최근 들어 급격히 증가해왔는데 이는 의도적인 환율목표정책의 결과라는 것이다. 외환시장에 개입한 증거로서 중국 등 동아시아 국가들의 외환보유액이 급격히 증가한 것이 문제되었

| 그림 4-1 | 주요국의 GDP 대비 경상수지 규모

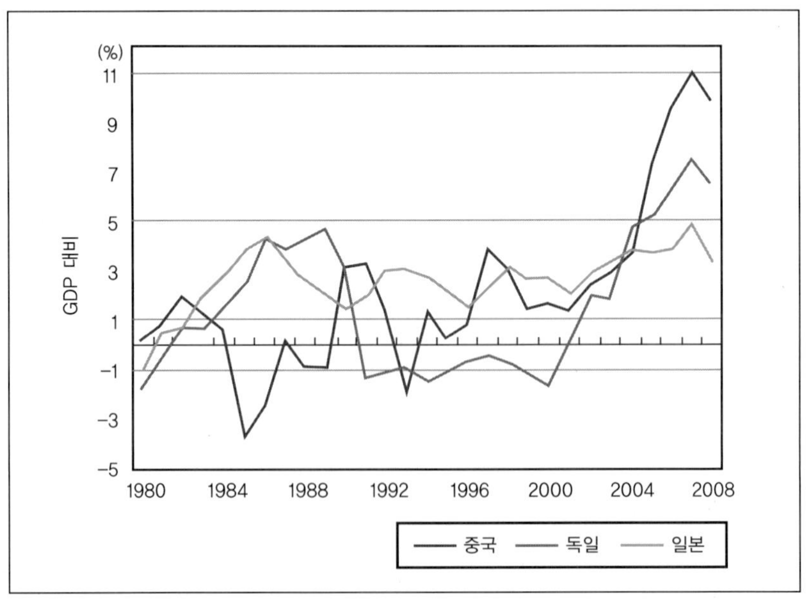

 | 세계경제대토론: 금융위기 이후를 論하다

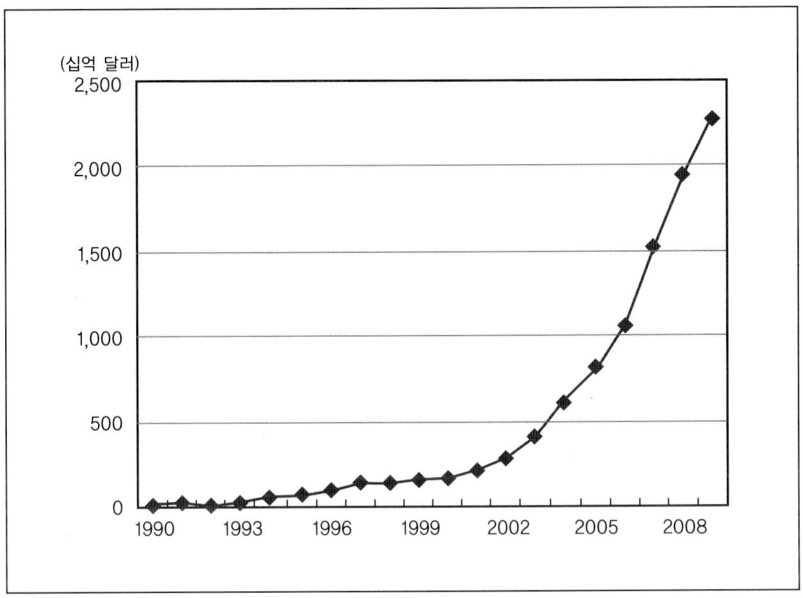

자료: State Administration of Foreign Exchange, People's Republic of China; IMF WEO DB (2009.10).

다. 특히 중국의 외환보유액이 2006년 말까지 1조 달러가 넘었고, 2009년 초 2조 달러를 상회하였다는 점이 지적되었다.

G7(서방 선진 7개국)과 IMF 등 다자적 기구는 중국 등 동아시아국에게 환율정책을 조정할 것을 요구했다. G7 재무장관과 중앙은행 총재는 2005년 2월 중국 등 동아시아 국가들의 환율조정을 통한 경상수지 흑자폭의 축소를 요구했다. 중국이 위안화의 소규모 절상으로 대응하자 G7은 2006년 중국 위안화의 추가적 절상을 요구하였다. 영미권 정책결정자들은 국제경제기구들을 통해 '세계적 저축과잉'을 글로벌 불균형의 근본원인으로 제

시하면서, 중국 등 동아시아 국가들의 환율정책을 압박하였다. 특히 막대한 외환보유액을 가지고 있는 중국, 일본, 한국이 이러한 압력을 받는 직접적 당사자였다.[4]

버냉키의 저축과잉론은 마틴 울프의 '글로벌 불균형론'으로 완성되었다. 2009년 영국 〈파이낸셜타임스〉 수석 칼럼니스트 마틴 울프는 세계경제 저축과잉론을 '글로벌 불균형론'으로 대중화시켰다. 그는 "세계자본시장에서 신흥시장국가들은 담배를 피우지만 연기를 들이 마시지는 않는다"고 주장했다.[5] 막대한 무역수지 흑자를 내수진작에 쓰지 않고 미국에 다시 투자해 금융 및 부동산 자산거품을 발생시키는 부작용을 만들었다는 것이다.

(2) 내인론: 신흥국가 책임론에 대한 동아시아국의 반발

미국 경상수지 적자의 책임을 외부에 전가하려는 미국의 시도에 대해 동아시아 국가들은 정면으로 비판하였다. 세계무역기구(WTO) 전 사무총장이자 현 국제연합무역개발회의(UNCTAD) 의장 수파차이 파니차팍디(Supachai Panichpakdi)는 저축과잉론 등의 논리가 미국의 정책실패를 동아시아 국가들에게 전가하려는 시도라며 비판하였다.

중국 중앙은행 총재 저우 샤오촨(周小川)도 2009년 2월 말레이시아 중앙은행 주최 고위급회담 개막연설에서 "저축(국내저축, 경상수지 흑자, 외환보유액 모두 포함)과 환율 간 상관관계는 매우 낮다"고 지적하였다. 그는 유교

---

4 Whitehouse, Mark (2009. 3. 23). Imbalance in Nations's savings clouds forecasts for recovery. *Wall Street Journal.*

5 Wolf, Martin (2009). *Fixing Global Finance.* Baltimore: Johns Hopkins University Press. p.3.

적 전통, 가족구조, 인구학적 특성, 경제발전단계 등이 동아시아 국가들의 높은 저축률을 가져오게 하는 요인이라 분석하고 "높은 저축률과 많은 외환보유액은 약탈적 단기자본 이동에 대한 방어적 대응이며 1990년대 말 외환위기가 가져온 쇼크의 결과"라고 언급하였다. 국제금융기구가 투기자본의 흐름을 제대로 규제하려는 노력을 보이지 않는 상황에서 동아시아 국가들은 자구책으로 외환보유액을 증가시켰던 것이다. 이 주장에 따르면, 이러한 원인에 대해 적절하게 대응하지 않는 한 환율의 조정만으로 저축률이 저하될 수는 없는 것이다.[6]

모건스탠리 아시아의 스티븐 로치 회장도 동일한 맥락에서 버냉키 의장의 논리를 비판하였다. "버냉키 의장은 거품을 자주 일으키는 미국경제의 특성에 면죄부를 주려고 아시아의 잉여저축을 비난하는 '세계적 저축과잉' 방어논리의 이론적 챔피언이었다. 외국 채권자들의 달러 자산에 대한 수요를 부정할 수 없지만, 미국의 중앙은행이라면 당연히 봉쇄했어야만 하는 미국인의 무모한 행위를 해외대출기관 탓으로 비난하는 것은 어처구니가 없다. 아시아의 잉여저축자들은 주택거품을 일으키고 소비할 수 있게 자금을 제공한 미국의 무책임한 기호와 전혀 관계가 없다. 버냉키 의장의 과잉저축론은 거울을 보지 않고 타인에게 책임을 돌림으로써 미국의 경제위기 책임을 부정하는 논리의 핵심에 있다."[7]

세계경제 불균형의 원인논쟁은 미국이 국제정책공조를 더 이상 주도적으로 해나갈 수 없다는 사실을 확인시켜 주고 있다. 미국은 제2차 세계대

---

[6] Zhou Xiaochuan (2009). On Savings Ratio. *Keynote address at the High Level Conference hosted by the Central Bank of Malaysia.* (2009. 2. 10). Kuala Lumpur.

[7] The Case Against Bernanke. (2009. 8. 26). *Financial Times.*

전 후 브레튼우즈 체제를 설립·운영하는 데 핵심적인 역할을 해왔다. 이 체제의 근본적 변형을 가져왔던 1970년 닉슨 대통령의 금태환 중지선언, 1980년대 중반 일본 엔화와 서독의 마르크화를 급격하게 평가절상하도록 강제했던 플라자–루브르합의 등은 미국의 주도로 이루어졌다. 그러나 금융위기로 인해 위상이 실추된 미국은 예전처럼 일방적으로 정책조정의 책임과 비용을 다른 국가들에게 전가하기 어려운 상황이다.[8]

3. 금융위기 이후의 국제질서

1) 미국의 쇠퇴는 일시적인가, 구조적인가

미국의 쇠퇴와 관련해 다양한 분석이 나오고 있다. 냉전시대 양극체제의 한 축이었던 소련, 1980년대 니치베이(Nichibei: 일미) 경제의 중심축으로 부상한 일본이 미국의 패권을 위협할 수 있는 국가로 간주된 바 있었지만, 탈냉전 이후 미국은 단극질서를 성공적으로 유지해왔다. 세계경제에서 미국이 차지하는 비중만 놓고 본다면 미국은 1980년 이후 부침을 거듭해왔다. 세계 GDP 중 미국이 차지하는 비중은 1980년 23.66%에서 1985년 32.70%까지 급상승했지만 1991년 24.92%까지 꺾였다. 하지만 미국은 IT(정보기술)산업 버블이 한창이던 2001년에 32.25%까지 회복한 경험을 갖고 있다. 지난 2008년 말 세계 GDP에서 미국의 GDP가 차지하는 비중

---

8 Yoichi Funabashi (1988). *Managing the Dollar: From the Plaza to the Louvre*. Washington D.C.: Institute for International Economics; C. Randall Henning (1994). *Currencies and Politics in the United States, Germany, and Japan*. Washington D.C.: Institute for International Economics.

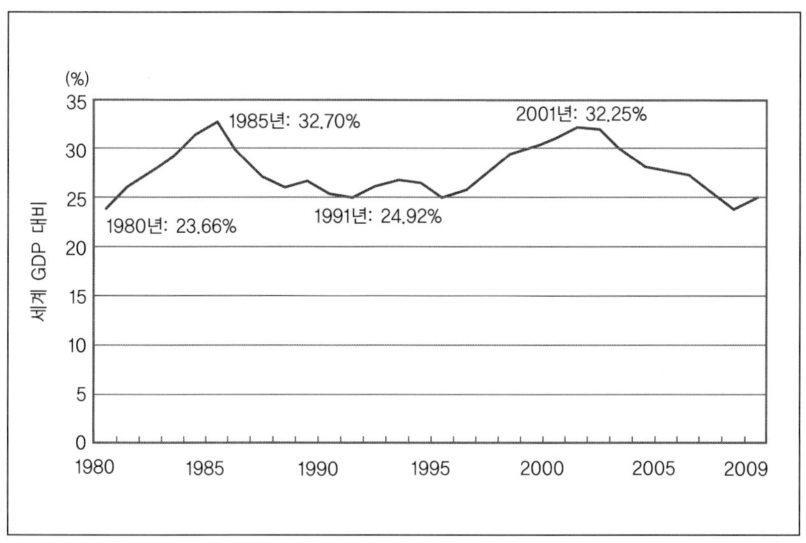

자료: IMF WEO DB (2009.10).

은 23.71%다. 1980년 이후 가장 낮은 수준이다.

이런 역사적 배경을 고려해보았을 때, 이번 미국의 쇠퇴가 국제질서에 미치는 영향에 대해 분석하기 위해서는 먼저 미국의 쇠퇴가 일시적인 현상인지, 아니면 구조적 변환인지를 평가해보는 것이 중요하다.

미국의 쇠퇴를 일시적인 현상으로 보는 견해는 이번 금융위기로 경제적 난관에 봉착한 것은 사실이지만, 미국경제가 다시 회복하면 국제질서를 주도하는 패권국가로서 예전과 같은 지도력을 발휘할 것이라 주장한다. 두 가지의 근거가 유력하게 제시된다. 하나는 미국경제가 앞으로도 고성장할 것이라는 논리다. 미국은 세계 최고수준의 고급기술을 가지고 있으며, 노동인구의 노령화 현상도 당분간 문제가 되지 않을 것이다. 다른 하나는 미국에 대항(또는 대체)할 수 있는 국가가 존재하지 않는다는 것이다. 특히 군사적인 측면에서 미국은 압도적인 우위를 차지하고 있다. 미국의 국방비는 전 세계 국방비 총액의 절반 정도이며, 중국은 미국의 1/7 수준에 불과하다.[9]

심지어 이번 위기가 미국의 금융권력을 강화시키는 계기가 되었다는 주장도 있다. 위기 발생 직후 달러화의 가치가 많이 떨어졌지만, 미국 정부와 기업들은 낮은 이자율을 가진 채권을 발행하여 자금을 조달할 수 있었다. 또한 개발도상국들에서 안전자산인 달러화에 대한 수요가 꾸준히 증가하였다는 점도 무시할 수 없다는 것이다.[10]

이러한 주장에 대해 미국 쇠퇴론자들은 이번 금융위기를 영미식 자본주의의 필연적 결과로 보고 있다. 따라서 미국경제가 회복되더라도 영미식 자본주의의 상대적 쇠퇴는 불가피하다는 것이다. 특히 중요한 것은 안보와 경제라는 두 가지 영역에서 중국은 과거 소련이나 일본과는 다르다는 점이다. 군사대국이지만 경제난쟁이였던 소련이나 경제적 거인이었지만 군사외교 문제에서 방관자였던 일본과 중국은 구분해야 한다는 시각이다. 1980년대 미국의 경제적 패권을 위협했던 일본이나 독일과 달리, 중국은 미국에 군사력을 의존하지 않고 있다. 경제적인 차원에서 중국의 주변국가들에게 중국이 위협보다는 기회로 인식되고 있다는 점도 주목할 만하다. 주변국의 경제성장을 위해 중국과의 관계가 긴요한 것으로 믿는 사람

---

9 Joffe, Josef (2009). The Default Power: The False Prophecy of American Decline, *Foreign Affairs*, Vol.88(No.4).

10 Hausmann, Ricardo (2009. 12. 16). The Crisis Gives America New Financial Power. *Financial Times*.

이나 기업이 많아졌다.

비우량 주택담보대출 위기는 미국이 가지고 있는 여러 가지 구조적 문제점들을 노출시켰다. 결국 금융위기는 미국 중심 일극체제의 경제적 기반을 침식시켜 미국의 국제적 지도력을 약화시켰다. 반면 중국은 미국에 대항할 수 있는 재원과 이념을 마련해나가고 있다는 사실을 확인시켜 주었다. 이런 맥락에서 금융위기의 국제적 결과는 미국의 쇠퇴와 중국의 부상이라고 요약될 수 있다.[11]

2) 미국 쇠퇴 이후 국제정책공조의 모습

미국 중심의 일극체제가 쇠퇴한다는 것은 향후 국제질서가 양극체제 또는 다극체제로 진환된다는 것을 밀한다.[12] 다극체세 하의 국세정책협소는 크게 두 가지의 모습을 띨 수 있을 것으로 전망된다. 먼저 미국이 브레튼 우즈 체제의 붕괴 이후 유지해왔던 G8을 통한 국제정책공조의 강화이다. 영미식, 유럽식, 일본식 자본주의 사이의 경쟁이 존재하지만, 러시아를 제외한 모든 G8 국가들은 자본주의와 시장경제를 지향한다는 공통점이 있다. 따라서 G8은 국제질서의 근본적인 변환보다는 부분적 개혁을 선호한다. 하지만 1990년대 이후 개방개혁정책을 통해 신흥시장국가들이 성장하면서, G8의 비중과 위상은 점점 줄어드는 추세에 있다. 특히 이번 금융위기 이후 G8의 이념적 기반인 신자유주의에 대한 비판이 고조되고 있다.

---

11 Klein, Lawrence R. (2009). Measurement of a Shift in the World's Center of Economic Gravity. *Journal of Policy Modeling*, Vol.31.

12 National Intelligence Council. (2008). *Global Trends 2025: A Transformed World*. National Intelligence Council.

반면 G8에 주요 신흥시장국들이 참여한 G20은 세계경제의 85% 이상, 세계인구의 거의 65%를 차지하고 있다는 점에서 훨씬 더 포괄적이다. 또한 금융위기의 피해를 비교적 덜 받아 세계경제의 견인차로 인식되기 시작하면서, 향후 국제정책공조기구로서 G20에 대한 기대가 커지고 있다. 하지만 G20 또한 신속하고 효율적인 의사결정을 통해 영향력을 발휘하는 모습을 보여주지는 못하고 있다.

때문에 G8이나 G20로 대표되는 다극체제보다는 미국과 중국을 축으로 하는 양극체제를 주목해야 한다는 시각이 힘을 얻고 있다. 경제나 군사적 측면 모두에서 중국은 아직까지 미국에 정면으로 도전할 만큼 강력하지 않지만, 그 격차가 줄어들고 있다. 이 점과 관련해 미중 전략 및 경제대화는 G2(또는 Chimerica)의 존재를 대외적으로 알리는 결정적 계기였다.

G2, G8, G20 사이에는 차이가 있다. G8은 미국이 서방 선진 6개국과 정책공조를 통해 브레튼우즈 체제에서 발전된 자유주의적인 경제질서를 유지해나간다는 점에서 현상유지적이다. G20은 미국 중심의 브레튼우즈 체제를 바탕으로 세계경제에서 그 비중을 점증시키고 있는 신흥경제국가들을 포함하고 있다. 신흥경제국가들 중에는 권위주의적 정치체제와 정부가 경제에 직접적인 개입을 하는 국가자본주의를 지향하는 국가들이 있기 때문에, 이 체제 하에서는 협조와 대결이 공존하게 된다. 이에 비해 G2는 미국과 중국이 냉전체제 하의 미국과 소련과 같이 양극체제를 형성한다. 경제적 상호의존의 증가 때문에 양국 사이의 협조 필요성이 점증하는 것은 사실이지만, 인권, 군비증강, 대만 문제 등과 같은 민감한 문제를 둘러싸고 양국은 갈등을 보여주고 있다.

| 표 4-1 | 미국과 중국의 경제규모와 인구 비교

(단위: %)

	세계 GDP 대비			세계인구 대비		
	1990	1997	2008	1990	1997	2008
미국	25.43	27.48	23.50	4.99	4.74	4.58
중국	1.71	3.15	7.25	22.81	21.48	19.95

자료: IMF WEO DB (2009.4).

4. 미중 관계의 변화: 비대칭적 상호의존

그렇다면 양극체제나 혹은 겉으로는 다극체제의 모습을 보이지만 실질적으로는 그 다극체제를 규정힐 미국과 중국 간의 관계가 어떤 식으로 형성될까? 이를 위해서는, 첫째 향후 추세를 전망하는 동태적 분석이 있어야 한다. 현재와 미래를 동시에 고려하지 않으면 미국의 쇠퇴와 중국의 부상이 일시적 현상인지, 아니면 구조적 변화인지를 엄밀하게 평가할 수 없다.[13] 둘째, 안보-경제 관계의 복잡성에 대한 고려가 필요하다. 경제력은 군사력으로 곧바로 전환되지 않는다. 또한 경제력은 다양한 방식으로 활용된다.[14] 경제대국인 독일과 일본은 탈냉전 이후에도 미국에 안보를 의존하고 있다. 하지만 중국은 독자적으로 핵무기를 개발·보유했다는 점에서 일본이나 독일과는 다르다. 그럼에도 불구하고 경제적 부상이 군사력 강화로 직결되어, 중국 인민해방군이 세계경찰로 활동하는 미군에 비견될

---

[13] Beeson, Mark (2009). Hegemonic Transition in East Asia? The Dynamics of Chinese and American Power. *Review of International Studies*, Vol. 35, Issue 01; Breslin, Shaun (2009). Understanding China's Regional Rise: Interpretations, Identities and Implications. *International Affairs*, Vol.85(No.4).

만큼의 전략을 단시일 내에 갖추기는 어려울 것이다. 반대로 미국이 해외 국가들에 의존한 대외부채는 미국의 안보를 취약하게 만드는 요소로 작동할 가능성도 있다. 달러화를 보유하고 있는 국가들은 비상시 투매를 통해 미국경제의 불안정성을 증가시킬 수 있다. 또한 재정적자는 막대한 비용이 드는 대규모 군사작전을 제한한다.[15]

셋째, 양자 사이에 존재하는 상호의존의 성격을 고려해야 한다. 분야별로 평가해보면 무역, 외환, 환율 등에서 중국은 미국을 압박할 수 있지만, 경제, 금융, 군사 등에서 중국이 미국의 우위에 설 가능성은 당분간은 높지 않다. 상황에 따라 양국의 입장도 변화했다. 중국을 보호주의라고 비판했던 미국은 금융위기 이후 중국으로부터 동일한 비판에 직면해 있다. 외환정책에서도 미국이 중국을 압박했지만, 이제는 중국의 협조를 구할 수밖에 없는 처지가 되었다.[16]

본 연구는 이러한 점들을 염두에 두면서 양국 간 경성권력(hard power)과 연성권력(soft power)을 비교한다. 패권은 물질적인 힘과 함께 이념적인 정당성을 동시에 요구한다. 경성권력만으로 이루어지는 국제관계는 거의 없다.[17] 이 때문에 중국이 미국을 대신해서 국제질서의 중심이 되어야 하

---

[14] Kirshner, Jonathan (1995). *Currency and Coercion.* Princeton: Princeton University Press; Andrews, David. ed. (2006). *International Monetary Power.* Ithaca: Cornell University Press; Steil, Benn and Robert E. Litan (2006). *Financial Statecraft: The Role of Financial Markets in American Foreign Policy.* New Haven: Yale University Press.

[15] Posen, Adam S. (2009). National Security Risks from Accumulation of Foreign Debt. In Bergsten, C. Fred. (Eds.), *The Long-Term International Economic Position of the United States.* Washington D.C.: Institute for International Economics.

[16] Wang, Yizhou (2009). Transition of China's Diplomacy and Foreign Relations, *China & World Economy*, Vol.17(No.3); Sun, Xuefeng (2006). The Efficiency of China's Policy towards the United States. *Chinese Journal of International Politics*, Summer, Vol. 1(No.1).

는 납득할 만한 논리와 근거를 제공할 역량이 되는지를 살펴볼 필요가 있다. 실제로 중국은 미국의 사례를 참고하여 군사력과 경제력을 포함하는 경성권력뿐만 아니라 공공외교 및 원조 등을 포괄하는 연성권력을 적극적으로 추구하고 있다.[18]

1) 경성권력

(1) 경제

경제적 차원에서 중국의 상승세는 누구도 부정하기 어렵다. 중국은 이미 명목 GDP 세계 3위(구매력 기준 세계 2위), 교역액 세계 2위, 외환보유액 세계 1위 등 미국과 비견될 수 있는 경제대국으로 부상하였다. 중국의 기세는 여러 가지 측면에서 확인할 수 있다. 우선 중국은 세계의 공장으로 군림해온 미국과 격차를 계속 줄여나가고 있다. 2007년 기준으로 세계 제조업 생산 비중을 보면 미국은 20%, 중국은 12%를 차지했는데, 현재와 같은 추세가 계속 유지될 경우 2016년이나 2017년에 중국이 미국을 추월할 것으로 예상된다.[19]

중국경제가 현재와 같은 속도로 증가할 경우 2030년에는 미국을 능가할 것이라는 전망이 나오는 것은 우연이 아니다. 경제사학자 매디슨의 추정에 따르면, 세계총생산에서 미국이 차지하는 비중은 1950년 27.3%에서 2030년

---

[17] Nye, Joseph (2004). *Soft Power: the Means to Success in World Politics.* New York: Public Affairs.

[18] Nye, Joseph (2005. 12. 29). The Rise of China's Soft Power. *Wall Street Journal*; Cho, Young Nam & Joung Ho Jeong (2008). China's Soft Power: Discussions, Resources, and Prospects. *Asian Survey*, Vol.48(No.3).

17.3%로 줄어드는 반면, 중국은 같은 기간 동안에 4.6%에서 23.8%로 성장한다.[20] 물론 중국경제가 현재와 같은 속도로 성장한다는 보장은 없다. 경제발전에 부정적인 영향을 미칠 요소들도 많다. 단기적으로는 중국도 미국과 유사하게 경기과열로 인한 인플레이션의 위험이 존재하며 금융 부문에 존재하는 부실자산도 완전하게 해결되지 않은 상태이다. 중장기적으로는 지역적 및 계층적 불평등의 심화로 인한 사회불안정, 부패, 인구노령화, 환경오염 피해 등이 경제성장률을 낮추는 요인으로 작용할 수 있다.[21]

(2) 군사

2000년대 중국과 1980년대 일본과 독일의 근본적 차이는 군사력에 있다. 미국과 소련의 군사적 대립이 격화되었던 당시 일본과 독일은 국가안보를 미국과의 군사동맹에 의지하고 있었다. 소련의 핵공격에 대한 방어를 위해 미국은 이들 국가들에 핵우산을 제공했고, 이러한 군사적 의존이 미국의 압력에 취약하게 했다. 일본 엔화와 독일 마르크화의 급격한 평가절상이 결정되었던 1985년 플라자합의 뒤에는 미국의 외교적 압력이 존재했다.[22]

물론 중국을 미국에 필적할 수 있는 군사대국이라고 보기엔 어려운 측면도 있다. 현대전에서 가장 중요한 무기체계인 전략핵무기 및 운반체계, 핵추진 항공모함 및 잠수함을 고려할 때 중국은 러시아보다도 더욱 열등

---

19 Aeppel, Timothy (2009. 8. 3). China's gains in manufacturing stir friction across the pacific. *Wall Street Journal*.

20 Maddison, Angus (2008). The West and the Rest in the World Economy: 1000–2030. *World Economics*. Vol.9(No.4).

21 Wu, Friedrich (2006). What Could Brake China's Rapid Ascent in the World Economy. *World Economics*. Vol.7(No.3).

한 위치에 있다고 할 수 있다. 그럼에도 불구하고 미국의 입장에서 러시아보다 중국이 더 위협적인 이유는 러시아는 경제적으로 취약하기 때문이다. 러시아경제는 석유 및 천연가스에 대한 의존도가 너무 높다. 석유 및 가스 가격의 변화에 따라 러시아경제는 호황과 불황을 반복하는 양상을 보여주었다. 반면 중국은 안보와 경제의 불균형이 심하지 않다. 중국은 급속히 성장한 경제력을 활용하여 군비현대화를 적극적으로 추진해왔다.

미국과 중국의 군사비지출을 비교해보면, 아직도 큰 격차가 있다는 사실을 알 수 있다. 2008년 기준으로 중국은 미국의 1/10 수준의 군사비를 지출하고 있다. 미국은 세계 군사비의 41.5%를 차지하고 있는 반면 중국은 5.8%에 불과하다. 그러나 이러한 통계가 정확한 실상을 반영한다고 보기는 어렵다. 중국의 국방비에 대해서는 여러 가지 견해가 존재한다. 중국 정부의 공식통계에는 연구개발, 전략 및 준군사 조직, 해외무기 획득 등이 포함되어 있지 않다. 따라서 통계를 집계하는 기관마다 차이가 있는데, 미 국방성의 통계에 의하면 중국의 실제 국방비는 중국 정부의 공식통계에 나타난 것보다 두 배 이상 높다. 한편 스톡홀름평화연구소(SIPRI)와 국제전략문제연구소(IISS)의 구매력(Purchasing Power Parity) 기준으로 평가할 경우, 공식통계의 네 배에서 여섯 배까지 차이가 벌어진다.[23]

군사비의 증가추세도 주목해야 할 대목이다. 1999년에서 2008년 사이 미국의 군사비는 66.5% 증가한 반면, 중국은 194%까지 급증하였다. 부시 대통령이 '테러와의 전쟁' 을 수행하기 위해 군비를 대폭 확대시켰다는 점

---

22 Yoichi Funabashi (1988). *Managing the Dollar: From the Plaza to the Louvre*. Washington D.C.: Institute for International Economics; C. Randall Henning (1994). *Currencies and Politics in the United States, Germany, and Japan*. Washington D.C.: Institute for International Economics.

을 고려할 때, 중국의 군사비 증가추세는 다른 국가들이 따라갈 수 없는 급속한 증가추세라고 할 수 있다. 더 나아가 중국의 군사비 부담은 아직 국내총생산의 2%이기 때문에, 재정적자로 인해 예산제약을 받고 있는 미국에 비해 향후 확대할 여유가 충분하다고 할 수 있다.

2) 연성권력

(1) 베이징합의

중국은 미국식 발전모델인 워싱턴합의(Washington Consensus)에 대한 대안으로 베이징합의(Beijing Consensus)를 제시하였다. 사실 이 개념은 중국 정부가 아니라 골드만삭스의 자문역과 중국 칭화(淸華)대학 교수를 겸직하고 있는 조슈아 쿠퍼 라모(Joshua Cooper Ramo)가 정리한 것이다. 그 주요 원칙은 세 가지다. 첫째, 점진적·단계적 경제개혁이다. IMF가 구소련에 권고했던 급진주의적 개혁와 달리 중국은 정부 주도의 점진적·단계적 경제개혁을 추진했다. 둘째, 경제 및 사회발전에서 효율성과 평등을 동시에 추구한다. 도시와 농촌, 연해와 내륙, 경제와 사회, 인간과 자연 사이의 조화와 균형을 추구한다는 원칙이다. 셋째, 화평굴기(和平崛起)의 대외정책이다. 각 국가와의 평화로운 대외관계 발전을 도모하기 위해서 타국 주권을 존중하며 내정에 간섭하지 않는다.[24]

베이징합의는 워싱턴합의와 여러 가지 측면에서 차이가 있다. 워싱턴합의는 정치-경제 / 국내-국제를 연계하여 단일한 발전모델을 제시하는 반

---

23 Bergsten, C. Fred, Charles Freeman, Nicholas R. Lardy & Derek J. Mitchell (2008). *China's Rise: Challenges and Opportunities*, pp.192-200. Washington D.C.: IIE.

면, 베이징합의는 양자를 구분하여 다양한 발전모델의 가능성을 내포한다. 워싱턴합의는 모든 국가가 인권을 존중하는 자유민주주의와 시장 메커니즘에 의해 움직이는 자본주의를 따라야 한다는 암묵적 가정에 기반을 두고 있다. 그러나 베이징합의는 다양한 상황에 따라 다양한 조합이 가능하다는 전제하에서 각국은 자국의 실정에 맞는 정치경제제도를 독자적으로 추구해야 한다고 주장한다.

베이징합의의 국제적 전파를 위해 중국은 국제경제기구 전반의 재편을 요구하고 있다. 중국은 IMF와 세계은행의 지분조정을 요구하고 있으며, 고위직에 중국 관료를 진출시키려는 노력을 하고 있다. 2008년 2월 저스틴 린이푸(林毅夫)를 세계은행 부총재로 취임시켰고, 주민(朱民) 중국은행 전 부행장을 IMF 부총재로 밀기 위한 사전조치로 중앙은행 부총재로 임명히였다.

(2) 공공외교와 국가이미지

중국은 교육 및 문화교류를 포함하는 공공외교를 적극적으로 추진하고 있다. 이 정책의 목적은 중국의 부상이 위협이 아니라 기회라는 인식을 국제적으로 확산시키는 것이다. 이를 위해 중국 정부는 2004년부터 영국문화원(British Council)이나 독일문화원(Goethe Institute)과 유사한 공자학원(孔子學院: Confucius Institute)을 설립하였다. 공자학원의 주요 활동은 중국어 교육과 중국 문화 소개다. 공자학원은 주로 주요 고등교육기관들과 제휴하고 있다. 2004년 4월 서울에 처음 설립된 공자학원은 2009년 4월에는 81개국에 326개로 빠르게 확대되었다.[25]

---

24 Ramo, Joshua Cooper (2004). *Beijing Consensus*. London: Foreign Policy Centre.

이러한 중국의 공공외교정책은 미국의 사례를 참조한 것으로 보인다. 미국은 제2차 세계대전이 한창이던 1942년 미국의 소리(Voice of America) 방송을 시작했고, 1948년에는 미국의 정보 및 교육 교환법을 제정하여 지식인과 문화인의 교류를 적극적으로 지원하였다. 냉전의 종식으로 공공외교의 효용성에 대한 회의론이 제기되어 미 정보청(US Information Agency) 내 예술미국부가 1999년 폐지되었으나, 9·11 테러 이후 미국에 대한 우호적인 여론을 조성하기 위해 부시 대통령은 최측근인 카렌 휴즈(Karen Hughes)를 국무부 공공외교 담당 차관에 임명하는 등 이 부분을 중시하고 있다.

(3) 대외원조

제2차 세계대전 후 유럽의 부흥을 돕기 위해 만들어진 마샬 플랜 이후 대외원조는 미국 외교정책의 중요한 수단이었다. 냉전 기간 중에는 소련과 중국의 영향력 확대를 막기 위해 동남아시아 국가들과 내전으로 피폐해진 아프리카 국가들에, 탈냉전시대에는 지역분쟁의 중재를 위해 중동지역 국가들과 테러와의 전쟁에 참여하는 국가들에 미국의 원조가 제공되었다.

미국의 원조규모는 세계 최대이지만, 경제력에 비해서는 아주 작은 규모라고 할 수 있다. 냉전의 종식과 재정적자는 원조예산을 축소하게 된 주요한 원인이었다. 이라크와 아프가니스탄 등 직접적·군사적 개입을 하는 국가들에 대한 원조가 늘긴 했지만, 비군사원조는 2004년 이후 조금씩 줄

---

25 http://www.confuciusinstitute.net/ky_zh/ky_info.html

어들었다. 미국의 원조금액은 지난 5년 연평균 약 250억 달러이다. 피지원국에서 지원국으로 탈바꿈한 중국의 대외원조금액은 대략 15~20억 달러 사이로 추정된다. 여기에는 정부와 정부가 보증하는 국영기업에서 제공하는 대출과 투자가 포함되어 있다. 그 이유는 대외원조 방식이 무이자대출, 채무면제, 산업시설 (특히 에너지) 투자 등으로 다양하기 때문이다.

대외원조 경쟁에서 중국이 미국과 다른 것은 중국은 미국과 달리 원조에 내정간섭 또는 주권침해로 비춰질 수 있는 조건, 예를 들면 민주개혁, 시장개방, 환경보호, 노동권 강화 등을 달지 않는다. 이 때문에 피지원국은 민감한 문제들에 대한 국내정치적 반발을 우려할 필요가 없다. 또한 사회간접시설의 건설에 중국 수출입은행의 대출과 중국 회사들의 시공을 통해 직접 참여함으로써 중국의 국가이미지를 제고시키고 있다.[26]

5. 맺음말: 한국에 주는 함의

미국 주도 질서가 양극 또는 다극체제로 전환한다는 것은 경제적인 의미뿐 아니라 비경제적인 결과도 초래하게 된다. 무엇보다 한반도를 둘러싼 동아시아의 세력균형에 큰 변화가 예상된다. 무엇보다 중국의 부상은 한국의 국가안보와 경제발전의 대외여건을 제공했던 한·미·일 삼각협력체제를 침식시키고 있다. 가령 북한 핵 문제를 해결하는 과정에서 북한에 상당한

---

26 Lum, Thomas. eds. (2008). Comparing Global Influence: China's and U.S. Diplomacy, Foreign Aid, Trade, and Investment in the Developing World. *Congressional Research Service*, pp. 29-34.

영향력을 행사할 수 있는 중국의 협조는 필수적이다. 또한 우리나라는 최대 무역상대국인 중국과 교역을 통해 지속적인 무역흑자를 기록하고 있다.

때문에 중국과의 관계가 진전됨에도 불구하고 한반도의 전략적 안정에 가장 큰 기여를 하는 군사동맹국 미국과의 관계가 소원하게 되어서는 안 될 것이다. 또한 자유민주주의와 자본주의를 지향하는 우리나라가 중국식 발전모델을 선택할 수도 없다. 그렇다면 미국과 중국의 갈등은 한국이 운신할 수 있는 폭을 매우 좁힐 것으로 예상되고, 때문에 양국(미국과 중국) 관계가 안정적으로 관리될 수 있도록 향후 글로벌 거버넌스의 의제선정과 논의 과정에서 주의해야 할 것이다.

1) 새로운 글로벌 거버넌스의 등장과 중국의 역할

2007년 미국의 비우량 주택담보대출의 부실로부터 출발한 글로벌 금융위기는 글로벌 거버넌스에 커다란 영향을 미치고 있다. 가장 중요한 변화는 탈냉전 이후 국제질서를 주도해왔던 미국의 영향력이 약화되고 있다는 것이다. 한편에서 경기회복 및 의료제도개혁에 집중하고 있는 오바마 행정부는 미국 중심의 국제질서 회복을 능동적으로 추진할 여력을 가지고 있지 않다. 다른 한편으로 부시 대통령의 일방주의적 외교에 불만을 가지고 있던 국가들에게 미국의 경제위기는 미국의 영향력을 약화시킬 수 있는 좋은 기회가 되고 있다. 이런 점들을 고려할 때 하나의 초강대국을 중심으로 하는 일극체제가 계속 유지될 가능성은 적다. 미국 중심의 일극체제를 대신할 글로벌 거버넌스에 대해서는 합의가 존재하지 않는다. 한편에서는 다수의 강대국들이 경쟁하는 다극체제로 이행을 전망하고 있는 반면, 다른 한편에서는 중국이 미국의 패권에 도전할 수 있는 능력을 갖추어

가고 있다고 평가하면서 양극체제의 재등장을 예상하고 있다.

글로벌 거버넌스가 양극체제로 발전해갈 경우에는 물론이고 당분간 G20, 혹은 G8이 중심이 되는 다극체제로 전환된다고 하더라도, 실질적으로 중국이 중요한 역할을 할 것이라는 예상에는 이견이 별로 없다. 동아시아 지역질서에서도 중국의 영향력 증가는 한미 및 미일 동맹을 중심으로 유지되어 온 미국 중심의 지역질서를 침식시킬 수 있다는 점에서 중요하다. 동아시아에는 유럽연합(EU)과 달리 지역협력을 이끌어가는 구심체가 존재하지 않는다. 특히 주요 국가들이 안보와 경제를 함께 논의할 수 있는 기구의 부재가 문제다.

2) 한국의 신택

글로벌 거버넌스에 우리나라가 직접적으로 참여하는 국제기구는 G20이다. 2010년도 G20의 공동의장국으로 우리나라는 정상회담을 서울에서 개최하는 데 성공하였다. 2010년 의장국으로서 우리나라는 G20의 의제선정과 논의에 영향력을 미칠 수 있는 기회를 가지고 있다. 그러나 경제력과 국제적 위상을 고려할 때 우리나라가 주도적인 역할을 할 수 있는 여지가 크다고 보기는 어렵다.

의장국으로서 가장 중요한 역할은 선진국과 신흥시장국가들 사이에 존재하는 이견을 조정하여 합의를 도출하는 것이라 할 것이다. 이 점에 관한한 한국은 G20 내에 존재하는 가장 근본적인 대립구도인 선진국과 신흥시장국 사이를 중재할 수 있는 적임자라 할 것이다. 미국을 위시한 서방국들은 자유민주주의와 자본주의를 동시에 추구하는 반면, 중국이 대표하는 신흥시장국들은 정치체제에 대한 논의를 내정간섭으로 간주하면서 무시하려고 한다. 때문에 경제발전과 민주화를 동시에 이룩한 우리나라의 경험이 신흥시장국들에게 시사하는 바가 클 것이다. 또한 우리나라는 G20의 핵심축인 G2 사이를 중재할 수 있는 유리한 지정학적 위치에 있다. 한국은 중국과 수천 년 이상 교류해왔으며, 1992년 수교 이후에 무역 · 여행 · 유학 등을 통해 더욱 밀접한 관계를 유지하고 있다. 동시에 우리나라는 미국의 군사동맹국으로서 미국의 경세 · 외교정책에 협조해왔다. 특히 한국은 일본과 달리 미국과 중국 양쪽에게 잠재적인 지역패권 도전국으로 간주되고 있지 않다. 또한 우리나라는 양국과 군사안보적인 문제를 협의하는 동북아시아 다자주의 외교의 장인 6자회담에 참여하고 있다.

경제적인 차원에서 미국의 쇠퇴는 외환보유액의 관리방식에도 영향을 주고 있다. 1997년 동아시아 금융위기를 경험하였던 동아시아 국가들은 동일한 실수를 반복하지 않기 위해 외환보유액을 지속적으로 확충해왔다. 지금 이 국가들은 외환보유액에서 달러화의 비중을 줄이려는 노력을 하고 있다. 달러화를 대체할 수 있는 다른 기축통화가 단시일 내에 등장하진 않겠지만, 경기부양을 위한 유동성공급과 재정적자로 미국 달러화의 가치에 대한 부정적 전망이 우세한 한 달러화의 비중은 계속 축소될 수밖에 없을 것이다.

특히 세계 제6위의 외환보유액을 가지고도 일시적인 외화유동성 부족으로 곤란을 겪었던 우리나라는 외환보유액의 관리에 더욱 주의해야 할 것이다. 사실 미 연방준비제도이사회가 통화스왑을 통해 도와주지 않았다면, 제2의 외환위기를 당할 위험도 있었다. 물론 한국이 보유하고 있던 미국채를 팔았을 경우 야기될 수 있는 문제점을 우려해 미국도 한국을 선뜻 도와주었을 것이다.

보호주의의 고조 역시 미국 쇠퇴가 가져온 또 다른 결과라고 할 수 있다. 제2차 세계대전 이후 자유무역질서를 지지해왔던 미국이 자국상품우대(Buy American) 정책을 채택하였다. 미국 의회는 이미 체결된 한미자유무역협정(FTA)의 비준을 지연시키고 있다. 여기에 중국은 국산품애용(Buy Chinese) 정책으로 대응하고 있다. 이 두 국가의 보호주의 무역분쟁은 우리나라의 수출에 큰 타격을 줄 수 있다. 이를 막기 위해서는 세계적 차원에서 자유무역을 옹호하는 노력에 적극적으로 동참하는 것은 물론, 자유무역협정을 지속적으로 확대해나가야 할 것이다. 우리나라의 최대 무역상대국인 중국과의 자유무역협정도 긍정적으로 검토해볼 필요가 있다.

마지막으로 G20 정상회담의 서울 개최는 우리나라의 국제적 위상을 높일 수 있는 기회가 될 수 있다. 먼저 경제개발협력기구 국가들 중에서 가장 빠른 회복세를 보이고 있는 우리나라의 사례는 글로벌금융위기의 성공적 극복을 위한 모범으로 제시될 수 있을 것이다. 가급적이면 우리나라의 실정에 부합하는 의제를 집중적으로 논의할 수 있는 노력도 중요하다. 보호주의를 억제하기 위한 국제적 협력의 도출이라든가, 과도한 국제자본이동에 따른 신흥시장국의 금융시장 불안을 막을 수 있는 제도적 장치의 마련을 위한 노력이 필요하다.

| 개요 |

이번 토론은 미국의 쇠퇴와 중국의 부상에 초점이 맞추어졌다. 금융위기 이후 이러한 글로벌 거버넌스 변화에 대해 토론자들은 대체적으로 동의했지만, 변화속도와 폭에 대해서는 여러 의견이 있었다. 현재 국제질서가 단기적으로 급격하게 변하지 않을 것이라는 전망과 이미 중국을 필두로 한 급격한 헤게모니 변화가 시작되었다는 의견이 맞섰다.

또한 새로운 거버넌스로서 G20과 한국의 역할에 대해 실질적인 기대를 표명한 의견이 개진되었지만, 그 실효성에 대해서는 논쟁이 있었다. G20 등의 국제무대에서는 명분을 획득하고 양자간 협의를 통해 실리를 챙기는 것이 옳다는 견해도 있었다.

국제질서 변화에 따른 우리의 대응으로 한중 FTA 체결에 관한 논의가 중점적으로 전개되었다. 아직은 시기상조라는 신중론과 신속한 체결을 통해 새로운 기회를 잡아야 한다는 주장이 함께 제기되었다.

정구현 오늘은 매우 큰 주제를 다룬다. 그 핵심은 '글로벌 금융위기로 미국의 힘이 약화될 것인가?'라는 질문에 대해 '그렇다'와 '당분간은 전혀 흔들리지 않을 것이다'의 2가지 시각을 검토하는 것이다. 또한 '중국이 경제적 덩치는 커지고 있지만 점점 끓어오르는 내부모순을 극복할 수 있을 것인가? 경제발전을 이끌고 있는 지금의 리더십이 계속 유지될 것인가? 10년 후에도 현재와 같은 경제동력을 유지할 수 있을 것인가?' 등의 이슈도 다룰 것이다.

현정택 미국의 영향력 쇠퇴는 틀림없을 것 같다. 그러나 이 일이 짧은 시간 안에 일어나지는 않을 것이다. 미국의 힘은 오랜 시간에 걸쳐 점차 약화될 것으로 보인다. 중국은 정부와 국민의 특성이 대단히 실용적이다. '사회적 시장주의'라는 것이 논리적 모순인에도 불구하고 신경 쓰지 않고 넘어간다. 실용적이고 유연하다. 계속 그렇게 나갈 것이다. 다만 범퍼는 있을 것이다. 국영기업에 가보면 당 서기가 여전히 존재하면서 핵심적 역할을 하고 있으면서, 동시에 시장경제체제를 도입하면서 임명된 사장도 함께 있다. 이런 체제가 계속될 순 없다. 중국의 은행들이 시가총액기준으로 세계정상급에 올랐다고는 하지만 중국 금융기관이 하는 일은 경리의 역할과 비슷한 수준이다. 높은 수준이라 할 수 없다.

그렇다면 한국의 입장은 과연 어떨 것인가? G2 사이를 조정할 수 있는 입장에 있어 상당히 유리하다고 볼 수 있다. 그것은 확실해 보인다. 이를 더욱 확실하게 만들기 위해서는 빨리 제도화해야 한다. 지금 한중 FTA를 공식적으로 시작해야 한다. 한미, 한중 간 경제통합을 법적으로 가능하게 만들어놓으면 상황이 어떻게 변하든 실질적으로 우리가 중재 역할을 할 수 있을 것이다. 지금 시기를 그냥 넘기면 애매한 위치에 서게 된다.

정구현 지금 말씀하신 것 중 제도화의 필요성은 인정하지만 한중 FTA는 아직 시기상조라고 본다. 중국이 아직 시장경제가 아니기 때문에 함부로 열었다가 우리가 과연 감당할 수 있을지 우려스럽다. 중국기업이 아직은 수익성으로 움직인다고 생각되지 않는다. 그런 점에서 딜레마라고 본다. 비록 미래에 중국의 힘이 강해져서 한국의 협상력이 떨어지더라도 다자간 제도화가 더 좋지 않겠는가. 선불리 FTA를 체결했다가는 감당하지 못하는 상황이 올 수도 있다.

현정택 조금만 더 설명 드리면, 중국과 일본이 모두 참여하는 다자간협약으로서의 한중일 FTA는 현실성이 없다. APEC은 지난 20년 동안 FTA는 고사하고 현실적으로 이룬 것이 하나도 없다. 한중 FTA의 가장 큰 문제는 농산물인데 그 부분만 따로 협상을 하면 된다고 본다. 우리가 현재 중국에 무역을 개방해서 문제될 것은 거의 다 드러났다. 게다가 글로벌 불균형 문제를 해소하려면 중국이 내수시장을 확대할 수밖에 없다. FTA 논의가 나오면 모두들 신중해야 한다고 하는데 신중에 신중을 기하다 보면 기회를 놓치게 된다. 결국 할 수 있는 것이 아무것도 없다. 적어도 오피니언 리더들은 왜 신중해야 되는지 생각해봐야 한다.

이근 한중 FTA는 사실 어려운 문제다. FTA란 것이 기존의 강한 부분을 더욱 강화하는 것이라면 중국 제조업이 따라오는 속도가 빠르기 때문에 늦출수록 우리가 얻을 수 있는 이득이 적어질 가능성이 있다. 또 한중이 직접 하는 것이 부담스러워 다른 나라와 같이 한다면(한·중·일 등) 한국이 설 자리가 없어질 것이다. 한국이 낙동강 오리알 신세가 될 수도 있는 것이 다자간협상의 위험성이다.

중국이 수출에서 내수로 바뀌는 시기가 매우 좋은 기회다. 왜냐하면 한국이 중국을 생산지로 삼아서 재수출한다는 조건으로 원자재를 수입할 때 낸 부가세를 중국 정부로부터 환급받는데, 이제 이 원자재로 만든 제품의 최종기착지가 중국 내수가 된다면 환급이 없어져서 기업들이 어렵게 될 것이다. 이 부분을 한중 FTA가 관세철폐 또는 하락으로 상쇄해주면 가격경쟁력 면에서 큰 도움이 될 수 있다. 이렇게 될 때 한국이 중국 내수시장 전환의 최대수혜자가 될 수 있다. 한국은 이미 중국에 공장을 많이 갖고 있어 준비는 되어 있다. 시간은 자꾸 가는데, 대안 없이 신중한 입장만 취하는 것은 아닌지. 한중 관계에서 시간은 우리 편이 아니다.

정구현 한중 FTA를 서둘러야 한다고 생각하는가?

이근 그렇다. 중국 제조업 발전의 속도가 굉장히 빠르기 때문이다.

또 다른 주제인 헤게모니에 대해 말하자면, 미국의 힘이 약화되는 것이 양적이고 점진적인 변화냐, 그렇지 않다면 현재 질적인 변화가 벌어지고 있는 것인가 따질 필요가 있겠다. 현재의 역관계가 유지된 것은 그간 미국이 적자를 봐도 그것이 그대로 미국으로 돌아와서 문제가 되지 않았기 때문이다. 그런데 글로벌 금융위기로 이 부분의 문제가 드러났다. 사람들이 달러 보유에 대해 주저하고 있다. 미국이 달러 강세를 유지하기 위해 금리를 인상하면 미국 국내경제가 어려워질 것이다. 딜레마다. 우리도 외환보유액 운용에서 달러 표시 자산의 보유량을 낮추고 금이나 SDR의 보유를 늘리는 질적인 변화가 필요하다.

우리에게 최악의 시나리오는 어느 순간 달러가 투매되기 시작하면, 이를 막기 위해 금리를 인상하는 것이다. 이때 동아시아에 들어왔던 단기자금이 빠져나갈 것인데, 그렇게 되면 다시 외환위기를 맞게 될 것이다.

지금 외국자본의 투자형태로 기업투자, 주식투자, 채권투자 등이 있는데 규제받지 않는 투자의 물결도 있다. 과거 외환위기 때 종금사가 규제 밖에 있어서 위기의 원인이 되었는데, 지금 외국계은행의 지점이 규제 밖에 있다. 그런데 우리 정부는 눈치만 보고 아무 조치를 취하지 못하고 있다.

정구현 중요한 이슈를 지적해주셨다. 미국이 금리를 언제 올릴 것이냐. 2010년 9월을 기준으로 봤을 때 그 전이라면 달러 캐리 트레이드 등 상당한 충격이 올 것이다.

좌승희 나는 G20이 부상한 배경을 좀 더 고민해야 된다고 생각한다. 그 이유는 지난 50년 동안 G7이 잘못해서 그런 것이다. 그들은 지금도 깨닫지 못하고 있다. 선진국들이 19세기 말부터 축적한 부를 지난 50년간 다 상실했다. 잠재력이 훼손되고 힘이 빠졌다.

나는 그 근본적인 원인을 2가지라고 본다. 경제적으로는 수정자본주의, 정치적으로는 포퓰리즘 민주주의다. 지난 50년간 자유주의가 한 일은 사회주의를 따라간 것이다. 대부분의 선진국에서 자유주의제도가 사회주의 이념을 받아들였다. 글로벌 금융위기 역시, 이념이 주택금융 문제를 통해 표출된 것이다. 그러나 아무도 이 이야기를 하지 않는다. 민주주의는 불행히도 포퓰리즘적인 성장을 했다. 선진국이 되는 것과 선진국을 유지하는 것은 다른 문제다. 지금 선진국은 이 고민을 덜한 것이라 생각한다.

중국과 미국을 비교할 때 미국의 민주주의가 어떤 방향으로 갈지가 중요하다. 현재 포퓰리즘을 유지할 가능성이 높다고 보인다. 그렇지만 중국은 사실상 민주주의를 하지 않는다. 지역발전은 거점전략이고, 관치를 통한 엄청난 집중전략을 세우는 등 발전전략 자체가 다르다. 그리고 현재 시점에서 파악할 때, 중국은 빠른 시간 안에 민주주의로 선회하지 않을 것으로 보인다. 그렇게 보면 경제력을 쌓는 과정에서는, 중국이 빠른 속도로 미국을 압도할 가능성이 있다.

미국이 글로벌 금융위기에서 무엇을 배웠는지 모르겠다. 외부요인을 이야기하는 것은 지극히 어리석다. 자신들이 뼈를 깎는 노력으로 소비를 줄여야 하는데 지금 그걸 안 하겠다는 것이다. 대신 남들에게 생활패턴을 바꾸라고 한다. 이는 대단히 잘못된 생각이다. 소비와 저축의 문제는 내생변수로 원인을 찾아야 한다. 중국보고 저축을 줄이라고 하는데, 사람이 살면서 어떻게 저축을 하지 않을 수 있겠는가. 더 많이 해야 한다. 우리나라도 요즘 재정을 많이 풀었는데 대단히 위험스런 일이다. 케인즈가 말한 저축의 패러독스는 저축만 하고 쓰지 않는 경우에 해당한다. 투자를 하거나, 제대로 쓰면 더 좋은 일을 할 수 있다.

이 모든 것이 수정자본주의와 관련이 있다. 국민이 저축을 하지 않고 살 수 있는 체제가 지속가능하지 않다는 것이다. 국민은 자기 힘으로 저축을 해서 그것을 베이스로 살아가야 하고, 부족한 부분을 정부가 도와줘야 하는데, 현재 미국은 국민이 저축을 하지 않는 구조다. 미국의 매우 취약한 부분이다.

　G20 의장국으로서 우리가 할 일은 문제를 잘 제시하는 것이다. 서구 선진국이 걸어온 길이 과연 지속가능한 길이냐. 이런 문제를 제기할 수 있어야 문명발전에 기여할 수 있을 것이다.

　결국 이번 위기는 미국 내부에서 온 것이다. 서서히 미국이 약화되면서 중국의 경제력은 급속도로 커지겠지만 중국이 국제적 리더십을 발휘할 수 있을 것인가에 대해선 회의적이다.

　정구현　발제를 보면 미국의 국제원조가 연 250억 달러 수준이다. 최근 중국이 국제원조를 총 5,000억 달러로 늘리는 중국판 마셜플랜을 추진한다는 뉴스를 봤다. 10년에 걸쳐 실행할 경우 연간 미국 대외원조의 2배에 해당된다. 그 목적은 자원 확보, 영향력 확대 등인데 무서운 얘기다.

　박세일　이런 여러 가지 변화 속에서 우리나라가 어떻게 해야 할 것인가에 초점을 맞추어 말씀드리겠다. 세계화를 연구하는 사람들이 의견일치를 본 것 중 하나가 오늘의 문제는 ‘시장의 변화’는 빠른데 ‘제도의 발전’이 더디어서 기존의 제도로서는 변화하는 문제를 못 푼다는 것이다. 기존 기구와 제도 대신 새로운 기구와 제도가 필요하다. 앞으로 글로벌 거버넌스를 재구축할 수 있는 가능성이 높은 핵심적 기구가 G20이라고 본다. G20이 새로운 글로벌 거버넌스를 만드는 데 앞장서면 희망이 있지만, 이 일을 제대로 못 해내면 상당히 어려워질 것이다.

　국제기구의 정당성은 크게 2가지가 있다. 대표성에 기초한 정당성과 효과성에 기초한 정당성이다. IMF나 세계은행은 효과성은 있을지 모르나 대표성이 부족하고 UN은 대표성은 높으나 효과성이 없다.

　G20은 둘 다, 즉 대표성과 효과성을 모두 가질 가능성이 높다. 구성에서 선진국과 후진국이 반반씩 참여하고 있고, 국가의 수장들이 모여 있다.

따라서 거기서 합의하면 대표성도 있고 효과성도 클 수 있다.

문제는 G20은 굉장히 큰 역할을 할 수 있지만 현재 아직 제도화가 되어 있지 않다는 것이다. 그럼에도 불구하고 나는 G20 이외에는 새로운 글로벌 거버넌스를 제대로 만들어낼 가능성이 높은 기구가 없다고 본다. 우리가 의장국이라는 기회를 최대한 활용하여 큰 비전을 갖고 동서양 간의 이해조정자, 그리고 선진국과 후진국 간의 이해조정자의 역할을 과감하게 해낼 필요가 있다고 본다.

오늘의 문제는 '시장의 변화'는 빠른데 '제도의 발전'이 더디어서 기존의 제도로서는 변화하는 문제를 못 푼다는 것이다. 새로운 기구와 제도가 필요하다. 앞으로 글로벌 거버넌스를 재구축할 수 있는 가능성이 높은 핵심적 기구가 G20이라고 본다. _ 박세일

중국과 미국의 양자대결 구도에서 우리는 어떻게 해야 하는가? 각각의 나라가 우리에게 갖는 의미가 다르다는 것을 잘 생각해야 한다. 단순하게 강대국 힘겨루기 가운데 우리가 있는 것이 아니라는 것을 알아야 한다. 중국은 영토적 근접성이 높다. 따라서 한국 역사발전에 물리적 개입의 여지가 많다. 역사적으로 동북아에서 단일패권국가가 등장할 때 한반도는 변방이나 식민지가 됐다. 이것이 역사가 주는 교훈이다.

미국의 경우 영토적 접근성이 없고 세계관을 같이하는 동맹성이 있다는 장점도 있지만 동시에 소위 방기(abandonment)의 위험이 있다. 우리는 미국과의 동맹의 힘을 잘 활용해 필요할 때 중국을 견제할 수 있어야 한다. 물론 중국과 친하게 지내는 것이 미국과 친하게 지내는 것과 모순되지는 않지만(반대 경우도 마찬가지) 보다 전략적 사고로 접근할 필요가 있다. 경제적 측면만 봐서는 안 되고 군사·정치적 측면까지 함께 고려해야 한다.

중국의 소프트파워를 말할 때 소위 베이징합의(Beijing Consensus)는 별 내용과 의미가 없다고 본다. 살펴보니 보편화되지 못할 내용이 많으며 다른 나라에 크게 도움이 될 메시지가 없다. 급조된 아이디어로 장기적으로는 유지되지 못할 것이다. 오히려 중국이 유교적 가치를 내세우며 세계를 설득하는 작업이 상당히 우려스럽다. 21세기에 아시아의 시대가 분명히 오는데, '아시아＝중국의 시대＝공자의 시대'가 되는 경우 '한국의 설 자리는 어디인가?'가 문제가 될 것이다. 만일 불교와 유교를 중국이 완전 독점해버리면 한국은 중국문화나 중국사상의 아류나 변방으로 떨어지게 된다. 이것은 사상적·문화적 차원에서 굉장한 도전이다. 한류 차원에서 논의를 끝내서는 안 된다. 중국의 소프트파워전략에 대해 국가전략 차원에서 보다 깊게 천착하고 준비해야 할 필요성이 있다. 내가 관계하는 한반도선진화재단에서 새 정부에 국가전략원을 두라고 건의하였는데 우리 정부가 못하는 사이에 일본의 새 정부가 국가조직개편에서 총리실 안에 '국가전략부'를 두었다. 이제 세계는 외교안보부터 문화까지 국가전략을 종합적으로 고려하지 않으면 안 되는 시대에 접어들었다.

마지막으로 이런 변화 속에서 제 목소리를 내며 살아가려면 반드시 통일 한반도를 달성해야 한다. 현재 시급한 과제는 북한의 체제위기를 한반도 통일로 연결시키느냐 못 하느냐이다. 통일이 되어야 만주 동북 3성(省)도 발전할 수 있게 되고 동북아에 세계에서 가장 역동적인 성장지대가 열리게 된다. 이렇게 되면 서해안은 아시아의 지중해가 될 것이다.

이러한 발전과 평화의 시대를 열려면 통일한국을 전제로 중국, 일본, 한국의 삼국이 서로 정립하는 삼국정립(三國鼎立) 체제가 되어야 한다. 이를 위하여 반드시 한국 주도의 한반도 통일이 되어야 하고, 그 이후의 그림을 가지고 우리가 미국은 물론 중국과 일본을 설득해나가는 적극적인 자세가 필요하다. 그런데 현재 우리 사회에서는 이러한 노력이 부족하다. 국가발전전략을 세계화 속에서 다루기 위해서는 통일전략

이 반드시 들어가야 한다. 글로벌 금융위기 이후 다들 내수를 이야기하는데 통일을 못 하면 내수 문제를 풀지 못한다. 가장 중요한 것은 외부변화 속에서 우리의 국가목표와 전략과 포지셔닝을 정하고 전략을 짜는 것인데 이 부분이 우리가 제일 약한 분야다. 우리나라는 현재 개별전략은 많은데 전체전략이 부족하다. 오늘 매우 중요한 문제제기를 해주셨다.

김동원 '브리디시 디클라인(British Decline. 영국의 쇠퇴)'은 이미 1890년대에 나온 말이다. 이는 제국주의 전쟁 막바지에 영국 지식인들의 화두였다. 그리고 달러 체제로 넘어가는 데 50년이 걸렸다. 지금 미국도 영국처럼 서서히 우아하게 몰락할 수 있을 것인가. 미국이 망하는 데 얼마나 걸릴 것인가. 미국은 그렇게 만만하지 않을 것이다.

현재 위기의 원인인 글로벌 불균형의 골디락스(호황)란 것을 뒤집어 이야기해보면 달러를 찍어 구매력을 창출해서 전 세계가 나눠 먹은 것이다. 돌이켜보면 미국은 제2차 세계대전에서 이겼음에도 불구하고 경제전쟁에서는 패전국인 독일, 일본에게 졌다. 그들은 이것을 어떻게 해결했는가? 1980년대에는 플라자합의를 끌어내 엔고로 해결하고, 1990년대 와서는 자생적으로 IT로 신경제를 일으켰고, 2000년대 서브프라임으로 금융을 이용해 해결했다. 그렇다면 다음에는 무엇을 팔아 해결할 수 있을 것인가?

분명히 다음에는 절제된 패권이 그 자리를 차지할 수밖에 없다. 그렇다

면 미국을 어떻게 절제시킬 것인가. 공조라는 말이 이렇게 많이 쓰인 적이 일찍이 있었던가. 왜 이렇게 남발되는가. 이게 결국 출구전략의 핵심인데 출구를 나가면 답이 없다. 미국을 어떻게 절제시킬 것이며, 그 다음에 세계경제를 어떻게 끌고 갈 것인가. 전능한 패권에서 절제된 패권으로 가는데 G20이 역할을 할 수 있지 않겠는가.

마지막으로 이명박 정부 이후 국지적으로 우리 역할이 거져간다. 동북아에서 중국과 일본 사이에 우리 역할이 있다. 동남아 10개국은 돈이 없어 뭘 할 수가 없고, 10개국을 놓고 중국, 일본이 경쟁하니 중재자로서 우리 역할이 분명히 있다. 복잡해지는 APEC을 정리하는 조정자로서도 우리 역할이 있다.

우리의 목소리가 커지고 위상이 높아지는 것은 분명한데 이걸 보고 국민들이 무슨 생각을 할까. 여기서 먹을 게 뭐가 있지? 이 점에 대해서 정부가 답을 줘야 한다고 생각한다. 국가원수가 잔 들고 사진 찍는 것 말고 국가비전으로서 실익이 과연 있는지? 그것을 만들어내 다극체제 하에서 우리 경제가 한 세대 정도는 더 갈 수 있다는 기반에 대한 확신을 줘야 한다.

정기영 EU가 리스본조약으로 경제적 통합체가 되면 다른 하나의 커다란 극이 될 것으로 보인다. 이런 과정을 보면서 글로벌 금융위기는, 글로벌 거버넌스 관점에서 미국 또는 선진국 위주의 리더십에서 신흥국들이 큰 역할을 하는 시대로 변하는 계기가 되었다고 할 수 있다. 그런 입장에서 중장기적으로 보면 신흥국이 경제위기 이후에 글로벌 거버넌스에 상당한 역할은 차지하겠지만, 과연 선진국을 대체할 수 있겠는가. 그 시간이 얼마나 걸릴지 알 순 없지만 역사에서 보면 (로마의 예 등) 문명국이 쇠퇴하는 데는 상당한 시간이 소요된다.

또 중국이 선진국으로 진입가능한 시간도 의문이다. 상당한 시간이 걸릴 것이다.

신흥국 역할이 커지는 지금, 한국에는 분명히 기회가 많다. UN, APEC, ASEM 등 제1차 세계대전 이후로 최근까지 구축된 체제가 제대로 작동되지 않았다. WTO 등 합의를 법적으로 준수해야 하는 국제기구도 잘 돌아가지 않는다. 따라서 경제적으로 실익을 취하기 위해선 양자(Bilatcral)체제를 선택할 수밖에 없다. 따라서 빠른 시일 내에 해당국과 FTA를 해야 한다.

신흥국을 대변하는 역할에 있어서는 G20이나 APEC에 가서 목소리를 높이고, 때로는 쇼맨십도 필요하지만 이렇게 한다고 해서 경제적 이해관계에 얽힌 문제가 실질적으로 해결되지는 않을 것이다. 지금 시점에서는 실리적인 출구전략으로 양자간의 협정이 더욱 필요하다고 생각한다. _ 정기영

신흥국을 대변하는 역할에 있어서는 G20이나 APEC에 가서 목소리를 높이고, 때로는 쇼맨십도 필요하지만 이렇게 한다고 해서 경제적 이해관계에 얽힌 문제가 실질적으로 해결되지는 않을 것이다. 지금 시점에서는 실리적인 출구전략으로 양자간의 협정이 더욱 필요하다고 생각한다.

이제민 먼저 '킨들버거 딜레마' 로 발제를 시작한 것은 비유가 조금 부적절하지 않았나 생각한다. 현재 세계체제가 전간기(戰間期) 상황까지 갔다고 보기는 어려울 것 같다. 영국의 헤게모니가 피크였던 1870년대 초 이후 40년간 쇠퇴하면서도 1815년 이후로 100여 년간 쌓아놓았던 국제적 인프라가 계속 작동했다. 힘이 떨어지는 와중에도 계속 작동하다가 제1차 세계대전으로 완전히 부서진 것이다. 거기에 비유하자면 앞으로도 전쟁만 없다면 미국이 만들어놓은 인프라가 굉장히 오래갈 가능성이 있다고 본

다. 따라서 전간기 비유는 적절치 않다.

지금 중국은 당시 독일의 상황과 비슷하다. '화평굴기(和平崛起: 평화로운 부상)' 개념은 비스마르크가 정권을 잡은 당시 독일에도 있었다. 비스마르크는 프랑스의 복수를 막고 영국·프랑스 동맹, 프랑스·러시아 동맹을 막기 위해 바깥(국제적으로)을 조용하게 하면서(중부유럽에서 바깥으로는 더 이상 나가지 않는다), 국가사회주의로 내부결속을 다져 20년을 통치했다. 그러다가 결국 빌헬름 2세가 집권하면서 물러났다. 그 후 화평굴기 정책이 깨지면서 제1차 세계대전이 발발한 것이다.

그렇다면 중국은 어떻게 변모할 것인가? 중국이 대만을 흡수하는 단계까지는 절대 미국과 충돌하려 하지 않을 것이다. 그 이후 어떤 변화를 선택할지는 모르지만, 다만 내부결속력을 다지면서 바깥으로 나가지 않도록 미국이나 다른 나라들이 서로 공조해서 중국이 빌헬름 2세 당시의 독일처럼 되지 않도록 도와주는 전략을 선택해야 한다고 생각한다.

그리고 지금 중국이 해외원조에 5000억 달러를 투자한다거나, 나이지리아 등에서 석유채굴권을 확보하고 100억 달러를 주는 행동 등은 이해하기 어렵다. 결국 시장가격 이하로 살 수는 없는 것 아닌가. 나는 이 상황을 새로운 헤게모니 추구로 보지 않는다. 이것은 비효율적이다. 중국이 요령이 없어서 그런 것 같다.

우리가 여기에 따라갈 필요는 없다고 본다.

이근 정기영 소장님 말씀에 부연하면, 우리가 다자간 무대에서 목소리도 내고 쇼맨십도 보이되, 실익은 양자간에서 취하는 것에 동의한다.

한미, 한유럽, 한인도는 이미 진행 중이다. 이제 한중만 하면 끝이다. 더 안 해도 된다. 일본하고는 늦춰도 되고 안 해도 된다. 그러고 나면 한국에 제일 좋은 기회가 온다. 중국과는 해야 한다. 중국은 현재 최대시장이다. 자동차, 핸드폰 등 실제 시장이 미국보다 더 크다. 중국에 무언가를 팔 수 있는 나라는 강대국 빼놓고는 한국밖에 없다. 중국이 아직까지는 한국산을 원하지만 조금 시간이 더 흐르면 그렇지 않다. 시간이 없다. 중국이 내수로 바뀌는 시기가 우리에게는 또 한 번의 기회다.

박세일 FTA를 일본과 할 필요가 없다는 건 어떤 이유인가?

이근 할 필요도 없고, 늦출수록 좋다고 생각한다. 지금 한국은 부품을 국산화하고 있는데, FTA를 하면 국산화가 늦어지거나 불가능해질 수 있다.

박세일 그런데 FTA를 경제전략으로만 보는 건 문제가 있지 않나?

정구현 유럽 사람들은 일본과 FTA를 절대 안 한다고 말한다. 일본시장은 매우 특수해 FTA를 해도 못 들어간다. 경제적으로 보면 별 실리가 없을 것이다. 그러나 비경제적인 고려사항이 있을 수는 있다고 본다.

최흥식 글로벌 금융위기는 미국 네오콘의 지나친 자만심과 경제운영구조 때문에 일어난 것이 아닌가 생각한다. 미국의 생산성이 높다 하지만 제조업은 거의 전멸한 상태이고 남아 있다고 해도 서비스산업 정도다. 결론적으로 경제적·군사적으로 매우 어려운 상황이지만 영향력은 계속 지속될 것이다.

중국의 발전전략이라는 것이 수출지향적 경제전략인데 사이즈가 워낙 크다 보니 좋은 결과를 얻었지만 향후 이 시스템이 계속 유지되겠는가. 중국의 영향력이 커지긴 하겠지만 너무 무게를 둘 필요는 없을 것 같다. 현 시스템 내에서는 미국의 영향력은 계속 유지될 것이다.

너무 어깨에 힘주지 말고 중국을 주시하면서 편안하게 준비해나가면 기회는 올 것이다.

이한구 지금 제일 큰 관심사는 이번 위기가 끝나면 헤게모니가 바뀔 것이냐 하는 것이다. 지금 G20 공동의장국이 대단한 것처럼 말한다. 그런데 정말 그렇게 바뀔 것인가 냉철하게 볼 필요가 있다. 국제질서란 것은 얽히고설켜 있어서 전쟁이 나지 않고는 별로 바뀌지 않는다. 글로벌 금융위기가 끝나면 'G20이 뭐 하러 있느냐'는 식의 얘기가 나올지도 모른다. 위기가 닥쳤을 땐 세계 각국이 서로 공조할 필요성을 느끼지만, 그것은 일시적이다. 화장실 갔다 오면 마음이 달라지듯이 머지않아 그렇게 될 수도 있다. 끼리끼리 뭉치고, 힘 있는 국가가 다 결정할 가능성이 있다. 이 부분을 연구할 필요성이 있다고 본다.

G20에서 한국의 영향력 강화, 동북아 조정능력 발휘 등은 지난 정권부터 계속 등장하고 있는 이슈들이다. 그런데 중재 역할을 해야 한다고 하는데 도대체 무슨 이슈로 중재할 것인지, 누가 리더 역할을 할 것인지, 구체적 논의가 있어야 한다고 본다. 단지 의장 한 번 하고 끝나는 것은 아닐지 걱정이다. 구체적으로 어떤 이슈가 있을 것이며 어떤 조정능력이 필요하고, 우리가 어떤 역할을 할 수 있을 것인지가 너무 막연하다. 구체화가 되어야 행동프로그램이 나오고, 실리도 찾을 수 있을 것이다.

동북아 논의도 똑같다. 중심국가 논의는 굉장히 오래된 것인데 아직도 무슨 중심인지 모르겠다. 우리 사회가 변하고 정책이 실질적으로 열매를 맺게 하려면 구체적으로 접근해야 한다.

또한 삼성경제연구소에서 연구를 해줬으면 하는 게 있다. 2010년 11월 한국에서 G20 정상회의가 열릴 때 우리는 과연 뭘 갖고 할 것인가이다. 6월의 캐나다 회의 때와 비교해서 차별화할 수 있는 이슈는 무엇일까? 중국과 미국 간 파워게임이 있는지, 협력체제를 만들 것인지 등 전망도 따로

해야 한다. 지금 논의에는 2010년 이
야기, 5~10년 후 이야기가 마구 섞여
있어 너무 복잡하다.

그리고 새로운 글로벌 스탠더드를
논의할 때, 우리에게 유리하게 하려면
어떤 분야를 어떻게 설정하면 좋겠는

가 하는 부분도 고민할 필요가 있을 것이다. 산업계, 문화계 등 각 분야별
로 해야 한다.

박세일 세계금융질서를 이대로 둔다면 언제 올지, 어디서 시작될지는
모르지만 금융위기는 반드시 다시 온다고 생각한다. 세계금융 부분에서
대대적인 질서개편을 하지 않으면 제2, 제3의 금융위기는 지속적으로 나
타나고 그 강도 역시 훨씬 파괴적일 것이다. 글로벌 금융질서를 확실히 고
쳐야 하는데 나는 G20에 그것을 기대한다. G20이 새로운 질서를 만들어
주는 데 앞장서기를 바란다.

앞으로 세계의 시장경제 시스템이 생존하기 위해서는 경제의 효율성을
상당히 포기할 각오를 하고 금융의 안정성을 높여야 한다. 현재의 세계금
융의 불안정성을 그대로 두면 앞으로 반드시 민주주의에 실패하는 나라가
속출할 것이다. 월스트리트 이해관계의 연장선상에서 조금씩 손보면서 고
치면 안 된다. 철저하게 구조적으로 고쳐야 한다. 적당히 하면 또 위기가
온다. 이 일을 할 수 있는 가능성이 있는 조직은 그나마 G20밖에 없다고
본다. IMF에게도, 세계은행에게도 못 맡긴다. 그 점을 깊이 인식해야 한
다. 이 시기에 우리에게 어렵지만 좋은 기회가 왔으니, 이를 최대한 활용
하고 우리의 역할을 하면서, 우리에게도 좋고 세계시장경제 시스템도 지

킬 수 있는 길을 찾아야 한다. G20 문제를 국내의 정치적 이슈로 이용하지 말고 좀 더 크게 보아야 한다.

김장호 EU에 가보니 국경이 거의 없어졌다. 내부에서 어떤 리더십이 등장할지 모르지만 미국 못지않은 통합경제 시스템이 될 것 같다. 지금도 EU를 합하면 미국보다 크다. 주시해서 봐야 한다.

인도도 잠재력이 있다. 인구증가율이 중국을 능가하고 있으며 2020년에는 중국의 인구를 능가할 것이라고 한다. 인도는 계속해서 성장하는 단계다.

이런 생각을 해본다. 말은 공조인데 과연 국제질서라는 게 어떻게 만들어지는가. 결국은 국가이익을 우선적으로 고려하는 것이다. 글로벌 금융위기를 통해서 누가 이익을 제일 많이 봤는지 따져봐야 한다.

경제위기는 미국에서 발생했지만 미국이 제일 손해를 보았는가? 미국은 별로 안 본 것 같고, 오히려 신흥시장국들이 더 큰 손해를 본 것 같다.

미국이 옛날만큼 힘을 발휘하지는 못하지만 아직은 압도적이다. 지금 질서를 바꾸더라도 자신들이 유리한 쪽으로 바꿔나가지, 인류의 보편적 질서를 고민하면서 하지는 않을 것이다.

이원덕 미국의 우위는 상당히 갈 것이라고 본다. 부자는 망해도 3대는 간다고 했다. 간단하게 끝날 것 같지는 않다. 그러나 이 시스템이 그대로 갈 것인가. 이게 더 관심사라고 본다. 미국의 지배적 시스템이 어떻게 변할 것인가. 또 우리에게 어떤 영향을 미칠 것인가.

미국 시스템이 EU 시스템으로부터 과거보다 더 영향을 많이 받아 사회적 이슈나 인간적 관점이 접목되고, 중국과 인도의 아시아적 가치, 유교적 가치가 글로벌 시스템에 접목될 것이다. 어떤 나라가 지배적인가보다는 시스템이 어떻게 변하는가가 중요하다.

글로번 거버넌스가 결정적으로 영향을 미치는 것은 전쟁 같은 제한적 상황 외엔 없다고 생각한다.

류우익 한중 FTA에 대한 의견 잘 들었다. 김중수 OECD 대사(현 한국은행 총재)를 만나 들었는데 OECD에서도 생각보다 G2 논의가 많이 되고 있다고 한다. 좀 과하다 싶을 정도로 중국이 영향력 확대를 위해 노력하는 것이 피부로 느껴진다고 한다.

브리티시 디클라인의 경우를 보자. 종갓집이 서서히 망해가고 있는데 주변에서도 그 집이 망하는지조차 잘 모르다가 어느 날 망해 있는 것을 알게 되었다. 종갓집이 망하면 누가 그것을 대체할 것인가가 궁금하지만, 예전 종갓집의 형태로 종갓집을 대체하는 경우는 없다. 전혀 다른 시스템이 이것을 대체한다.

(국가원수 간에) 파티하고 사진을 자꾸 찍으면 뭐 하냐는 비판에 대해 나는 생각이 좀 다르다. 그래도 파티는 해야 한다. 공허하고 돈만 쓰고 남는 것이 없다고 하지만 파티에서 무엇인가는 이루어진다. 하지만 파티에 안 끼면 아무것도 안 이루어진다.

중국이 당분간은 (그 다음은 어떻게 될지 모르지만) 폭발적으로 성장하고, 영향력도 확대하고, 문제도 많이 일으키며 세를 과시할 것이다. 미국과 EU 모두 강하지만 우리에게 각별한 것은 단연 중국이다. 바로 옆에 있고

과거 5000년 동안 우리에게 빅브라더 역할을 해왔다. 우리에게 중국의 영
향력 확대의 의미는 미국, EU의 그것과는 다르다고 본다.

제5장

국제통화 경쟁: 달러인가, 유로인가?

토론일 · 2009년 7월 20일

발제 | 은철수 (조지아공과대학교 석좌교수)

1. 국제외환시장의 중요한 특징

세계화와 더불어 국제외환시장은 일평균 3.1조 달러 규모로 세계에서 가장 큰 자본시장이 되었다. 국제결제은행(BIS)에 따르면 세계 주요 도시별로 런던 34%, 뉴욕 17%, 도쿄 6%, 싱가포르 6%, 취리히 6%, 홍콩 4%, 시드니 4%의 외환거래가 이뤄지고 있다.

최근 글로벌 금융위기로 인해 국제외환시장이 흔들리고 있다. 오랜 기간 동안 기축통화 역할을 해온 미국의 달러화가 위기를 맞고 있기 때문이다. 달러화가 약세로 돌아서고 유로화의 강세가 뚜렷해지면서 기축통화를 둘러싼 논란으로 이어지고 있다. 이번 금융위기가 발발하기 10년 전인 1999년 1월, 유럽연합 국가들 중 11개 국가들은 자발적으로 그들의 통화 주권(monetary sovereignty)을 포기하고 유로화를 자국통화로 받아들였다. 이후 5개 국가가 유로화를 자국통화로 채택해 현재 약 3억 2,000만 명의 유럽인들이 유로화를 사용하고 있다. 유로화를 사용하는 국가의 GDP, 유로화로 결제되는 무역량은 달러화 사용 국가의 GDP와 결제무역량에 비견될 만큼 성장하였다.

유로화의 아버지로 불리는 노벨경제학상 수상자 로버트 먼델(Robert Mundell) 교수가 유로화는 궁극적으로 글로벌 통화 자리를 놓고 달러화와의 경쟁을 피할 수 없을 것이라고 말했던 것처럼, 제1차 세계대전 이후 처음으로 기축통화인 달러화의 위치는 커다란 도전에 직면하게 되었다.

이 글은 유로화의 첫 10년간 진행과정과 글로벌 기축통화를 둘러싼 경쟁을 살펴볼 것이다.

2. 지난 10년간의 유로

유로화의 역사를 간략히 돌아보면, 유로화는 유럽 국가들이 1970년대 브레턴우즈 체제의 붕괴를 맞아 안정적인 환율을 유지할 수 있는 방법을 찾는 데서 비롯되었다. 유럽 국가들 간의 무역과 투자뿐만 아니라 유럽경제의 통합을 증진시키려는 노력은 유럽공동체(EC)를 만들어냈고 1979년 유럽통화제도(EMS: European Monetary System)를 출범시켰다.

유럽통화제도의 목적은 3가지였다. 첫째 유럽지역의 '통화안정지역'의 구축, 둘째 비 유럽통화제도 국가들과의 환율정책에 있어서의 조화, 셋째 궁극적으로 유럽통화연합(EMU: European Monetary Union)을 위한 사전작업이다. 유럽통화연합의 운영수단은 유럽통화단위(ECU: European Currency Unit)와 유럽환율메커니즘(ERM: European Exchange Rate

Mechanism)으로 구성되어 있다.[1]

유로화의 성공적인 정착을 달성하기 위해서 유럽통화제도가 극복해야만 하는 몇 가지 중요한 과제가 있었다. 예를 들어 1990년대 초 독일은 통독비용을 충당하기 위해 대규모 적자에 직면했고 그 기간 중 대규모 해외자본이 고금리를 노리고 유입되었다. 그래서 독일은 다른 유럽통화제도 국가들과 함께 통화정책을 낮은 금리로 동등하게 펼치는 데 있어서 커다란 어려움이 있었다. 이와는 반대로 이탈리아와 영국은 실업률증가에 대한 두려움 때문에 금리인상에 있어서 유럽통화제도 국가들과 동등한 정책을 실행하는 데 어려움이 있었다. 각각의 국가들의 각기 다른 국내경제상황은 유럽통화제도 국가들 사이의 일관된 통화정책이 어렵다는 것을 의미한다. 결국 이탈리아는 1996년 이후에 유럽통회제도에 재가입했고, 영국은 아직까지도 가입하지 않았다.

이 문제는 1990년 유럽통화제도의 위기로 불리며 국가는 고정환율제도, 통화정책 자율성, 그리고 자본시장 개방을 동시에 취할 수 없다는 '불가능한 삼위일체(incompatible trinity)' 라는 개념을 만들었다. 1994~1995년 멕시코 페소(peso)화 위기와 1997~1998년 아시아 금융위기 때도 같은 문제가 있었다. 자본시장 자유화를 어느 정도 이상을 실행한 이후 이들 국가들은 미국 달러화에 대한 안정적인 환율과 자국 정책의 자율성을 유지할

---

1 유럽통화단위(ECU)는 유럽통화제도(EMS) 회원 국가들의 통화가중치로 구성된 통화 바스켓이고, 유럽환율메커니즘(ERM)은 유럽통화제도(EMS) 회원 국가들이 합동으로 자국의 환율을 운영하는 절차이다. 유럽환율메커니즘(ERM)은 패리티그리드방식(Parity Grid System)을 기본 축으로 하면서도 대 ECU 환율 시세로부터의 괴리지표를 보완적으로 이용한다. 패리티그리드 방식은 각국 통화의 대 ECU 기준환율을 설정하고, 이에 기초하여 각 회원국의 대 ECU 중심환율을 다른 회원국의 환율과 교차시킴으로써 ERM 참가국 통화 상호 간의 기준환율을 도출하는 방식이다. 유럽통화제도(EMS)가 설립되었을 당시 국가들 간의 통화는 다른 통화와 최대 +2.25%까지의 편차를 허용하였다.

수 없었다. 홍콩만이 아시아 외환위기가 일어났을 때 상대적으로 덜 위협을 느꼈다. 왜냐하면 홍콩은 중국과 인도와 같이 비교적 차단된 자본시장에 의해 충격이 완화되었고 동시에 자신들의 정책자율성을 포기했기 때문이다.

어쨌든 이 같은 국가 간 조정의 문제들은 결과적으로 극복되었고, 1999년 1월 1일 유로화가 도입되었다. 이날 이후 유럽중앙은행(ECB: European Central Bank)은 전 유로화 지역의 통화정책을 실행하는 임무를 단독으로 책임지고 있다. 여기서 중요한 점은, 유럽중앙은행의 독립성이 법적으로 보장되었다는 점이다. 특정 이익집단에 의한 정치적인 압력에 유럽중앙은행이 휘둘리지 않을 수 있게 되었다. 좁은 의미에서 유럽중앙은행의 임무는 유로지역의 물가안정을 유지하는 것이다. 매년 인플레이션을 2% 미만으로 유지하는 데 심혈을 기울인다. 유로지역의 1999~2007년 평균 인플레이션 비율은 2.1%로 미국의 2.7%보다도 낮다. 이 같은 중앙은행의 신용도는 유로화가 글로벌 핵심통화로 부상하기 위한 경쟁에서 필수적인 조건이다.

유로화는 유로지역 내에서 물가안정 이상의 많은 이득을 제공한다. 예를 들어 유로화는 거래비용을 감소시키고 환 리스크를 제거시킴으로써 유로지역 내의 국경을 넘어서는 교역과 투자를 강화시킨다. 단일통화는 인수합병(M&A)을 통한 기업의 구조조정을 용이하게 하고, 기업유치를 촉진시켜 궁극적으로 유럽기업들의 경쟁력을 강화시킨다. 결국 유로 단일통화의 채택이 기업의 비용과 유로지역 내 회사가치를 확실하게 높여준다는 것을 보여준다. 그리고 이러한 모든 요소들은 유로화가 세계 기축통화로 발돋움하는 데 도움을 주고 있다.

3. 달러 vs 유로의 경쟁

미국 달러화는 제1차 세계대전 이후 기축통화였고, 당시 영국 파운드화를 대체하였다. 영국이 금본위제를 받아들이고 영국 파운드화의 지배가 시작되었던 1821년 영국은 파운드를 금으로 태환할 수 있도록 해주었다. 대영제국의 경제, 정치, 그리고 군사력은 파운드화의 위치를 견고하게 해주었다. 하지만 이러한 체제는 제1차 세계대전 동안 끝이 났고 파운드화를 금으로 바꿔주는 것도 금지되었다. 영국이 가지고 있던 모든 해외자산들은 전쟁비용으로 인해 고갈되었고, 영국은 세계 최대의 채권국가에서 채무국가로 변했다.

이와 반대로, 미국은 제1차 세계대전 이후 세계 최대 경제대국이 되었고, 미국 달러화를 금으로 바꿔주었다. 새롭게 지배적인 자리에 오른 달러화는 1944년 브레턴우즈 협약으로 더욱 강화되었다. 브레턴우즈 협약의 골자는 달러화를 금에 고정시키고 모든 다른 통화들을 달러에 고정시키는 것이다.

이후 달러화는 1971년까지 금에 고정되었지만, 미국이 어려운 상황에 직면하게 되면서 더 이상 달러화를 금에 고정시킬 수 없게 되었다. 이는 브레턴우즈 체제의 소멸을 의미한다. 하지만 국제통화 시스템에서 달러화는 다음과 같은 이유로 여전히 지배적인 위치를 유지하고 있다. 첫째 미국 경제의 규모, 둘째 미국의 정치 및 군사적 힘, 셋째 미 연방준비제도이사회의 신용도가 그것이다. 독일의 마르크화와 일본의 엔화를 비롯해서 유로화가 탄생하기 전까지 미국 달러화를 대체할 통화가 없었던 것도 사실이다. 하지만 〈표 5-1〉을 보면 유로지역은 인구규모, GDP, 그리고 세계무역비율을 포함하여 많은 면에서 미국과 상당히 비슷하다.

| 표 5-1 | 주요 금융 강국의 거시경제 지표

분류	미국	유로지역	일본	영국
인구(백만)	305.8	316.5	128.0	60.8
GDP(십억 달러)	13,807.5	12,196.4	4,375.4	2,764.4
세계 교역량 중 비중(%)	11.4	14.5	4.7	3.8
채권발행액(십억 달러)	8,115.3	11,860.8	644.8	1,868.2
주식시가총액(십억 달러)	19,922.3	11,293.8	4,543.1	3,851.7
연간 인플레이션(%)	2.7	2.1	−0.3	2.7
세계 외환보유액 내 해당통화 비중(%)	63.9	26.5	2.9	4.7

주: 인플레이션율은 1999년부터 2007년까지의 연평균. 나머지 자료는 2007년 기준.
　채권발행액이란 2007년 12월 현재 발행통화별 국제 채권잔액을 말함.
자료: Datastream; International Financial Statistics; World Federation of Exchanges, IMF 2008 Annual Report of the Executive Board; BIS Quarterly Review (2008.9).

이번 금융위기를 맞기 전 2007년 유로지역의 인구는 3억 1,700만 명으로 미국의 3억 600만 명보다 많았고, 미국의 국내총생산이 13.8조 달러였을 때 유로지역의 국내총생산은 12.2조 달러였다. 유로지역의 국제무역규모는 전 세계 무역에서 14.5%를 차지하며 11.4%를 차지한 미국보다 규모가 크다. 그리고 유로화는 국제 채권시장에서 달러 표시 채권보다 더욱 인기가 있다는 것을 증명했다. 다만 유로지역은 주식시가총액이라는 점에서 미국에 밀리고 있었는데, 이것은 미국 금융시장의 발달수준과 미국 금융시장에 대한 유럽기업들의 의존성을 반영하고 있다.

이같이 통계적으로 유로화가 달러화와 필적하고 있음에도 불구하고 달러화는 여전히 최고의 기축통화로 여겨진다. 2007년의 경우 달러화는 세계 외환보유액의 63.9%를 차지했고, 그 다음이 유로화 26.5%, 파운드화 4.7%, 그리고 엔화 2.9%의 순서이다. 이와 같은 달러화와 유로화 간의 비대칭성은 다음의 세 가지 요인이 반영된 것이다.

첫 번째로 가장 중요한 것은 기축통화 선택에 있어서 국가들의 관성 때문이다. 미국 달러화의 보유와 사용의 확대는 글로벌 경제에 아주 깊숙이 연관이 되어 있다. 예를 들어 대부분의 중요한 생활필수품들과 중요한 자산들은 달러화로 가치가 매겨져 있다. 따라서 달러화에서 다른 통화로 기축통화를 바꾸려면 달러 사용이나 보유에 있어서 엄청난 문제가 생기거나 다른 통화를 사용하는 데 따른 커다란 장점이 있어야 한다. 하지만 이런 상황은 현재 예상하기 어렵다.

두 번째로 유로지역은 미국 정부처럼 완전하게 통합되거나 안정화되는 것을 좋아하지 않는다. 물론 공용통화인 유로화는 시간이 지남에 따라 유로지역 내의 정치적인 협력을 향상시킬 것이다. 실제 EU 설립 초기에는 경제적으로는 상호독립적이고 이제까지 전쟁으로 쌓였던 국수주의적인 생각들을 국가들 간의 협력을 통해 점차적으로 변화시키는 새로운 유럽을 계획했다. 그리고 이러한 점을 헬무트 콜(Helmut Köhl) 독일 전 총리가 '전쟁과 평화의 본질(Matter of War and Peace)' 이라는 유럽통화제도에 관한 유명한 연설에서 확실하게 밝혔다. 하지만 유로지역은 아직도 미합중국과 비견할 만한 '유럽합중국' 이라 할 수 없다. 그리고 세 번째로 유로지역 내 노동력 이동이 아직 자유롭지 못하다.

이처럼 유로화가 극복해야 하는 중요한 장애물은 확실히 남아 있다. 하지만 유로화는 달러화에 강력하게 도전할 수 있는 모습으로 계속 변하고 있다. 유로화가 세계 외환보유고에서 차지하는 비중은 1999년 13.5%에서 2007년 26.5%로 거의 두 배 증가했다. 2008년에 발표된 한 연구에 따르면 유로화는 향후 15년 안에 기축통화로서 달러화의 위상을 앞지를 것으로

전망되고 있다.[2]

　유로화가 달러화를 앞지를 수 있는 요소를 몇 가지 갖고 있는 것은 분명하다. 먼저 유로지역의 규모(인구, GNP, 그리고 세계무역규모)와 자본개방정책 그리고 통화정책의 신뢰성에서 유로화는 달러화를 앞지르고 있다. 또한, 중앙유럽 그리고 동유럽 국가들 (특히 폴란드와 발틱 국가들)은 유로지역에 편입되기 위한 조건을 마련하기 위해 총력을 기울이고 있다. 이들 국가들은 보다 안정적인 통화를 자국통화로 사용하는 데 따른 이득을 얻기 원한다. 덴마크와 스웨덴과 같은 초기 EU 국가들도 같은 이유로 유로화 사용을 고려 중이다. 이런 점들은 유로의 향후 성장 가능성을 높여준다.

　유로의 위상은 아직 그 가능성은 낮지만 영국이 유로화를 받아들일 때 특히 높아질 것이다. 영국의 경제규모와 강력한 금융산업의 힘은 유로화의 사용과 신용도를 더욱 강화시킬 것이다. 하지만 영국은 유럽의 통화와 정치를 하나로 묶는 것에 참여하는 것을 꺼려한다. 따라서 조만간 영국이 파운드화를 포기하고 유로화를 받아들일 가능성은 높지 않다.

　그 외에도 유로화가 강해질 수 있는 요인과 이에 비해 달러화가 약해질 수 있는 요인은 많다. 특히 중요한 것은 미국의 엄청난 재정·무역적자가 지속될 것이고, 그 결과 미국 이외 국가 중앙은행들은 외환보유액을 달러 이외 통화표시 자산에 투자하려는 욕구가 높아질 것이며 그 경우 대체통화는 유로화가 될 것이다. 현재 오바마 대통령은 재정정책을 통해 미국경제를 살리고, 미국의 은행 시스템을 정상화시키려 하고 있다. 이와 같은 정책들은 향후 몇 년간 미국에게 더욱 엄청난 재정적자를 불러올 것이다.

---

[2] Menzie D. Chinn & Jeffrey A. Frankel (2008). The Euro May Over the Next 15 Years Surpass the Dollar as Leading International Currency. *NBER Working Paper*(No. 13909).

미국은 국채를 더욱 빠른 속도로 발행해야 할 것이고 이에 따라 미국 채권의 매력은 떨어지게 될 것이다.

4. 국제통화 시스템의 미래

이와 같이 유로화의 사용증대는 당연한 추세이지만 실제로 국제통화 시스템 차원에서 보면 유로화는 많은 한계를 갖고 있다. 특히 유로 구성원 국가 간의 경제발전 차이가 여러 가지 문제를 만든다. 통화가 지속적으로 기축통화가 되기 위해서는 '트리핀 딜레마(Triffin Dilemma)'를 극복하는 것이 핵심이다. 즉, 국제적으로 공급을 많이 하나 보면 적자가 나고 반대로 흑자가 나면 국제적으로 공급이 부족한 것을 극복해야 한다. 지금까지는 그것을 할 수 있었던 통화는 달러밖에 없었고 그 결과로 글로벌 불균형이 확대되었다. 하지만 유로가 이러한 역할을 하기는 불가능할 듯하다.

따라서 궁극적으로 미국이 선택할 수 있는 마지막 방법은 결국 인플레이션일 것이다. 이는 미국의 무역불균형, 대외부채 문제, 글로벌 불균형 등 많은 것을 해결해줄 것이다. 하지만 인플레이션 문제는 사실 미국과 중국에게 큰 두려움의 대상이다. 중국은 미국의 인플레이션으로 인한 달러 가치의 하락을 통해 자신들이 갖고 있는 미국 국채의 가치가 떨어질 것을 두려워하고, 미국은 인플레이션으로 인해 미국인들에게 미치는 영향을 두려워한다. 유럽의 인플레이션 확률은 2% 미만이기 때문에 유로화는 이러한 문제를 어느 정도 해결할 수 있을 것이다. 장기적 측면으로는 스태그플레이션의 상황도 고려해야 한다. 스태그플레이션의 가장 큰 원인은 국제원자재가격 상승이다. 이는 일종의 투기의 결과이며 석유, 금속, 곡물까지 포함시키면 세계경제는 악화될 것이다. 국제원자재난이 악화되고 인구 30억에 이르는 중국, 인도까지 소비생활수준이 높아진다면 국제원자재파동은 불가피할 것이다.

한 통화가 국제통화가 되기 위해서는 네 가지 조건을 갖춰야 한다. 첫 번째로 태환성(convertibility), 두 번째로 금융시장의 개방과 풍부한 유동성, 세 번째로 확실한 법규범과 사유재산권 보호, 네 번째로 정치의 안정성이다. 그렇다면 제3의 통화로서 중국 위안화가 기축통화가 될 가능성이 있을까? 중국은 중화경제권과 아세안지역 등과 긴밀하게 교역을 하고 있고 중국 정부가 위안화의 국제적 사용을 장려하려는 정치적 의지가 강하기 때문에 2030년쯤에는 3극(달러, 유로, 위안) 통화 시스템이 생겨날 가능성이 있다고 생각한다. 따라서 향후 국제통화시장에서 기축통화를 노린 치열한 경쟁이 예상된다.

5. 결론

유로화는 10년 전 데뷔한 이래로, 글로벌 통화로서 달러화를 일정하게 대체하고 있다. 하지만 이번 글로벌 금융위기가 발생했을 당시 달러화에 대한 폭발적인 수요는 유로화가 아직은 글로벌 금융시장에서 달러화를 대체하기에는 역부족이라는 것을 보여준다.

여기에는 많은 이유를 들 수 있을 것 같다. 첫째, 유로화는 달러화에 비해 훨씬 좁은 지역에서 거래되고 있다. 둘째, 유럽의 정치적인 통합이라는 지지를 받지 못했다. 셋째, 노동력의 이동 또한 유로지역 안에서조차 제한적이다. 또 달러화를 글로벌 핵심통화로 사용해 온 관성 또한 해결해야 할 문제이다. 비록 미국에서 글로벌 금융위기가 시작됐음에도 불구하고 유로화는 달러 대비 큰 폭으로 하락했다. 불확실한 시대에는 미국달러나 국채가 훨씬 안전한 것으로 인식되고 있다는 것을 보여준다. 하지만 이런 단점에도 불구하고 유로화는 달러화와 함께 글로벌 통화의 중요한 한 부분으로 활용될 수 있을 것이다. 시간이 지남에 따라 유로화의 글로벌 영향력과 신용도가 상승할 것이다.

또 글로벌 통화경쟁에서 중국의 위안화 사용이 궁극적으로 증가할 것이라는 점도 주목해야 한다. 중국은 이미 전 세계에서 두 번째로 큰 경제대국이 되었고, 앞으로도 빠르세 성장할 것으로 기대된다. 물론 아직 길 길은 멀다. 합법적인 사유재산권 보호와 함께 국제통화시장에서 위안화를 활성화시켜야 하며 금융시장 개방과 같은 발전이 필요하다.

때문에 당분간 달러와 유로의 전성시대가 10년에서 20년은 갈 것이다. 유로의 비중이 서서히 증가할 것이며 위안화의 현재 제약조건이 해소된다면 20년 후에는 세 가지 통화(달러, 유로, 위안)의 시대가 올 가능성이 크다.

| 개요 |

금융위기 이후 기축통화로서 달러화의 위상에 대한 회의가 고개를 들고 있다. 이번 토론은 위기 전후로 달러화 위상의 변화를 진단하고 전망하는 주제로 진행됐다.

참석자들은 미국의 재정적자와 막대한 부채 문제 등에도 불구하고 달러화가 기축통화로서의 위상을 쉽게 내주지는 않을 것으로 전망했다. 경쟁통화로 부상하고 있는 유로화는 성공적인 지역통화임에는 분명하지만 그 한계 역시 지적되었다. 지역통합으로 유로화가 비중을 높일 수 있었지만 동시에 구성원 국가 간의 차이가 여러 문제를 만든다는 것이다.

곧 현실로 닥칠 인플레이션에 대한 논의도 활발했다. 인플레율이 3% 선에서 안정될 것이라는 의견도 있었으나, 미국뿐 아니라 전 세계적으로 막대한 돈을 찍어내고 있으므로 하이퍼인플레이션을 각오해야 한다는 의견도 있었다.

결론적으로 당분간 달러·유로의 전성시대가 10~20년은 갈 것이며 유로의 비중이 서서히 증가할 것이라는 데 의견이 모아졌다. 그리고 위안화가 현재의 제약만 풀린다면 위력을 갖게 되어, 20년 후에는 세 통화(달러, 유로, 위안)의 시대가 올 가능성도 있다고 전망했다.

정구현 은철수 교수는 2008년과 2009년 여름 한 달씩 SERI에 방문연구원(Distinguished Visiting Research Fellow)으로 와 계신데 연구하는 분야와 시기가 마침 맞아떨어져 발제를 부탁드리게 되었다. 자유로운 질문과 편안한 토론을 해주시기 바란다.

현정택 달러와 유로를 제1, 제2의 국제통화로 보셨는데, 엔화는 어떠한가? 보다 본질적인 질문을 하면 전체적인 톤이 세계 기축통화가 달러에서 유로로 어느 정도 넘어간다고 보신 것 같은데, 유로가 세계통화 시스템에서 비중을 높인 것은 지역통합을 했기 때문이다. 아시아에서는 아직 지역통합을 안 했는데 현실적으로 무역과 투자 모두 상당량 늘고 있다.

아시아에서 FTA라든가, 통화협력을 한다면 엔화나 위안화 등 아시아 통화가 끼이들 여지는 없는가?

은철수 사실상 엔화의 경우에는 국제화를 안 했다. 일본은 달러 블록에 속한다고 본다. 로버트 먼델(Robert Mundell)도 엔 블록은 없다고 말했다. 그리고 아시아도 지금까지는 달러 블록에 속한다고 본다. 아시아에서는 정치적인 이유 등으로 자신들만의 통화 블록을 만들기 힘들다.

유로화는 매우 성공적인 지역통화이다. 실제 지중해에 인접한 튀니지, 알제리 등도 유로의 영향을 크게 받는다. 또한 코소보와 몬테그로의 경우 EU의 허락 없이 유로화를 쓰고 있는 상태이다. 실제로 유로의 상대적인 중요성이 커졌다. 한국의 경우에도 유로화는 더욱 중요시되고 있다. 또한 중국 정부는 2020년까지 상하이에 국제통화센터를 설립할 것이라고 말했다. 한국은 미래에 위안화 블록으로 편입될 가능성이 높다고 생각한다.

이근식 (발제문에서) 통화시장 하루 거래량이 3조 1,000억 달러라고 하셨는데 우리가 말하는 국제자본시장 거래와는 어떻게 다른지? 현실적으로 구분이 어렵겠지만 이 큰 금액(3조 1000억 달러) 중 어느 정도가 투자를 위한 것이고, 어느 정도가 투기를 위한 것인지 알 수 있는가? 또한 단기·장기 구분은 되어 있나?

은철수 나라마다 다르기 때문에 정확한 수치를 구하는 것은 불가능하다. 인도 같은 나라는 통화시장에 대한 제한이 심하기 때문에 단기자금이 적은 편이다.

이근식 미국, 유럽, 일본 등은 초단기가 대부분일 듯하다.

은철수 그렇다고 볼 수 있겠다. 일본의 엔 캐리 트레이드가 대표적인 예이다.

이제민 이런 주장에 대해 여쭤보고 싶다. 미국과 유럽의 관계에서 미국의 불균형, 즉 재정적자가 문제인데 별 문제가 안 된다는 주장이 있다. 인구 구성상 젊은 미국이 투자를 많이 하고 늙은 유럽은 돈을 빌려줄 수밖에 없는 입장이기 때문이라는 것이다. 미국의 역동성이 이긴다는 것인데 어떻게 생각하시는지?

다음으로 미국과의 관계에서 볼 때 중국이 내수 중심의 성장을 요구받고 중국도 내수를 진작하겠다고 하는데, 어느 정도 바뀔 것 같은가? 중국은 연안지방의 정치적 불안정 등으로 노동집약적인 일자리를 지킬 수밖에 없는 시스템이다. 이번 글로벌 금융위기가 지나가도 향후 상당 기간은 위안화를 낮게 유지하면서 수출위주의 현 체제를 유지하려고 하지 않을지? 위기가 회복되고 중국이 계속 달러를 쌓아가는 시스템이 유지된다면 달러의 위상도 현재와 같이 유지되지 않을까.

그런 한편 미국이란 나라가 믿음직스럽지 못하다. 1960년대에 다른 나라의 협조를 받다가 손바닥 뒤집듯이 1971년에 완전히 부도를 냈는데(금태환 정지), 해외에 나가 있는 달러에 대해 지급정지 등의 조치를 취할 가능성은 없겠는가?

은철수 첫 번째 질문부터 대답하면 EU와 달러의 관계를 인구통계학적 경향으로 보면 미국 쪽으로 갈 것이다. 중국도 장기적으로는 인구가 증가할 가능성이 작다. 반대로 미국은 미래에 인구가 증가할 것이고 아주 먼 미래에는 미국의 인구가 중국을 넘어설 수도 있다고 본다. 게다가 국토가 넓다는 장점도 있다.

> 또한 중국 정부는 2020년까지 상하이에 국제통화센터를 설립할 것이라고 말했다. 한국은 미래에 위안화 블록으로 편입될 가능성이 높다고 생각한다. _ 은철수

유럽은 인구증가 요인이 직지만 폴란드와 에스토니아, 제코와 같은 나라들이 유로로 편입될 것이고 미래에는 발칸 국가들도 편입될 가능성이 높기 때문에 분명히 유로는 강화될 것이다. 하지만 유럽은 정치적 통합이 부족하다는 단점이 있다. 브레튼우즈 체제에서는 디폴트선언(채무불이행) 외에는 선택의 여지가 없었다. 그 당시 미국은 고정환율 시스템 하에서 베트남전쟁에 참전했고 그로 인해 인플레이션이 심화되면서 미국기업들은 무역적자가 생기기 시작했고, 일본과 독일은 다량의 달러를 갖게 되었다. 트리핀의 딜레마[3]가 발생했고 지급정지를 선언했다.

이제민 25년 전인 1983년 이미 조순 교수가 "미국이 생산하는 것보다 많이 쓰는 데 맛을 들였다. 이것을 아무도 해결하지 못하고 계속 끌고 갈

---

[3] **Triffin's dilemma** 국제적으로 공급을 많이 하다 보면 적자가 나고 반대로 흑자가 나면 국제적으로 공급이 부족하다. 1950년대 로버트 트리핀 미국 예일대 교수가 지적한 기축통화의 딜레마 상황과 현재 달러의 고민이 일치한다는 설명이다. 미국이 글로벌 불균형을 시정하기 위해 달러 약세를 통해 경상수지 적자와 재정적자를 줄이려 하고 있지만 이 과정에서 달러에 대한 신뢰가 하락하는 딜레마에 봉착해 있다는 것이다.

것이다. 정치인들은 이를 해결 못 한다"고 언급한 적이 있다. 디폴트를 선언할 가능성은 없나?

정구현 미국 정부가 그렇게 하고 싶다 해도 가능한 방법이 있나. 미국 국채를 디폴트선언한다는 이야기인가?

이제민 외국인이 갖고 있는 국채에 대해 디폴트선언하면 되지 않겠나. 1971년에 이미 그랬나. 반으로 깎자고 하든지.

정구현 외국인이 보유한 미국 국채의 규모가 20%인데 차별적으로 외국인 보유 국채만 디폴트선언할 수 있나. 결국 미국인이 가진 국채도 포함해야 한다는 건데 그렇게 하면 시스템이 무너지는 게 아닌가.

이제민 브레튼우즈 체제도 사실 시스템이 무너진 것 아닌가?

이근식 디폴트선언할 이유가 없는 게, 금태환 정지는 금이 없으니까 한 것이지만 달러는 페이퍼다. 종이에 불과하다. 장부로 넘기기만 하면 되는데 무엇 때문에 디폴트선언을 하겠나. 돈을 찍어내기만 하면 되지 않는가.

이제민 중국이 위안화를 낮게 유지하면서 수출 위주의 현 체제를 고수하고 달러를 쌓아갈 것이라는 예측에 대한 답변을 부탁드린다.

은철수 중국 체제가 유지되는 이유는 경제성장과 민족주의다. 경제성장이 없다면 국가가 붕괴될 위험이 있다고 생각한다. 따라서 경기부양책을 쓰는 것이다.

이근식 내 생각에 중국은 빈부격차 등 사회적 불안이 증폭되어 가고 있기 때문에 이를 완화하기 위해 내수를 진작시키려고 할 것이다. 빈부격차의 해소를 위해 수출보다는 인프라 건설 등 소득재분배와 직결되는 내수진작 쪽으로 갈 것으로 보인다.

은철수 지역적인 빈부차를 극복하기 위해서라도 내수진작을 할 것이다.

정갑영 여러 가지 이유로 유로화 사용의 증대는 당연한 추세인 것 같다. 그러나 국제통화 시스템 차원에서 보면 유로는 많은 한계를 갖고 있다. 특히 유로 구성원 국가 간의 경제발전 차이가 여러 문제를 만든다. 유로화가 기축통화 역할을 하기 위해서는 '트리핀의 딜레마'를 극복하는 것이 핵심이다. 지금까지 그 역할을 할 수 있었던 것은 달러밖에 없었다. 그 결과 불균형이 엄청나게 일어났는데 유로가 과연 이런 역할을 할 수 있겠는가? 거의 불가능하다고 본다.

이렇게 생각해볼 때 미국이 선택할 수 있는 마지막 대안은 결국 인플레이션밖에 없을 것 같다. 어떤 의미에서는 부도인데 인플레이션은 미국의 경상수지 불균형, 부채 문제, 글로벌 불균형 등 많은 것을 해결해준다.

베트남전쟁 이후 인플레이션을 워낙 통제했기 때문에 불균형이 쌓이기 시작해 여기까지 온 것이므로 미국이 원하든 원치 않든 달러화 절하와 하이퍼인플레이션을 선택하는 결과가 나올 수밖에 없지 않겠는가.

그렇다면 이 과정에서 기축통화로서 달러화 위상이 취약해지는데 이를 어떻게 보완할 것인가. 유로화나 위안화로 가기 전에 SDR을 거치든(스티글리츠의 주장), 혹은 SDR의 사용을 높이고 여기에 G20이 IMF체제를 보완하는 식으로 가든 어떤 방법이든 선택해야 되지 않겠는가? 은철수 교수님은 달러 인플레이션에 대해 어떻게 생각하시는지?

은철수 인플레이션 문제는 중국과 미국에게 두려움의 대상이다. 글로벌 불균형은 미국과 중국의 관계가 중심이다. 중국은 미국의 인플레이션으로 인한 달러가치의 하락으로 자신들이 가지고 있는 미국 국채의 가치가 떨어질 것을 두려워한다. 미국 또한 인플레이션이 일어나면 미국인들에게 영향을 미치기 때문에 두려워한다. 따라서 나는 유로화를 국제통화로 만드는 데 있어서 미국이 크게 반대하지 않을 거라 믿는다.

이근식 SDR 확대 논의는 진전이 있는가?

은철수 2009년 4월 런던에서 열린 G20 정상회담에서 SDR 이슈가 채택됐다.

이한구 이번 위기가 끝난 후 유럽과 미국, 일본 등의 인플레이션율과 성장률 예상자료가 나와 있나?

은철수 (지금 있는지 알 수는 없지만) 있을 수 있다고 본다. 전망이 어렵지 않다. 일본의 경우 인플레이션 가능성이 낮다. 유럽은 2%를 넘지 않을 것 같다. 미국의 경우 인플레이션 가능성이 상당히 높다. 3% 정도로 몇 년간 이어질 가능성이 높다고 본다.

이한구 만약 유럽과 미국의 인플레이션 차이가 크다면, 자본이동 문제와 가치보존수단으로서의 달러와 유로 간 밸런스가 완전히 깨지지 않겠는가. 이런 것이 전제되지 않고 계량분석만 하는 것으로는 부족하다고 본다. 결과적으로 국제통화수요가 매우 중요한데 무역이든 투자든 금융이든 기본적으로 가치가 안정되지 않는데 통화가 계속 받아들여질 것이라고 전망하는 건 무리가 아닌가 생각한다.

은철수 미국의 인플레이션율이 3% 정도에서 안정된다고 하면 모든 사람들이 달러에 대하여 계속해서 믿음을 가질 것이다.

이한구 이자율도 올라갈 것이고 이번에 국채를 엄청나게 찍었는데 3%선 유지는 무리인 듯하다. 시나리오를 몇 개 가지고 예측할 수 있는 자료가 있으면 도움이 될 것 같다.

은철수 일본, 유럽, 미국 중 인플레이션율은 미국이 제일 높을 것이다.

이한구 하이퍼인플레까지는 생각 안 하시는 것 같다.

> 인플레이션 문제는 중국과 미국에게 두려움의 대상이다. 글로벌 불균형은 미국과 중국의 관계가 중심이다. 중국은 미국의 인플레이션으로 인한 달러가치의 하락으로 자신들이 가지고 있는 미국 국채의 가치가 떨어질 것을 두려워한다. _ 은철수

정갑영 제 생각에 FRB가 조만간 큰 딜레마에 빠질 것이라고 본다. 왜냐하면 본원통화가 2008년 9월 이후 현재 2배 기끼이 늘었다. 유통속도가 떨어지는 것은 사실인데 정부재정 TARP(Troubled Asset Relief Program) 중 20%밖에 쓰이지 않았다. 그것이 사용될 스케줄을 보면 10월, 11월이 피크인데 그때가 되면 인플레이션이 생길 것이다.

FRB 입장에서는 민간 부분이 설비투자 등의 경제를 끌어주면 통화를 긴축하는 게 좋은데 상황이 그렇지 않다면 이를 유지하느냐, 줄이느냐의 딜레마에 빠질 것이다.

폴 볼커(Paul Volcker)가 연방준비제도이사회 의장을 할 때에는 금리가 20%까지 갔었다. 신변의 위협을 느껴 권총을 차고 다닌 것은 유명한 일화 아닌가. (편집자 주: 폴 볼커는 1981년 FRB 의장으로 재임할 당시 기준금리를 20%로 올려, 13.5%에 이르던 인플레율을 3.2%로 진압하는 데 성공했다. 그 후유증으로 기업들이 파산하고 실업율이 치솟아 이에 격분한 시민들이 연일 시위를 벌였다. 신변에 위험을 느낀 볼커는 호신용 권총을 지니고 다닐 정도였다고 한다.)

이쪽 저쪽 어디로 가느냐에 따라 파장이 엄청날 텐데 과연 무엇을 선택할 것인가.

정구현 경기침체와 인플레이션 2가지가 앞으로 어떻게 되느냐에 따라서 임시방편(Stop and Go)정책을 쓸 것이다. 앞으로 몇 년간 인플레이션과 스태그플레이션이 동시에 일어날 가능성이 가장 높은 것 같다.

권순우 어느 시점에서 정책을 변경하느냐가 핵심인데, 요즘 분위기가 조금 좋아져 문제가 해결된 것으로 생각하지만 그렇지 않다. 2009년 3/4분기가 지나면 다시 한 번 출구전략에 대해 본격적으로 얘기가 나올 것이고 인플레와 경기하강 사이에서 선택의 순간이 올 것이다.

정구현 전 세계적으로 현재 많은 상품이 생산과잉인데 하이퍼인플레이션까지 가겠는가.

이근식 국제원자재폭등 가능성이 높지 않은가?

정구현 그것은 경기가 올라갔다는 증거 아닌가?

이근식 경기회복이 시작되기만 하면 잠잠했던 원자재가격이 폭등하기 쉽다. 이미 돈은 많이 풀려 있는 상태이고. 그때 인플레냐, 물가안정이냐, 고용이냐 하는 문제로 모든 나라가 고민에 빠질 것이다.

이한구 문제는 미국만 돈을 찍어낸 게 아니라 온 세계가 동시에 찍어내고 있다는 것이다. 인플레이션이 화폐단위로 계산하는 것이고 개념적인 것이기 때문에 하이퍼인플레이션도 얼마든지 가능할 것 같다. 스태그플레이션이 그런 것 아니겠는가. 경기는 하강해도 가격은 올라가는 것 말이다.

정구현 하이퍼까지는 안 갈 것 같다.

이제민 한 번에 10%는 올라갈 수 있지만 하이퍼인플레이션은 계속 가속되는 것이니까 그 가능성은 낮아 보인다.

이한구 굉장한 인플레이션을 각오해야만 할지도 모르는데 받아들이기 힘들지 않겠나. 이를 정치적으로 대처하다 보면 일이 이상하게 돌아갈 수도 있다.

정구현 유로화가 생긴 후 8년 동안 달러 표시 유로 가치가 0.80에서 1.5까지 등락을 한 것은 외환시장이 유연하게 경제상황을 반영한 것 같다. 물가상승률 1~2% 차이는 큰 문제가 없을 것 같다.

> 당분간 달러·유로의 전성시대가 10~20년은 지속될 것이다. 이와 함께 유로의 비중이 서서히 증가할 것이다. 그리고 현재의 제약만 풀린다면 위안화가 부상할 것이다. 20년 후에는 세 통화(달러, 유로, 위안)의 시대가 올지도 모르겠다. _ 정구현

이한구 유로도 한때 형편없이 가치가 낮았던 적이 있었다.

이제민 인플레이션은 2~3%는 별 문제도, 치이도 없지만, 3%를 뚫고 나갔을 때 어떻게 될 것이냐가 문제다.

이근식 내 생각엔 스태그플레이션의 가장 큰 원인은 국제원자재가격 상승이다. 원자재가격 급등은 일종의 투기결과다. 투기꾼들은 경기가 좋아지기만을 기다렸다가 투기에 나설 것이다. 석유, 금속에 곡물까지 포함시키면 세계경제는 힘들어진다. 케인즈 경제학은 수요측면만 얘기했는데 국제원자재난이 악화되고 인구가 30억 명에 이르는 중국, 인도까지 소비생활수준이 높아지면 국제원자재파동은 불가피할 것이다. 국가도 기업도 이 상황에 대비해야 한다.

정구현 이미 우리는 유가 150달러를 경험했다. 문제는 1년 내에 미국의 물가상승률이 5% 이상 넘어갈 위험성이 있는가이다.

은철수 1년 내로는 없을 것 같지만, 장기적으로 보면 가능성이 있을 듯하다.

정구현 정리해본다면 당분간 달러·유로의 전성시대가 10~20년은 지

속될 것이다. 이와 함께 유로의 비중이 서서히 증가할 것이다. 그리고 현재의 제약만 풀린다면 위안화가 부상할 것이다. 20년 후에는 세 통화(달러, 유로, 위안)의 시대가 올지도 모르겠다.

제6장

세계화의 미래: 후퇴인가, 전진인가?

토론일 • 2009년 6월 29일

발제 | 박세일 (서울대학교 국제대학원 교수)

1. 문제의 제기

세계화(globalization)란 무엇인가? 세계화에 대한 여러 가지 정의가 가능하지만 여기서는 논의를 단순화하기 위해 세계화를 '지구적 규모의 시장의 확대'로 이해하도록 한다.

2008년 글로벌 금융위기를 겪은 이후 향후 세계화의 방향에 관심이 쏠리고 있다. 세계화는 과연 앞으로 어떻게 될 것인가? 지구적 규모의 시장확대는 더욱 진전될 것인가, 중단될 것인가, 아니면 시장축소라는 후퇴의 모습을 보일 것인가?

세계화에는 명과 암이 존재한다. 최근과 같은 미국발 금융위기의 지구적 확산과 그로 인한 세계경제의 침체와 혼미라는 세계화의 부정적인 결과도 있지만 사실 세계화는 지난 250년간 인류의 발전, 특히 물질적 풍요와 정신적 성숙에 엄청난 기여를 해왔다. 1750년대 지구촌에 살던 사람들의 1인당 평균소득은 약 180달러 수준이었다고 한다.[1] 그것을 2000년 현재 약 6,600달러까지 끌어올린 것이 바로 세계화의 힘이다.

이러한 물질적 부(富)의 혁명적 변화를 가져온 배경에는 구체적으로 3가지 요인이 있었다고 본다. 첫째는 경제적 가치에 대한 인류 인식의 변화이다. 부자가 되는 것을 가치 있는 일, 즉 '부(富)가 곧 덕(德)' 이라고 여기는 가치관의 변화가 중요한 계기가 된다. 둘째는 종교적 교리(doctrine)로부터 해방된 사상의 자유가 가져온 '과학기술의 발전' 이다. 셋째는 국가의 중상주의(重商主義的)적 통제로부터 해방된 '시장의 확대' 이다. 이 중 특히 동네시장에서 지방시장과 국가시장으로, 나아가 지역시장(local market)과 세계시장으로 끊임없이 진행된 시장의 확대가 분업의 세분화를 통해 획기적 생산성의 증대를 가능하게 했던 것이다. 한마디로 지난 250년간 인류발전의 혁명적 도약을 가져온 주된 이유 중의 하나가 세계화다.

물론 제1차 세계화의 물결(1860~1917)이 제1차 세계대전의 발발로 중단된 바 있다. 그리고 제1차 세계대전의 뒤를 이은 대공황(1929~) 등으로 인해 보호무역주의가 크게 강화되면서 세계화가 심각하게 후퇴한 역사가 있었던 것도 사실이다. 그러나 제2차 세계대전이 끝난 후 세계화의 물결은 다시 시작되었다. 이후 점진적으로 진행되다가 1980년대 들어오면서 더욱 가속화되고 이후 본격적인 제2차 세계화의 시대(1980~현재)를 열게 된 것이다. 분명히 이번 2008년의 금융위기, 경제위기로 인해 세계화의 확산과 가속에 일정한 반성과 수정이 가해질 것이다. 그것은 시장, 특히 금융시장에 대한 정부규제와 감시의 강화로 나타날 것이다. 그러나 지난 인

---

1 Eric D. Beinhocker (2006). *The Origin of Wealth*. Harvard Business School Press.

류의 역사를 보면 세계화, 다시 말해 지구적 규모의 시장확대는 우여곡절을 겪으면서도 꾸준히 확대·발전해왔다. 그러나 과거에 그러했다 해서 과연 앞으로도 계속 같은 방식으로 진행될는지 장담하기 어렵다.

그렇다면 세계화는 앞으로 어떻게 될 것인가? 이 문제를 단기적·중기적·장기적 관점으로 나누어 생각해보도록 하자. 이것은 인류의 장래를 가늠해보고, 오늘을 사는 우리가 앞으로의 국가발전의 전략을 올바로 세우는 데 매우 중요한 문제가 된다고 본다.

2. 단기적(10~20년) 전망: 수정하면서 전진

향후 10년 내지 20년 정도를 전망해보면 세계화는 부분적인 수정을 하면서 지속될 것으로 보인다. 부분적인 수정은 주로 금융 부분에서 나타날 것이다. 잘 알려진 것처럼 제2차 세계화의 시대는 '금융의 세계화'를 중심으로 진행되어 왔다. 그런데 이 기간 중 특히 금융 부분이 본래 가지고 있는 구조적 문제를 해결하는 데 미흡했다. 소위 정보의 비대칭성 등으로 인한 도덕적 해이의 문제를 해결하기 위해 반드시 필요한 건전성규제가 특히 소홀했다. 이로 인해 국제수준이든 개별 국가수준이든 금융 부분이 도덕적으로 크게 느슨해졌던 것이 사실이다. 레이건 대통령과 대처 수상의 시대를 지나오면서 정책담당자들 사이에 단순한 '시장주의'를 지나서 '시장만능주의'에 가까운 생각들이 팽배했던 것도 한 원인이라고 할 수 있다. 따라서 앞으로 당분간은 그동안 빠르게 세계화되어 온 금융을 어떻게 효율적으로 그리고 공정하게 규제할 것인가가 국제수준이나 개별 국가수준에서 큰 시대적 화두가 될 것이다.

학자들 중에는 이제 영미식 시장경제의 패러다임이 끝나거나, 미국도 유럽의 사민(社民)주의나 일본식 신중상주의를 받아들이게 될 것이라고 주장하는 사람들이 있다. 소위 미국의 유럽화 주장이다. 그러나 그렇지는 않을 것이다. 주된 이유는 한 나라의 문화와 의식 그리고 역사와 관행은 쉽게 변하는 것이 아니기 때문이다. 유럽식 혹은 일본식 대신 미국은 여전히 개인주의적이고 시장주의적인 미국식 가치와 문화의 기저를 유지하면서 일정의 수정, 즉 금융감독의 강화, 경제적 약자에 대한 지원의 확대 등과 같은 정부 역할의 부분적 확대를 경험할 것으로 본다.

그리고 다른 나라들도 각자 개별 국가의 발전수준, 시장의 크기 그리고 문화, 역사, 관행, 의식 등에 맞는 자기 식의 수정을 시도할 것이다. 아마 많은 나라들이 다음과 같은 몇 가지 방향으로 수정과 보완에 나서리라고 본다.

1) 우선 경제의 안정성에 대한 정책적 비중을 과거보다 더 할애할 것이다

지난 반세기 동안, 짧게 보면 지난 30년간의 경제정책이 경제의 역동성과 경제의 대외팽창력(대외성장력)에 많은 비중을 두었다면, 앞으로는 경제안정에 대한 고려가 크게 중요시될 것이다. 그리고 이는 당연히 내수 부문, 다시 말하면 서비스, 농업, 중소자영업, 지방발전 등과 같은 비교역(非

---

2 세계화시대 세계시장과 연계된 세계화 분야는 빠르게 성장하나 그러하지 못한 비세계화 분야는 상대적으로 뒤처지게 된다. 이 구조가 심화되면 그 나라 경제는 2중구조를 갖게 되고 소득은 양극화된다. 세계시장과 연계되어 있는 분야는 세계에서 가장 역동적인, 그래서 가장 성장률이 높은 나라의 지역 도시 산업과 연계되기 때문에 성장률이 높을 수밖에 없다. 반면 세계시장과 관계가 적거나 없는 분야의 경우에는 국내경제의 성장률의 한계를 크게 벗어나기 어렵기 때문에 자연스럽게 비세계화 분야의 성장률이 세계화 분야의 성장률보다 낮아지게 된다.

交易) 부문에 대한 정책적 관심과 지원의 비중을 높일 것이다.[2]

동시에 외국인 직접투자의 경우 적극 도입해야 한다는 입장에는 큰 변화가 예상되지 않지만, 단기자본의 이동에 대해서는 국제적으로나 개별 국가적인 규제의 강화가 모색될 것이다.

2) 신산업정책을 모색하는 경향이 커질 것이다

과거식으로 정부가 주도하는 일방적 산업정책과는 다른, 민관협치(民官協治)형, 정보교환(情報交換)형 내지는 세계전략(世界戰略)형의 신산업정책이 등장할 것이다. 또한 국가전략이라는 관점에서 정부와 민간 간의 긴밀한 분업과 협업의 필요성도 강조될 것이다.[3] 물론 이러한 움직임은 일부 보호무역 강회 등의 경향을 보이겠지만 세계자유무역의 발진을 크게 저해하는 정도까지 나가지는 않을 것이다. 그보다는 기본적으로 시장의 실패를 줄이는 시장친화적 산업정책의 방향이 될 것이다.

3) 보다 공평하고 효율적인 사회적 안전망의 창출을 서두를 것이다

크게 보면 '평생고용—평생교육—평생복지'를 연계하는 효율적인 삼각 안전망을 구축하는 방향으로 이루어질 것이다. 각 나라는 자국에 맞는 신 사회안전망 창출에 노력할 것이다. 21세기형 신사회안전망이 필요한 이유는 지금이 산업 및 기업의 구조조정이 상시화되는 동시에 평생교육의 필요가 커지는 초세계화의 시대이기 때문이다. 이에 따라 노동시장이 취업,

---

3 21세기는 세계적 불확실성과 불안정성이, 그리고 경우에 따라서는 양극화가 크게 증대하는 시대가 될 것이므로 국가전략과 국가 리더십이 중요한 시대가 될 것이다. 따라서 국가전략의 관점에서 민과 관의 협력이 중요한 국가과제가 될 것이다.

실업, 그리고 비경제활동 간의 노동이동이 활발해지는 소위 '이동노동시장(transitional labor market)'으로 변화하고 있기 때문에 이러한 노동시장의 질적 변화에 맞춰 사회안전망을 새롭게 구축해야 한다. 두 번째 이유는 인구구조의 변화, 특히 급속한 '저출산 고령화'의 추세 때문이다. 저출산 고령화의 추세가 지금까지와는 크게 다른 새로운 사회복지 통치구조(social welfare governance)를 구축할 것을 요구하고 있기 때문이다.

크게 봐서 세계화는 이러한 방향으로 부분 수정 내지 보완을 하면서 지속적으로 발전할 것이다. 큰 중단이나 후퇴는 없을 것으로 본다. 단기적으로 세계화의 지속을 비교적 낙관하는 이유는 아직은 시장확대, 분업의 세분화, 생산성의 제고, 기술이전 등과 같은 '세계화의 이익'이 실업 등 구조조정비용, 금융불안정, 환경파괴 등과 같은 '세계화의 비용'보다 크다고 보기 때문이다. 또한 세계화의 이익이 비용보다 큰 이 부등호가 상당기간 지속될 것으로 보기 때문이다.

이상과 같은 낙관적 전망을 하는 데에는 다른 두 가지의 추가적 근거가 있다. 첫째는 본 토론회에서 향후에 논의할 새로운 세계통치구조(new global governance)의 구축이라는 세계화의 주요 과제와 관련해 과거 제1차 세계화 시대로부터 우리가 얻었던 아픈 실패의 경험(1917년부터 1945년까지의 반세계화가 가져온 인류발전의 후퇴)이 있었기 때문에, 지구촌이 앞으로 이 문제를 어느 정도 잘 풀어가지 않을까 하는 기대 때문이다. 설사 이 문제를 제대로 풀지 못한다고 해도, 세계통치구조의 실패가 가져오는 비용이 축적되는 데도 상당한 시간이 걸리기 때문에 앞으로 10~20년의 단기간에는 세계화가 지속되는 데 별다른 문제가 없을 것으로 본다.

둘째는 앞으로 적어도 2030년까지는 미국이 국제관계에서 슈퍼파워로서의 역할을 계속 유지할 것으로 보기 때문이다. 2030~2035년 사이에 중국의 GDP가 미국의 GDP를 넘어서겠지만 군사력, 과학력, 교육력, 사상력, 문화력 등을 감안하면 미국의 힘은 2030년까지는 물론이고 이후에도 상당 기간 지속될 것이다. 미국의 슈퍼파워로서의 역할이 지속되는 한 현재 진행되는 세계화는 부분적으로 수정·보완을 하면서도 분명히 확대·발전할 것이다. 그리고 G2로 등장하는 중국의 경우도 앞으로 2030년까지는 적어도 현재의 세계화시대에서 큰 이익을 보고 있기 때문에 그대로의 상태(status quo)를 유지하는 세력으로 남을 것이다.

3. 중기적(30~70년) 진망: 진진과 후퇴가 모두 가능

향후 30~70년 정도의 기간 중 세계화는 어떻게 될 것인가. 중기적으로 보면 세계화의 미래는 단순히 경제적·기술적 변수에만 의존하지 않게 된다. 한마디로 정치(국내정치와 세계정치)의 변화에 보다 많이 의존하게 된다. 따라서 중기적으로 세계화의 미래 시나리오에는 다음과 같은 세 가지의 가능성이 모두 나타날 수 있다.

첫 번째, 번영(繁榮)의 시나리오이다. 세계화는 더욱 번영하면서 지속된다.

두 번째, 냉전(冷戰)의 시나리오이다. 세계화는 지속하지만 분열된다.

세 번째, 중세(中世)의 시나리오이다. 중세시대와 같은 혼란과 암흑의 시기로 들어간다.

세 번째 시나리오부터 설명하면 앞으로 다음과 같은 3가지 세계과제를 우리 인류가 풀지 못하면 이 시나리오는 불가피하게 현실화될 것이다.

① 미국과 중국의 패권적 대국주의화(大國主義化) 여부, ② 21세기형 세계통치구조, 소위 신글로벌 거버넌스 창출의 성공여부, ③ 세계의 다수 국가에서 민주주의의 공고화 내지 안정화의 성공여부.

이상의 세 가지 세계과제를 제대로 풀지 못하면 세계화의 미래는 중세적 혼란과 암흑(Out of Control)을 맞게 될 것이다. 반면 이 세 가지 문제가 비교적 제대로 풀리면 인류는 중기적으로 번영의 시대를 구가할 것이고, 세계화는 지속적으로 확대되고 심화될 것이다. 그리하여 세계화는 아직도 지구 위에 많이 남아 있는 절대빈곤의 문제를 획기적으로 개선하는 새로운 인류의 역사를 만들 것이다.

두 번째 시나리오는 위의 세 가지 세계과제 중에서 미국과 중국의 문제가 제대로 풀리지 않을 때 발생할 수 있다. 즉 미국과 중국이 앞으로 세계패권을 다투게 되면 세계화는 진행되겠지만 두 개의 캠프로 나누어질 것이다. 미국과 유럽 중심의 소위 '자유민주주의적 시장경제'를 하는 캠프와 중국, 러시아 등을 중심으로 소위 '비자유민주주의적 시장경제'를 하는 캠프로 나누어질 것이다. 이 두 캠프가 21세기형 신글로벌 거버넌스를 만드는 데 얼마나 잘 협조할 것인가 등은 사실 지금으로서는 예측이 불확실하다. 소위 세계의 부와 권력의 중심이 상당 부분 동양으로 이동하고, 중국의 화평굴기(Peaceful Rising)가 끝난 다음의 이야기, 21세기 중반의 이야기이기 때문이다.

따라서 '세계화의 미래'는 위의 세 가지 세계과제가 어떻게 풀리는가에 의하여 결정될 것이다. 그렇다면 세 가지 과제에 대하여 좀 더 자세히 살

퍼보도록 하자.

1) 우선 세계과제의 첫 번째는 미국과 중국이 어떻게 될 것인가의 문제이다

소위 G2의 문제이다. 지금으로부터 지난 200년은 유럽과 미국이 중심이 되어 소위 대서양이 세계를 지배하는 시대였다. 그러나 앞으로 100년은 미국과 중국이 중심이 된 태평양이 세계를 지배할 것으로 전망된다. 따라서 G2가 어떠한 길을 가느냐에 따라 세계의 명운이 크게 좌우될 것이다. 그런데 좀 더 자세히 들여다보면 중장기적으로 미국은 '지는 해'이고 중국은 인도와 더불어 '뜨는 해'가 될 것이다. 주지하듯이 2030∼2035년 무렵이 되면 중국이 미국의 GDP를 넘어설 것이다. 그리고 2050년 무렵이 되면 미국과 서유럽의 GDP 합이 중국과 인도의 GDP 합보다 작아질 것이다. 1990년에는 미국의 GDP가 중국과 일본과 인도의 GDP를 합친 것보다 컸다는 사실과 비교하면 소위 세계권력의 축이 얼마나 빨리 유럽에서 아시아로 급속히 이동하고 있는지를 알 수 있다.[4] 문제는 이러한 변화에 대한 미국과 아시아의 대응이다. 세계권력의 대대적 이동에 대하여 과연 미국은 어떠한 자기적응을 할 것인가? 그 과정이 순조로울 것인가? 그리고 중국은 소위 도광양회(韜光養晦)[5]와 화평굴기의 시대가 끝나고 난 이후 어떠한 행보를 할 것인가? 과연 중국은 세계질서를 중국 중심으로, 즉 21세기판 중화주의(中華主義)를 재구축하려고 시도할 것인가? 아니면 기존의 세계질서를 받아들이고 현상유지의 방향으로 움직일 것인가?

---

[4] Gabor Steingart (2008). *The War for Wealth*. McGraw Hill.

[5] 자신의 재능이나 명성을 드러내지 않고 참고 기다린다는 뜻으로 1980년대 중국의 대외정책을 일컫는 용어.

2) 세계과제의 두 번째는 글로벌 거버넌스의 문제이다

즉 세계화가 제기하는 지구촌의 많은 문제군(群)을 어떻게 풀 것인가 하는 점이다. 예컨대 핵과 대량살상무기의 문제, 절대빈곤과 실패국가의 문제, 기후온난화와 자원부족의 문제, 불안정한 세계금융질서의 문제, 난민과 이민의 문제 등의 많은 문제들을 공정하고 효율적으로 풀기 위해서는 세계통치구조가 올바로 재구축되어야 한다. 이를 위해서 새로운 세계통치구조는 적어도 ① 정당성(legitimacy)과 ② 실효성(effectiveness)을 지녀야 한다. 그런데 기존의 UN, IMF, 세계은행 등의 세계통치구조는 그 구성원리가 과도하게 대서양적 선진국에 편향되어 있어, 즉 그들이 과다하게 대표되어 전 지구적 이해를 대변한다고 보기 어렵다. 그래서 정당성 내지 대표성이 약하다. 또한 그 운영원리를 보아도 1945년 이후 지난 60여 년간의 세계권력변화, 예컨대 중국, 인도, 일본, 브라질 등의 대두를 의사결정과정에 반영하지 못하고 있다. 따라서 세계 문제의 해결능력이 대단히 제한적이라 실효성이 부족하다.

지금까지 UN, IMF, 세계은행 등 세계통치구조의 개혁에 대해 많은 이야기가 있었지만 사실상 큰 진전은 없다. 이번의 G20 정상회담이 앞으로 하나의 희망이 될 수 있지 않을까 하고 기대해본다. 적어도 G20에는 선진국과 후진국이 동수(同數)로 대표되고 있어 조직의 정당성과 대표성이 높고, 또한 정상들의 모임이라서 여기서 합의되면 그 집행력에서 높은 실효성을 기대할 수 있기 때문이다.

3) 세계과제의 세 번째는 민주주의의 공고화 내지 안정화의 문제이다

지난 20세기는 민주주의가 꾸준히 확산되어 온 세기였다. 1900년 당시 세계의 민주주의 국가는 약 10개 국가 정도였다. 그것이 제2차 세계대전이 끝난 1945년 무렵에는 약 30개국으로 늘었지만 그 이후 1975년 무렵까지 큰 변화가 없었다. 그러다가 제2차 세계화의 물결과 냉전시대의 종말과 더불어 많은 나라들에서 민주주의가 성공하기 시작했다. 그래서 2000년 현재 세계의 민주주의 국가는 약 120개국 정도로 늘었다.[6] 따라서 지구촌의 대부분 나라들이 신생 민주주의 국가(new democracies)라고 볼 수 있다. 이들 신생 민주주의 국가들이 과연 '민주화'의 단계를 지나 '자유화'까지 성공하여 소위 자유민주주의의 공고화까지 성공할 것인가? 하지만 자유민주주의의 안정적 정착까지를 이루어낼 것인가 하는 문제는 결코 간단하지 않다고 본다.

'민주화'는 엄밀히 말하면 국민들이 투표를 통히어 정권을 비꿀 수 있는 것을 의미하고 '자유화'는 그렇게 등장한 정권이 국민의 자유와 권리, 재산과 생명을 하늘처럼 떠받드는 것을 의미한다. 그런데 미국과 유럽은 자유화는 13세기부터 민주화는 20세기 들어서 시작된 '선 자유화, 후 민주화'의 역사를 거쳤다.[7] 미국과 유럽에서는 이미 자유화의 진전이 있었기 때문에 민주화에만 성공하면 자유민주주의로 발전하기가 비교적 용이하였던 것이다. 그러나 대부분의 비유럽 국가들은(한국도 포함하여) 모두 민주화가 자유화보다 선행하는 '선 민주화, 후 자유화'의 역사를 가진 국가들이다. 대부분 비유럽 국가들은 자유화 전통 없이 1945년 이후 혹은 1980년 이후 민주화가 시작됐기 때문에, 비록 민주화에 성공해도 자유화

---

6 Michael Mandelbaum (2007). *Democracy's Good Name*. Public Affairs.

7 Fareed Zakaria (2003). *The Future of Freedom*. Norton.

까지 자동적으로 성공하리란 보장이 없다. 사실 비유럽국가에서 많은 나라들이 민주화에는 성공했지만 자유화에 실패해(그 중요한 이유는 포퓰리즘의 등장에 있지만) 소위 비자유민주주의(illiberal democracy)가 되는 경우가 적지 않은 것이 20세기 후반의 역사 경험이다.

그런데 세계화라는 지구적 시장질서의 확대는 법치주의를 전제로 한 자유민주주의적 정치질서 속에서 가장 잘 발전한다. 따라서 많은 나라에서 자유주의의 후퇴나 민주주의의 실패가 일어나면 세계화의 후퇴를 수반할 위험이 높다. 특히 민주화과정에서 일부 선동가들에 의하여 포퓰리즘이 등장하면, 그래서 집단이기주의나 지역이기주의와 결합하면 법과 원칙과 역사를 무시한 국정운영이 나타나 시장경제의 발전을 크게 해치게 된다. 일반적으로 포퓰리즘의 등장은 대내적으로는 노동자, 농민, 저소득층 등과 같은 이익집단의 목소리를 키우고 대외적으로는 배타적 민족주의 정서와 영합하게 된다. 이렇게 되면 소득재분배를 위한 국가주의적 개입의 증대, 보호무역주의로의 후퇴 등의 부작용을 낳을 뿐만 아니라, 새로운 글로벌 거버넌스를 만들어나가야 할 합리적 국제공조와 이를 위한 타협 자체가 국내정치적 여건상 불가능하게 된다.

이상의 3가지 세계과제를 인류는 과연 잘 풀어나갈 것인가? 물론 그 답은 간단하지 않다. 그러나 여러 가지를 종합해볼 때 앞으로 어떠한 시나리오가 유력할지는 예상할 수 있다. 생각건대 번영과 냉전의 시나리오의 중간쯤이 아닐까 희망한다. 적어도 중세의 시나리오로는 가지 않을 것으로 본다.[8]

이러한 '상대적 낙관론'을 갖는 근거는 무엇일까? 세 가지 근거를 생각해볼 수 있다. 하나는 지난 60년간 EU의 역사적 성공경험이 인류에게 주는 새로운 가능성이다. EU의 성공경험은 우리가 노력하면 개별 국가이익을 넘어 세계이익의 관점에서 새롭고 합리적인 세계통치구조를 만들 수 있다는 희망과 자신감을 주기 때문이다. 긴 역사에서 볼 때 EU의 성공은 인류 역사발전에 대단히 큰 실험이고 큰 성공이라고 볼 수 있다. EU는 전쟁과 혁명의 대륙인 유럽을 반(半)영구평화의 대륙으로 만드는 데 성공했을 뿐 아니라, 유럽 전체의 공동선(共同善)을 위하여 선진지역이 국민국가의 경계인 국경을 넘어 낙후지역을 지원하는 일까지도 성공시켰기 때문이다. 지구촌이익을 위하여 국가이익을 넘어설 수 있다는 가능성을 보였다.

상대적 낙관론의 두 번째의 근거는 앞으로 세계권력의 중심이 동양으로 이동하면 할수록 동양적 사고와 사상이 세계표준(global standard)에 미치는 영향이 커질 것이라는 점이다. 그런데 동양의 사고는 서양의 사고보다 훨씬 공동체주의적이다.[9] 국민국기이익을 넘어 지구공동체라는 시각을 가진, 바로 이 공동체적 사고가 지구촌 위에 많아지면 많아질수록 앞으로 보다 합리적인 세계통치구조를 만들어나가는 것이 상대적으로 용이하지 않을까 기대한다.

세 번째 근거는 과학기술의 발달에 대한 기대이다. 세계적 초분쟁의 시대, 소위 중세적 시대로 가지는 않을 것이라는 예측은 현재 진행되고 있는 과학기술의 혁명적 발전에 대한 기대에서 온다. UN 연구서를 보면 2050년경 세계인구는 89억 2,000만 명, 2075년에는 92억 2,000만 명까지 올라갈

---

[8] 물론 중세의 시나리오로 간다고 보는 견해도 있다. 미국의 시대가 2035년경에 끝나면 다극화된 세계가 적어도 2035~2060년까지 이어져 대대적인 국제분쟁의 시대(초분쟁의 시대)로 간다고 보는 견해도 있다. Jacques Attali (2008). 《21世紀の 歴史: 未來の人類から 見た 世界》(林昌廣 譯). 作品社.

[9] 동양에서 인간은 개체적 존재이면서 동시에 공동체적 존재로 이해된다. 서양에서와 같이 '사회에 대립하는 인간' '자연과 대결하는 인간' 이라는 이원론이 동양에는 없다. 따라서 만일 동양적 사고가 좀 더 인류의 사고전체에 영향을 줄 수 있게 된다면, 인간이 개체의 이익을 넘어서 전체의 이익에 기초한 합리적 행동을 할 수 있는 가능성을 높이지 않을까 기대한다.

것으로 예측되고 있다. 2000년 현재의 약 60억 7,000만 명보다 거의 30억 명이나 증가할 것으로 예측된다.[10] 결국 자원부족, 물과 에너지 부족, 식량부족 그리고 지구온난화의 악화 등은 필연적 결과가 될 것이다. 이 문제를 제대로 풀지 못하면 국제적 긴장과 분쟁은 불가피할 것이다. 그러나 현재 혁명적 발전이 진행되고 있는 NT, ET, BT, IT 등의 과학기술 발달이 결국은 이 자원 부족의 문제를 해결하리라고 본다. 지난 오랜 역사를 길게 보면 결국 인류는 지구자원의 부족을 항상 지식의 생산과 축적으로 해결해왔다고 생각한다.

그러나 비록 상대적 낙관론이라고 해도 이를 강하게 주장하기 어려운 것은 바로 민주주의와 관련되어 있다. 앞으로 세계 여러 나라에서 민주주의의 안정화와 공고화에 대하여 낙관하기 어렵다. 세계가 다극화되어 서로 협력하고 경쟁하는 체제로 갈 때 각국에서 현재 확산되고 있는 민주주의가 과연 건강하게 정착할 것인가? 민주화의 단계를 넘어서 자유화까지 갈 것인가? 그래서 세계 여러 나라에서 자유민주주의가 꽃을 피울 것인가? 이 문제에 대하여 솔직히 자신이 없다. 아니, 비관적인 생각이 적지 않다.

우리가 적절한 세계통치구조를 잘 만들지 못하면 세계화는 중장기적으로는 시장제국주의로 발전할 수도 있다. 그러면 세계화 내지 시장제국주의가 가져올 시장의 폭력(사회적 불평등, 사회적 불안정, 분배악화 등)을 막기 위하여 민주주의의 확산과 심화는 절대적으로 필요하다. 민주주의만이 이 시장의 폭력에 대하여 유효한 견제수단이 될 수 있다.[11] 그런데 문제는 민

---

10 UN (2004). *World Population 2300.*

주주의가 사회경제적 불평등을 줄이는 수준을 넘어서 시장 자체를 파괴하는 수준까지 발전하지 말라는 법이 없다는 데 있다. 소위 오랫동안 정치사상가들이 걱정했던 과잉민주주의 문제, 즉 폭민화, 우민화의 문제이다. 과연 오늘의 민주주의는, 오늘의 민중들은 자기억제력을 가질 수 있을까? 그래서 자유민주주의의 기본을 지켜나갈 수 있을까? 어떻게 하면 그것이 가능하도록 할 것인가.[12] 이것이 사실 인류의 미래를 생각할 때, 그리고 세계화의 미래를 예측할 때 가장 중요한 문제의 하나이다.

4. 장기적(100~200년) 전망: 세계화 내용이 크게 변화

향후 100년 후를 전망한다면 세계화는 진전되면서 그 내용이 크게 변화할 것으로 보인다. 장기적으로 보면 세계는 크게 두 방향의 흐름이 중첩적으로 진행되지 않을까 생각한다. 하나는 지속적인 지구적 규모의 시장의 확대와 심화이고, 다른 하나는 동네시장 내지 지역시장으로의 회귀이다. 동네시장 내지 지역시장의 재등장과 동시에 시장의 형식과 내용도 달라질

---

11 사실 부의 분배에는 두 가지 메커니즘이 있다. 하나는 시장이고 다른 하나는 민주주의이다. 전자는 부의 증대에 크게 기여하지만 분배에서는(특히 세계화시대에는) 평등과 격차를 증대하는 경향을 가진다. 물론 민주주의도(법의 지배 등으로) 부의 증대에 기여하지만 분배에서는 사회경제적 불평등과 격차를 줄이는 데 크게 기여한다.

12 혹자는 민주주의를 지키기 위하여 자유무역주의보다 협조적 보호무역주의를 선택하는 것이 어떤가 하는 주장을 하기도 한다. Emmanuel Todd (2009), 《デモクラシー 以後: 協調的 保護主義の 提唱》(石崎晴己 譯), 藤原書店.
물론 민주주의를 지키기 위하여 일부 보호무역주의의 도입을 통하여 급격한 구조조정의 고통을 줄이는 노력이 필요한 측면도 있기는 하다. 그러나 민주주의 자체의 성공을 위한 노력이 반드시 있어야 한다. 뒤에서 논하겠지만, 예컨대 지도자의 리더십과 비전, 그리고 국민들의 민주시민의식 내지 공화주의적 공민의식을 제고하는 제도적·정책적 노력 등이 민주주의 성공을 위하여 대단히 중요하다고 본다.

것으로 본다. 종전과 같은 지구적 규모의 제조업과 서비스시장도 여전히 존재하고 발전하겠지만 새로운 형식과 내용의 시장들 또한 다수 등장할 것으로 본다. 예컨대 자연보호시장, 이웃배려시장, 문화유산보존시장, 정신적 가치교환시장 등의 새로운 시장 분야(이윤보다 가치추구적인 시장 분야)가 빠르게 커질 것이다. 그리고 시장에서의 교환도 반드시 화폐를 매개수단으로 하지 않는 물물교환 또는 상호성을 매개하지 않는 일반적 증여 등이 지난 250년보다 많이 등장할 것으로 본다. 그러면서 이 구시장 분야와 신시장 분야가 때로는 서로 경쟁하는 모습을 가질 것이다.

한마디로 앞으로 100~200년을 내다보면 근대는 불가피하게 종말을 고할 것으로 보인다. 소위 근대성(modernity) 내지 '근대의 시대'가 끝날 것으로 본다. 1750년 무렵부터 본격적으로 시작된 경제적 의미의 근대는 앞으로 100~200년 안에 끝날 것이라는 의미다. 근대의 종말은 과연 무엇을 의미하고 그 배경은 무엇인가?

첫째, 근대의 종말이란 더 이상 우리가 사는 시대가 '진보의 시대'가 아님을 의미한다. 이제는 인류의 목표가 단선적인 무한성장에서 순환(循環)으로의 전환이 불가피해짐을 의미한다. 둘째는 경제적 가치가 더 이상 인류가 지향하는 가장 중요한 목표가 될 수 없음을 의미한다. 다시 말하면 경제적 가치보다 문화적, 정신적 혹은 영적 가치의 중요성이 훨씬 커짐을 뜻한다. 요약하면 '진보에서 순환으로' '경제에서 문화로' '물질에서 정신으로' 그리고 '이기(利己)에서 이타(利他)로'의 인류사회의 대전환 내지 대혁명(great revolution)이 일어나지 않을까 생각한다. 근대의 시대가 끝나고 본격적인 탈(脫)근대의 시대가 시작되는데 이 탈근대는 사실 근대 이전인 전(前)근대시대와 일정 부분 유사점을 갖게 될 것이다. 동양의 역(易)의 용어를 빌리면 '화(火)의 시대'가 끝나고 다시 '토(土)의 시대'가 열린다고 보아도 될 것이다.

왜 근대가 끝난다고 보는가? 몇 가지 이유가 있다. 우선, 세계는 사실 폐쇄적 시스템이기 때문이다. 세계는 무한히 열려 있는 시스템이 아니다. 우리가 동네시장에서 지방시장으로, 국민국가시장으로, 나아가 지역시장, 더 나아가 세계시장으로 우리의 경제활동범위를 확대해나가는 소위 '근대의 시대'에는 세계란 우리에게 무한히 열린 시스템(open system)으로 받아들여졌다. 산업화의 시대에 우리는 별 생각 없이 자연파괴와 자원착취를 하면서도 여전히 세계를 무한히 열린 시스템으로 이해하며 안심해왔다. 특히 우리나라처럼 소규모 개방경제의 경우는 더욱더 그렇게 생각하는 경향이 컸다. 그러나 사실 지구는 하나의 자기완료적인(기후, 자원의 제약성 등) '폐쇄적 시스템'이다. 따라서 근대의 무한지속, 무한진보와 무한성장은 바람직하지 않을뿐더러 가능하지도 않다.

오늘날 개별 국가에서는 아직도 슘페터적인 '공급 측 정책'이 여전히 중요한 위치를 점하고 있다. 그러나 이번 2008년의 글로벌 금융위기에서도 보았지만 세계 전체의 수준에서는 케인즈적 '수요 측 정책'이 다시 유효해지고 있다. 그 이유는 개별 국가 차원에서는 세계를 아직도 열린 시스템으로 볼 수 있지만, 환언하면 공급능력만 탁월하면 얼마든지 세계시장으로 진출 할 수 있지만, 세계 전체로서는 폐쇄적 시스템으로서의 세계의 한계가 나타나고 있기 때문이다. 다시 강조하지만 열린 시스템을 전제로 한 무한진보는 더 이상 어렵다는 이야기다.

둘째, 시장경제 내지 자본주의의 최대 문제점이나 약점은 과부유화(over-affluence)에 있다.[13] 세계화의 문제도 마찬가지다. 지난 250년간 인간의 경제적 이기심에 기초한 근대적 시장경제의 역동성과 생산성은 실로 눈부신 성장과 발전을 가져왔다. 그러나 그것이 근대적 시장경제의 장점이면서 동시에 단점이다. 지금까지 진행되어 온, 그리고 앞으로 진행될 세계화는 다수의 인류를 오래된 빈곤에서 구해왔고 앞으로도 또한 구할 것이다. 그러나 동시에 많은 인류를 과부유화시킬 것이다. 그런데 과부유화는 점점 지속가능하지 못하게 될 것이다. 하나는 지구의 부존자원의 한계 때문일 것이다. 물론 기술발달이 상당 부분 부존자원의 한계라는 문제를 해결할 수 있을 것이다. 그러나 더욱 큰 한계는 '물질적 풍요'와 조화할 수 있는 인류의 '정신적·영적 성숙'이 함께하지 못한다는 데서 온다. 물질은 개벽하는데 정신이 개벽하지 못하기 때문이다. 따라서 과부유화는 불가피하게 자기수정을 하면서 근대를 끝내는 방향으로 움직일 것이다.

셋째, 근대의 종말은 인구고령화의 진전과 깊은 관계를 갖게 될 것이다. 세계인구가 현재의 약 65억 명에서 2050년 약 89~90억 명 수준으로, 2100년 약 91~95억 명 수준으로, 그리고 2200년에는 약 85~100억 명 수준으로 증가할 것으로 예상된다. 인구의 증가가 큰 문제인 것은 사실이나 더 심각한 것은 인구의 고령화이다. 세계인구에서 60세 이상의 인구비중이 현재의 10% 수준에서 2050년에는 약 22% 수준으로 증가할 것으로 예상된다. 우리나라의 경우는 고령화가 더 급속히 진행되고 있다. 60세 이상 인구가 현재의 약 14% 정도 수준에서 2050년이 되면 총인구의 33%를 넘

---

13 시장경제 자본주의의 문제점을 빈부격차의 증대, 특히 세계화시대에는 양극화의 심화로 보는 견해가 있다. 단기적으로는 맞는 이야기이다. 그러나 신산업정책으로 인한 세계화 부문과 비세계화 부문의 격차 축소, 그리고 민주주의의 발전(국민의 요구증대)에 수반하는 새로운 삼각복지체제(평생교육—평생고용—평생복지)의 구축 등으로 빈부격차의 증대 문제는 해결방법을 찾을 수 있다. 그러나 시장경제가 가져오는 과부유화의 문제는 결코 쉽게 해결할 수 없다고 본다.

어설 것으로 보고 있다.[14] 인구의 고령화는 가족 문제, 성장과 생산성, 고용과 교육, 그리고 사회보장 등과 같은 여러 가지 사회경제적 문제를 일으킬 것이다. 그런데 보다 큰 변화는 인간의 삶의 의미와 가치를 크게 바꾸어나가는 데서 올 것이다. 이미 근대화와 세계화가 가져온 상당수준의 물질적 풍요를 전제로 성장보다는 안정, 경제보다는 문화, 물질보다는 정신 등 지금까지 근대가 추구해온 삶의 목적과 가치에서 탈근대 내지는 반근대의 방향으로 지속적인 가치관의 변화가 일어나리라 예상한다.

요약하면 인류는 앞으로 100~200년 사이에 근대를 끝내고 새로운 패러다임에 기초한 '신문명의 시대' 혹은 '반문명의 시대'를 열 것이다. 물론 지구적 규모의 세계화가 상당히 진전된 상황에서 인류는 새로운 문명(정신주의, 애타주의, 창조주의, 조화주의, 초자유주의 능)을 향한 새로운 노약을 모색할 것으로 본다.

5. 대한민국의 경우: 중단기적 도전

21세기 초 대한민국은 어떠한 중단기적 도전에 직면해 있는가? 초세계화시대 국가와 국민이 성공하기 위하여 어떠한 노력을 해야 하는가? 우리나라는 현재 다섯 가지 도전 내지 과제를 맞고 있다고 생각한다.

---

[14] 최근 우리나라 정부의 인구추계에 따르면 65세 이상의 고령인구가 2005년 현재는 9.1%로 일본, 이탈리아, 프랑스 등 선진국 수준에 비하여 낮은 편이나 2030년에는 24.3% 그리고 2050년에는 38.2%로 당시 선진국 평균수준인 25.9%보다 높은 수준에 이를 것이 우려된다. 선진국 일반의 경우보다 훨씬 빠른 속도로 고령사회에 진입할 것으로 보고 있다.

1) 새로운 발전동력과 발전전략을 세워야 하는 도전이다

지난 60년간 건국-산업화-민주화에 성공하고 이제 대한민국은 중진국 선두주자가 되었다. 앞으로의 국가목표는 명실공히 세계일류국가(선진국)의 하나가 되는 선진화이다. 중국의 급속한 성장, 2008년 글로벌 금융위기 등을 거치면서 달라지는 세계의 환경 속에서 우리나라는 과거의 동아시아 모델(박정희모델)과 최근의 워싱턴컨센서스(Washington Consensus) 모델을 넘어서는 새로운 발전모델과 발전전략을 찾아야 한다. 이를 워싱턴컨센서스 대신에 서울 컨센서스(Seoul Consensus)로, 또는 '신자유주의모델' 대신에 '공동체자유주의모델'로, 혹은 '후진국발전모델' 대신에 '중진국발전모델'이라고 부르려고 한다. 이것을 찾아내는 것이 중요한 국가 과제이다. 이것을 개발하고 제시할 수 있어야 우리는 21세기 초세계화 시대에 선진경제로의 진입이 가능할 것이다.

2) 자유민주주의를 성공시켜야 하는 도전이다

우리 사회의 경우 민주화에는 성공하였지만 자유화는 아직 과정에 있다. 자유화까지 성공하여 명실공히 자유민주주의국가가 되어야 선진국이 될 것이다. 그런데 사실 자유민주주의는 성공하기가 대단히 어려운 제도이다. 서구에서 들어온 제도인 자유민주주의가 성공하려면 몇 가지 조건이 필요하다.

첫째, 국가지도자의 리더십과 민본주의(民本主義)가 바로서야 한다. 지도자들이 수기안민(修己安民)하고 선공후사(先公後私)하는 정신과 덕목을 가져야 한다. 쉽게 표현하면 정치지도자들이 사심을 접고 국익과 공익을 위해 헌신하는 사람들이어야 한다. 조선조 시대의 애민(愛民)정치와 위민(爲民)행정이라는 전통, 환언하면 민본주의의 전통을 현대화해야 한다. 그러하지 못하면 민주화과정이 선동가들의 인기영합과 포퓰리즘의 경쟁이 될 위험이 크다.

둘째, 국민들의 민주책임의식을 높여서 모두가 공민(公民)이어야 한다. 공민이란 자신의 이익과 공동체의 이익을 함께 생각할 수 있는 국민, 그리고 이 두 가지를 조화하려고 노력하는 국민이다. 이러한 공사조화(公私調和)의 국민을 서구적으로 표현하면 공화주의(共和主義)의 덕을 가진 국민이라는 뜻에서 공민이라고 불렀다. 과거 조선에서는 이것을 '충(忠)'이라고 하였다. 국민들의 다수가 '나라를 사랑하는 국민'이 되어야 자유민주주의에 성공할 수 있다. 나라사랑이 없으면 민주화과정에서 국민은 쉽게 야심가들에 의하여(집단이기주의나 지역이기주의에 빠져) 폭민화(暴民化)히기니 우민화(愚民化)되기 쉽다.

셋째, 지식인들이 시대의 공론(公論: public judgement)을 바로 세워야 한다. 학자와 언론 그리고 종교인과 사회운동단체들이 사회의 올바른 정론(正論)을 세우려고 노력하는 나라는 건강한 나라이다. 그러한 나라에서는 국가운영이 단순히 여론(輿論: public opinion)이나 중론(衆論: mass opinion)에 의하지 않고 공론에 의하여 운영된다. 그래서 자유민주주의도, 국가발전도 성공하게 된다. 그런데 학자와 언론이 정파적이 되고 종교인과 사회단체들도 파당적이 되면 국민은 혼란스럽고 그 나라는 어지러워진다. 그러면 국가운영은 법과 원칙에 따라 운영되지 못하여 헌정주의(憲政主義)와 법치주의는 파괴되고 자유화는 좌초하게 된다. 그래서 이율곡 선생께서 "선비들이 나라의 공론을 세워야 하고 선비들이 세운 나라의 공론이 그 나라의 원기(元氣)다"라고 하셨다. 그리고 "공론이 조정에도 없고 시중에도

없으면 그 나라는 망한다"고 하셨다.[15]

3) 민족통일을 이루어내야 하는 도전이다

해방 후 대한민국에는 세 개의 국가 프로젝트가 있었다. 경제발전, 민주주의, 민족통일이 그것이다. 경제발전을 보면 우선 산업화에 성공하여 중진국 선두주자까지 올라왔다. 이제는 경제의 선진화가 남은 과제이다. 민주주의를 보면 우선 민주화까지는 성공했다. 앞으로 자유화까지 이루어내어 소위 자유민주주의를 이루는 것이 정치선진화의 남은 과제이다. 그중 아직 진전이 없는 것이 바로 민족통일 프로젝트이다. 그런데 최근 들어 큰 변화가 오고 있다. 통일의 시기가 다가오고 있다고 본다. 변화를 예상하는 가장 중요한 이유는 현재 북한에서 체제위기가 심화되고 있기 때문이다. 이대로는 북한이 체제실패로 갈 가능성이 크다. 본래 궁즉변(窮則變: 어려우면 변화해야 한다)이어야 하는데 불행하게도 북한은 비핵화의 의사도, 체제의 변화와 개방을 추진할 의사도, 능력도 없는 것 같다. 그래서 빠른 속도로 체제실패로 가고 있다.

문제는 오히려 남한이다. 남쪽에 있는 소위 보수우파는 통일비용을 걱정하면서 통일에 소극적이다. 또한 진보좌파는 통일 대신에 평화를 노래하며 통일에 소극적이다. 좌와 우가 이처럼 모두 통일에 소극적이다. 여기에 바로 오늘날 대한민국의 진정한 위기가 있다. 우리가 한반도의 통일에 소극적이면 결국 4대 강국의 이해관계에 의해 한반도의 역사가 써질 것이다. 그리고 그것은 한탄스럽게도 새로운 분단의 등장과 분단영구화의 방

---

15 김익수, 조남국, 박병호, 김용환 (1997). 《율곡의 개혁사상(하)》(pp.335~345). 율곡사상연구원.

향으로 나아갈 것이다. 따라서 이제는 단순한 '분단관리론'을 넘어서 '적
극적 통일론'으로 국민의 뜻을 모으고, 북한동포에게 우리의 진정성을 알
리면서, 4강을 적극 설득해나가야 한다. 그렇지 못하면 분단영구화라는
부끄러운 유산을 후손에게 남기게 된다. 결국 통일을 향한 우리의 단호한
의지와 열정이 무엇보다 중요한 시점이다.

4) 중국 문제를 풀어야 하는 도전이다

21세기 세계권력 변동의 가장 큰 특징의 하나는 아시아의 부상, 특히
중국과 인도의 부상이 될 것이다. 그중에서도 한반도와 국경을 맞대고 있
는 중국의 급격한 경제적·군사적 부상은 우리에게 대단히 풀기 어려운
많은 과제를 줄 것이다. 우선 시급한 것만 봐도 세 가지의 도전이 등장하
고 있다.

첫 번째, 경제적·기술적 도전이다. 구체적으로는 '우리의 경제와 기술
이 중국의 추격에 어떻게 대응하고, 중국의 성장과 어떻게 연계하며 우리
의 발전전략을 짤 것인가?' 이다. 그리고 더 나아가 '동아시아의 경제협력'
을 어떻게 발전시켜 인근 국가들과 함께 보다 공식적·다자적(多者的) 틀 속
에서 중국과의 협력과 경쟁관계를 발전시켜 나갈 수 있게 할 것인가?

두 번째는 정치적·안보적 도전으로 첫 번째보다 더욱 어려운 도전이
다. 과거 수천 년 동안의 역사를 보면 중국이 내부 문제를 해결하고 거대
단일 통일국가가 되면 반드시 대외패권의 길을 걸었다. 이로 인해 한반도
는 정치적으로 자존과 안보적으로 평화를 지키기 어려웠다. 불행하게도
그것이 한반도가 처해 있는 지정학적인 운명이다. 결국 중국과 잘 지낼 때
는 큰 문제가 없겠지만 양국의 국가이익이 충돌할 때는 문제가 된다. 그러

할 때 '우리는 어떻게 자존과 번영을 지킬 것인가? 어디서 중국을 견제할 힘을 만들 것인가?' 하는 문제에 대하여 깊이 생각하고 대비해야 한다. 자강노력, 동맹전략 그리고 균세전략을 어떻게 짜나가야 할 것인가에 대하여 구체적 노력이 있어야 한다.

세 번째는 문화적·정신적 도전이다. 우리는 조선시대에 중화(中華)중심주의(Sino-Centrism) 속에서 살아왔고 해방 이후에 서구(西歐)중심주의(Euro-Centrism) 속에서 살아왔다. 21세기에는 중화중심주의가 다시 부활하고 서구중심주의는 상대적으로 위축의 길을 갈 것이다. 의문은 이러한 세기적 문화변동 속에서 우리가 과연 코리아중심주의(Korea-Centrism)를 만들어낼 수 있을까 하는 점이다. 코리아중심주의가 되려면 적어도 우리들 스스로 사상적·문화적 자기정체성이 뚜렷해야 한다. 예컨대 대한민국의 유교가 중국의 유교와 어디가 같고 어디가 다른지 확실하게 나와야 한다. 대한민국의 불교와 중국의 대승불교가 어디가 같고 어디가 다른지 나와야 한다. 그러지 못하면 우리의 유교와 불교는 중국문화의 아류에 불과하게 된다. 변방문화에 불과하게 된다.

동시에 우리의 주장과 사상과 문화가(대한민국의 유교와 불교가) 인류보편성을 가져야 한다. 그런데 과연 우리는 그 일을 해낼 수 있는가? 이것이 큰 도전이 될 것이다.[16]

가장 시급한 것은 아마 '전통의 현대화' 작업일 것이다. 우리는 우리의 과거 역사, 문화, 전통의 가치와 의미를 잊고, 심지어 때로는 적극 부정하

---

[16] 나는 개인적으로 한국의 유교와 불교는 중국의 그것과 크게 다르다고 본다. 중국에는 없는 장점이 많다고 본다. 문제는 그것을 어떻게 발견하여 정리하고 세계화하느냐이다. 민관 모두의 관심과 투자가 필요한 분야이다. 중장기적으로 대한민국의 소프트파워(soft power)를 만들어나가는 데 대단히 중요한 정책과제가 될 분야이다.

면서 산업화와 민주화의 시대를 살아왔다. 그러나 이제는 과거 속에서 전통의 가치, 윤리, 사상, 철학을 다시 찾아 그것을 21세기적 지구의식(global consciousness)과 결합해야 한다. 우리의 역사와 전통을 현대화하고 미래화하면서 새롭게 복원시켜야 한다. 다시 강조하지만 이 일을 하지 못하면 우리는 중국의 사상적·문화적 변방으로 전락할 것이다. 그러면 당연히 진정한 선진국이 될 수도 없을 것이다.

5) 새로운 역사의 주체를 만들어내야 하는 도전이다

초세계화의 시대에 '선진화와 통일'에 성공하려면 우리나라에 반드시 새로운 역사의 주체가 나와야 한다. 새로운 역사는 새로운 역사의 주체가 등장할 때 가능하다. 산업화시대에는 산업화의 주체가 있었고 민주화시대에도 민주화의 주체가 있었다. 그런데 오늘날은 선진화와 통일의 시대인데도 유감스럽게 우리 사회에서 선진화와 통일의 주체가 안 보인다. 어느 시대에나 그 시대의 중심목표, 중심가치 그리고 중심세력이 있기 마련인데 지금은 그러하지 못한 것 같다.

안타깝게도 오늘 우리 사회는 대부분 객(客)으로 차 있다. 주인이 없다. 주인의식을 가진 지도자들이 잘 보이지 않는다. 아니, 지도자만이 아니다. 국민도 대부분 스스로를 손님처럼 느끼고 생각하고 행동한다. 주인처럼 생각하고 행동하는 사람들이 적다. 이런 형편이니 우리 사회에서는 국민의 세금으로 운영되는 국가를 자기들의 개인적 목적에 이용하는 데만 열을 올리는 경향이 있다. 정부에 대한 막무가내식 지원 요구, 불합리한 세금탕감 요구, 부실한 연구용역 등 국가라는 공동체를 심하게 표현하면 착취하는 데 급급한 경우가 많다. 반면 국가를 부유하게 만들려는 노력은 부족하다.

국가에 대한 주인의식도 부족하다. 결국 이제는 이 나라에 뚜렷한 주인 의식을 가진 새로운 역사의 주체가 등장해야 한다. 이 문제를 풀어야, 즉 새로운 역사의 주체를 만들어야 초세계화 시대의 도전을 넘어 선진화도 그리고 통일도 이루어낼 수 있을 것이다.

6. 맺는 말

지금까지 본 바와 같이 세계와 우리나라는 대단히 어려운 여러 도전에 당면해 있다. 과연 인류는, 그리고 우리 국민은 이러한 도전들을 잘 해결 할 수 있을까? 그래서 행복한 세계와 통일된 선진한반도를 제대로 만들어 나갈 수 있을까? 솔직히 여기에 답하는 것은 어렵다. 그러나 한 가지 확실 한 것은 우리의 미래는 지금 우리가 어떠한 신념을 갖고 어떠한 노력과 준 비를 하느냐에 달려 있다는 점이다. 미래는 불확실하지만 인과(因果)는 확 실하기 때문이다.

그래서 신채호 선생께서 "역사는 국민의 생각이 만든다"고 하셨다. 우 리가 어떠한 생각을 가지고 어떠한 노력을 하느냐가 우리의 미래를 결정 할 것이다. 그렇다면 과연 인류가 지금 초세계화시대가 제기하는 각종 도 전을 극복하고 번영의 시대를 열어갈 것인가? 또한 우리 대한민국이 각종 도전을 이겨내고 통일된 선진한반도의 꿈을 이루어나갈 것인가? 이 두 문 제에 대한 답은 결국 오늘을 사는 우리들의 생각과 노력(우리들의 신념과 헌 신)에 달려 있다고 보아야 할 것이다.

특히 현재의 20~30대들이 어떠한 생각을 하고 어떠한 준비를 하느냐가 중요하다. 이들이 앞으로 20~30년 후에 대한민국을 책임지고 그리고 동아시아의 역사를 만들어나갈 인재들이기 때문이다. 이들의 생각과 식견, 기개와 품격이 우리 대한민국과 동아시아의 미래를 결정할 것이다. 따라서 오늘의 기성세대는 이들 20~30대의 미래세대에게 어떠한 안내서를 주고, 무엇을 가르쳐주며, 스스로 말과 행동으로 어떠한 전범을 보일 것인지 깊이 고민해야 할 것이다.

| 개요 |

세계화로 인해 더욱 급속히 확산된 것으로 보이는 글로벌 금융 위기는 필연적으로 세계화의 미래에 대한 논쟁을 낳았다.

토론자들은 단기적 관점에서는 세계화의 지속에 긍정적인 전망을 나타냈다. 세계화로 얻을 수 있는 이득이 크고, 아직은 미국의 리더십이 확고하고, 중국의 도전이 미약하기 때문이라는 것이다. 그러나 장기적 관점에서는 불확실성이 상당히 커질 것이라는 의견이 많았다.

많은 토론자들은 세계화가 지속된다고 하더라도 이전과는 다른 방향을 모색할 것이라는 데 의견을 같이하며 경쟁력과 이익추구 일변도의 현재 체제를 돌아보고 과학기술, 고령화, 인구과잉 등의 문제와 철학, 종교를 아우르는 새로운 움직임이 생겨날 것이라고 전망했다.

세계화에 대한 실용적인 접근에 대한 요구도 주목할 만하다. 그간 세계화에 대한 이론적인 논의는 많았으나 실천적인 연구는 부족했음을 지적하며, 이에 대한 연구를 활발히 진행하고 한국의 역할을 적극적으로 모색하는 것이 필요하다는 시각이었다.

현정택 발제자의 세계화에 대한 긍정적인 전망에 동감한다. 자료상으로 볼 때, 세계화의 진전으로 절대빈곤층이 많이 줄었고 중간층은 늘었다. 경제학자 입장에서 이론의 여지가 없다고 본다. 그러나 사회에는 경제학만으로 설명할 수 없는 현상들이 나타난다. 노조활동과 자유무역 반대운동 등이 그것이다.

한국에 대한 시사점을 살펴보면, 유독 한국에서 반세계화운동이 큰 흐름으로 존재한다는 것이다. 특히 여론을 형성하는 미디어의 문제가 아닐까 생각한다. 방송, 신문 등에서 민족주의적인 언급이 나오면 그쪽으로 사회 분위기가 흘러간다. 여론홍보에 대한 대책이 필요하다.

중국 문제에 대한 중요성 지적에 깊이 동감한다. 단기적으로만 볼 때 중국이 세계의 공장 역할을 하고 있지만, 차후 중국이 세계의 시장으로서 변화해간다면 우리나라의 수출 문제가 많이 해소될 수 있다고 보고 현재 연구 중이다.

정구현 킨들버거 교수의 견해에 따르면 대공황의 심화는 글로벌 리더십의 부재 때문이었다. 영국은 능력이 없었고 미국은 능력은 있었으나 의지가 없었다. 그래서 세계화의 후퇴기를 맞은 것이다. 나는 발제자의 세계화 지속에 대한 낙관론에 동의하는 입장이다. 미국의 리더십이 아직 확고하고, 중국의 도전도 향후 20년은 미약할 것이다. 미국의 리더십과 세계공조가 유지되고, 따라서 보호주의가 확산되지 않아 세계화가 유지될 듯하다. 그러나 20~30년 후에는 불확실성이 상당히 커질 것으로 본다.

최흥식 호모사피엔스와 네안데르탈인이 공존하다가 자유교역과 분업을 했던 호모사피엔스가 살아남았다. 그러나 무역의 자유화와 금융 부분의 세계화는 다른 문제다. 글로벌 금융위기를 겪으면서 많은 사람들이 금융의 세계화가 매우 큰 리스크를 안고 있다는 사실을 느끼게 된 듯하다.

유한책임 주식회사가 자본주의에 역동성을 부여하고 확장에 기여했지만 역으로 문제도 발생시켰다. 주식회사로서의 금융회사는 더 큰 위험을 안고 있다. 금융의 기본은 신뢰인데 정보의 비대칭으로 연결되면 굉장히 위험해지고, 이것이 글로벌 수준으로 확대되면 더욱 그렇다. 금융의 세계화를 적극 활용한 조지 소로스마저도 금융의 세계화를 막아야 한다고 주장했다. 때문에 금융의 세계화에 대해서는 일정한 통제가 필요하다.

글로벌 불균형은 세계화의 결과다. 미국과 아시아 양측이 같이 해결해야 하는데 나는 그렇게 되기 어렵다고 본다. 양측 모두 각자의 입장에서 이해관계가 엇갈리기 때문이다. 따라서 새로운 기구 설립 등의 획기적인 규칙이 형성되지 않는 한 공조가 불가능하다고 본다. 세계적으로 조율과 규제가 필요한 시점이다.

김동원 우리는 세계화에 대한 두 번의 중요한 경험을 갖고 있다. 1997년 외환위기 때는 세계화에 대한 이해가 너무 부족해서 심각한 어려움을 겪었다. 반면 2008년에 우리가 겪은 위험은 '나가는' 세계화의 실패가 아닌가 생각한다. 두산의 밥캣 인수도 당시에는 성공적인 M&A 사례로 찬사를 받았지만 글로벌 금융위기 상황에서는 부담이 될 수도 있다는 우려가 나왔다.

2008년의 경험은 길게 볼 때 우리가 세계화를 어떻게 해야 할 것인가, 또 국내시장은 어떻게 육성하고 지킬 것인가하는 점에서 교훈을 줄 것이라고 생각한다. 분명한 것은 세계화가 어떻게 전개되든 세계는 한국을 더욱 필요로 할 것이라는 점이다.

골드만삭스의 보고서 〈Beyond BRICS〉(2007)에 '브릭스+뉴11'이 나오는데 뉴11에 속하는 나라는 한국 외에는 모두 저개발국이다. 따라서 세계화의 이익을 나누는 과정에서 한국이 허브 역할을 할 수 있을 것이다. 여기에 우리는 어떻게 대응해야 하는가. 여기에 한국의 장래가 달려 있다.

글로벌 금융위기 이후 세계의 중심이 '브릭스'로 치우칠 것인가? 나는 그럴 수밖에 없다고 본다. 그 상황은 또 다른 저개발국가의 성장을 촉진할 것이고, 여기서 한국이 역할을 할 수 있을 것이다.

정구현 세계기 한국을 필요로 히는 이유를 디시 한 번 정리해주면 좋겠다.

김동원 1980년대에 이미 중후장대산업은 안 된다고 하면서 구조조정 얘기가 나왔는데, 결국 지금 우리가 버티고 있는 것은 중후장대산업 때문이 아닌가. 나이지리아 등 뉴11로 거론된 국가 중에서 인프라, 하드웨어를 제공할 수 있는 나라는 우리밖에 없다고 본다.

김장호 우선, 세계화의 전망에 대해 체계적으로 접근해야 한다고 본다. 변화의 바탕에는 기술의 변화가 있다. 세계화의 원동력을 교통 · 통신 등의 기술변화라고 본다면, 세계화의 미래를 전망할 때도 기술이 앞으로 어떻게 변화할 것인가를 중요하게 고려해야 한다. 특히 기술은 세계화의 패턴을 결정하는 데 중요하다. IT · BT가 어떤 동력을 만들어내느냐에 따라 세계화의 성격, 내용, 수준 등이 규정될 것이다. 이런 시각이 필요하다.

둘째, 금융 부분의 세계화는 부작용이 많아 규제가 심해질 것이다. 그리고 세계화의 진행과 함께 국가나 지역단위의 경쟁력에 변화가 수반될 것이다. 모방이 가능한 수출품은 그 중요성이 점점 떨어질 것이다. 반대로 모방이 어려운 문화적·지역적 고유성이 국가의 경쟁력을 좌우하게 될 것이다.

셋째, 세계화가 진전되면 기존 국가의 경계 역시 변할 것이다. 앞으로 행정구역, 지방의 단위, 자치화 정도 등이 이슈가 될 것이다.

이제민 '근대 경제성장(modern economic growth)'과 '세계화(global-ization)'의 개념이 혼돈되어 사용되었다. 개념적으로 근대화와 세계화는 다르게 접근해야 할 것이다. 세계화라는 관점에서 보면 1800년대 초부터 1870년대 초까지는 자유무역 제국주의 → 1870년대 초반부터는 공식적 제국주의 → 제2차 세계대전 이후 탈식민지화 → 냉전(냉전으로 인해 미국의 패권이 자유무역 제국주의로 나타나지 않음) → 냉전 종식 후 자유무역 제국주의적인 모습이 다시 나타났다. 한국과 관련된 면을 본다면 냉전하에서 시혜적이던 미국의 패권이 1997년 외환위기를 통해 자유무역 제국주의적 성격을 드러냈다.

자유무역 제국주의시대에도 우리가 할 수 있는 것은 있다. 세계화에는 제국주의적 성격도 있지만 기회도 제공하므로 그 양면성을 잘 알고 이용해야 한다.

세계화를 어떻게 해석할 것인가. 단지 교통과 통신의 발달로 인한 통합이라는 측면을 넘어선 인식이 필요하다. 진짜 문제가 되는 세계화의 모습이란 미국식 제도를 각 나라에 이식하는 심층통합의 문제이고 이에 대한 경계가 필요하다. 세계화가 순조롭게 진행되기 위해서는 대내적 이해조정 능력이 결정적인데 사회안전망이 취약한 미국식 제도를 국내에 이식하는 것은 그러한 점에서 바람직하다고 보기 어렵다.

중장기적인 문제와 관련하여 좀 더 말씀드리겠다. 지금 EU의 성공적인 통합 경험은 두 차례의 세계대전이라는 특별한 경험을 했기 때문에 가능한 결과라는 점을 간과하지 말아야 한다. 이 점에서 동아시아의 경우는 EU와 조건이 다르다. 중국의 부상과 관련해 한국이 문화적 정체성을 잃지 않는 것은 그리 어렵지 않다고 본다. 반면 국제정치적 적응은 어려운 과제가 될 것이다. 중국의 경우 근대화과정에서 '모욕당했다'는 인식이 강하기 때문에 과거 중화제국이 치세를 회복했을 때보다는 19세기 후반 독일과 비슷하게 흘러갈 가능성이 크다.

중국이 부상하면서 미국과 동맹한 일본과 동아시아 지역패권을 다투게 될 텐데 한국은 이것이 현실화 되기 전에 국내정치에 외세를 끌어들이는 개항시대 이래이 구도를 청산하는 것이 시급하다.

좌승희 오늘 우리가 과학의 영역을 넘어선 게 아닌가 생각한다. (웃음)

생각은 이념, 세상을 보는 관(觀)이다. 과학도 이념에서 나온다고 생각한다. 세계화가 바람직한데 왜 반대하는가? 이념 때문이다.

아직도 도처에 마르크스의 이념이 널려 있다. 세계화라는 말을 들으면 모두 강자가 약자를 착취한다고 주장한 마르크스를 떠올리는 것 같다. 마르크스는 민주주의에도 들어와 있고, 21세기에도 여전히 인류를 지배하고 있다.

세계화는 만남이다. 비선형적 만남이 새로움을 창조한다. 세계의 변화는 무임승차과정이다. 산업혁명이 왜 영국에서 일어난 것인지 아직도 명쾌한 설명이 되지 않고 있다.

영국은 미국과 독일이, 독일은 일본이, 일본은 한국이 따라잡았다. 오늘의 중국은 한국이 아니었다면 없다. 즉, 앞선 사람을 쫓아가는 것은 세상이 변하는 과정이다. 오늘날 우리가 살아가는 세계는 마르크스의 세계관과는 맞지 않다. 우리는 앞선 사람을 따라 하고 동반발전 해야 한다. 세상에 나보다 똑똑한 사람이 많아야 내가 잘된다. 마르크스의 원리와 정반대다. 상호작용이 많은 종족이 진화한다. 외부에서 새로운 에너지를 받을 수 있기 때문이다.

세계화는 불가피한 우리의 일상이다. 거부하면 소멸할 수밖에 없다.

'근대의 종말'은 큰 화두라고 생각한다. 정말 종말이 올지는 아직 모르겠다. 민주주의는 끝없이 변화하고 있다. 현재는 잘못된 민주주의다. 마르크스의 이데올로기를 따르는 민주주의로 가지 않도록 막아야 한다.

성공의 원리는 하나다. 한국의 경제발전과정을 완전히 이해하고 설명할 수 있다면 성공원리를 찾아낼 수 있고 미래도 성공할 수 있다. 우리는 지난 30년간 성공을 경험했기 때문에 할 수 있다.

마르크시즘을 어떻게 바꿀 것인가. 리더십밖에 없다. 위대한 리더십이 나오기는 어렵다. 그러나 믿을 건 리더십밖에 없다.

이원덕 세계화의 흐름은 어떻게 될 것인가. 30년 정도로 생각하면 지속되지 않겠나. 다만 진화할 것이다. 과거의 세계화가 경쟁력 일변도였다면 이제는 공동체가 부각될 것이고 다른 개념들이 나타날 것이다. 후발주자들의 저항도 강해질 것이다. 보다 인간적인 세계화, 삶의 질을 고려한 세계화로 진화해갈 것이다. 그렇다면 우리는 어떻게 할 것인가. 세계화로 얻는 이익이 너무 크기 때문에 세계화의 과정을 지속해야 할 것이다. 그리고 우리 것을 강요하기보다 현지문화를 존중하고 '사회통합'을 중시하는 세계화로 나아가야 한다.

정기영 세계화를 좀 실용적인 관점에서 보고 싶다.

첫째, 기술발전과 연결 지어 언급하자면 인류역사상 불에 버금가는 발견이 인터넷이 아닐까. 인터넷은 공간을 초월하는 무기다. 여기에 적응하지 못하면 원시인이다.

둘째, 중국 GDP가 미국을 넘어서는 시기가 왔을 때, 즉 경제력(중국)과 경찰력(미국)이 일치하지 않을 때 역사상 혼란기가 올 것이다. 중국이 경찰력마저 대치하는 초강대국이 될 것인가? 혹은 미국이 유럽과 연합해 새로운 파워를 형성할 것인가?

셋째, 글로벌 거버넌스가 거의 작동되지 않았다. 완벽한 작동을 기대하기는 어렵지만 대안은 EU 등의 지역단위 거버넌스가 설립되어 세계적으로 협력하는 게 바람직하지 않을까.

넷째, 중국이 대국이 된다면 우리는 어떻게 해야 하는가. 경쟁국이 될 것인가. 협력국이 될 것인가. 제3의 전략적 포지션을 찾아야 하지 않을까.

정구현 먼 미래를 얘기할 때 '기술낙관주의'와 '자원환경비관론'이 주류가 된다. 테크놀로지 전문가들이 여기에 대해 말씀해주시길 바란다.

황창규 현재 한국은 대단한 위기에 직면해 있다. 미래는 자원전쟁인데 우리에게는 자원이 없다. 이제 미국은, 과거 컴퓨터 기술이 복제당하고 추월당해서 일본, 한국, 중국에게 주도권을 뺏겼던 것과 같은 일을 더 이상 용납하지 않을 것이다. 눈에 보이지 않는 엄청난 전쟁이 시작되었다.

미국은 앞으로 바이오·에너지·신물질 등의 기술을 쉽게 내놓지 않을

> 과거의 세계화가 경쟁력 일변도였다면 이제는 공동체가 부각될 것이고 다른 개념들이 나타날 것이다. 후발주자들의 저항도 강해질 것이다. 보다 인간적인 세계화, 삶의 질을 고려한 세계화로 진화해갈 것이다. _ 이원덕

것이다. 기술패권을 절대로 놓지 않는다는 것이다. 많은 사람들이 글로벌 금융위기로 인해 미국을 낮춰 보는 경향이 있는데, 미국은 절대 얕볼 수 있는 대상이 아니다. 나는 오히려 중국과 인도가 과대평가된 면이 있다고 생각한다.

지난 300년간 기술패권을 쥔 나라들이 세계의 역사를 주도해왔다. 미국은 앞으로 기술역량을 더욱 강화하여 한동안 패권을 잡을 것이다.

우리가 과거 성공했던 분야에서, 그 정도(과거에 기울여왔던 정도) 노력하는 것으로는 많이 부족하다. 우리가 잘하고 있는 IT를 활용한 기술접목 등을 준비해야 한다. 이를 위해서 대학부터 바뀌어야 한다.

중국의 과대평가와 미국의 과소평가 모두 금물이다. 우리의 위치를 냉정하게 평가해야 한다.

임형규 현재 우리나라를 지탱하는 산업은 1970~1980년대 자본을 축적하고 1990년대에 기술을 일으켜서 이루어졌다. 그리고 기술자들의 노고를 바탕으로 하는 산업이다. 즉, 기술자들의 피땀으로 돌아가는 산업이다. 그런 상황을 피하면서도 좀 더 잘살 수 있는 방법은 없을까 고민한다. '엔지니어의 땀 이후' 는 과연 무엇일까.

반도체산업을 할 때도 특허 때문에 많이 고생했다. 외국에서 할 수 없는 것을 하는 수밖에 없다. 어디 가든지 제 역할을 하는 사람을 만들어낼 수밖에 없다. '미래가치가 있는 연구' 와 '창조적 인재' 를 키워야 한다. 기업에서는 소비자가 필요로 하는 서비스를 만들어내는 수밖에 없다. 힘들겠지만 우리 국민들이 수십 년은 더 고생해야 하지 않을까 생각한다.

류우익 세계화는 '추월됨' 이다. 기업은 기술을, 제도는 기업을, 정치는 제도를 따라잡지 못해 부분 간에 격차가 생겼다.

세계화가 진전되면서 정보와 두뇌를 독점하는 집단이 생겼다. 좋은 인재가 서울에 남아 있지 않고 빠져나가 모두 미국 동부(아이비리그)에 가 있다. 세계화는 지식, 정보, 두뇌를 소수에게 집중시켰고 격차를 점점 벌리고 있다. 같이 가야 할 부문들이 추월하고 추월당하면서 격차가 생기고 문제를 발생시키고 있다.

사실상 세계화의 주체는 기술, 기업이라고 생각한다. 앞으로 세계화에서 살아남을 기초는 기술, 새로운 정보 등인데 자꾸 잠재력을 놔주면 어쩌나. 답이 있는가? 뒤떨어진 부분이 따라잡을 수 있는 계기를 만들어야 한다.

이헌구 "세계화를 어떻게 볼 것인가"라고 말할 때 세계화의 성의가 노호하다는 생각을 하게 된다. 제도, 관행, 행동이 국경을 넘어 확대된 모습을 세계화라고 할 때 이것은 정의일 뿐 실제 내용은 다른 문제다. '확대'가 세계화의 전진을 의미한다면 그 내용은 어떻게 봐야 할 것인가?

우선, 현재까지 세계화가 추진되고 유지된 동인을 파악해야 한다. 세계화의 대표적인 현상을 '외연적인 시장확대'라 볼 수 있는데, 이런 현상은 선진국에 의해 유지되어 온 것이다. 따라서 앞으로도 선진국들은, 이득이 계속 보장된다면 세계화를 지속할 것이고 불리해진다면 입장을 바꿀 것이다. 이런 관점에서 내용에 대한 치밀한 분석이 선행되어야 한다. 막연하게 얘기하면 이상한 결론에 도달할 우려가 있다.

선진국의 경우 세계화의 이득을 취했다고 할 수 있는데, 모든 계산의 기준은 국가단위 이익이었다. 그렇다면 앞으로도 이렇게 되겠는가. 나는 회의적인 시각을 갖고 있다. 미국에서 노조들은 벌써 다른 시각으로 보고 있고, 많은 지식인 사회에서도 다른 이야기들이 나오고 있다.

세계화가 더 이상 이득이 안 되고 손해를 발생시킨다면 선진국의 태도가 변할 것이다. 기준(글로벌 스탠더드)을 바꿔서 새로운 분야에서 새롭게 만들어낼 것이며, 글로벌 거버넌스를 새롭게 만드는 수단을 동원해서 세계화의 모양을 바꿀 것이다.

단기적으로는 거품을 만들어 이득을 취하던 체제(영미식 자유주의)가 또 거품으로 이어졌고, 따라서 현재 체제를 되돌아봐야 하는 단계에 왔다. 핵심은 이득을 사유화하고 손해는 사회화하는 접근을 해왔다는 것이다.

지금은 일단 급하니까 덮고 나가는데 문제는 앞으로도 계속 유지될 수 있느냐는 것이다. 사회가 이런 도덕적 해이를 받아줄 것이냐에 따라서 세계화의 내용이 달라질 것이다.

중장기적인 면에서 보면 많은 부분에서 변화가 생길 것이다. 과학기술, 고령화, 인구과잉 등의 문제와 철학, 종교 분야에서 새로운 운동이 일어날 것이다. 세계화에 대해 연구할 때는 연도를 기준으로 대충 나눌 것이 아니라, 분야별로 장단기를 구분하고 분석해봐야 하는 것이 바람직하다.

그렇다면 세계화에 대한 한국의 과제는 무엇인가? 그간 우리는 문제를 알면서도 행동을 하지 않고 자기 이익을 앞세운 면이 있지 않나 생각한다. 실천할 수 있는 방법을 찾는 데 많은 노력을 기울여야 한다.

지식인들의 국가적 어젠다에 대한 연구와 문제제기가 너무 부족하다. 치열한 반성으로 탈출구를 찾아야 한다.

박세일 지금 '세계화'에 대한 책을 준비하고 있다. 오늘 나온 문제제기의 대부분을 여기에 다룰 것이다.

세계화의 기본은 자유사회인데 현재 자유사회가 정치적·도덕적으로 해체되고 있다. 경제적 장애보다 마음의 장애가 더 문제라고 본다. 기술낙관론, 자원비관론 못지않게 중요한 점은 사람들의 마음이, 즉 정신적 성숙이 세상의 변화를 수용하지 못한다는 것이다. 삶에 대한 근본적 회의가 깊어지고 자유사회의 도덕적 기반(공동체적 연대, 나눔, 배려)이 무참히 깨지고 파편화되고 있다. 이럴 때 선동가가 나타나 영향력을 발휘하면, 자유사회가 유지될 수 있을지 회의적이다.

경제 중심의 국가발전전략은 더 이상 의미가 없어 보인다. 외교·안보·문화예술·정치·종교까지 아우르는 국가전략이 필요한데, 한국에선 이것이 전혀 보이지 않는다. 이것이 바로 위기다.

종합적인 시각에서 연구하고 대책을 마련해야 한다. 종합전략을 짜서 국민에게 대대적으로 홍보하고 국민의 생각을 바꿔야 하는데 준비가 너무 안 되어 있다.

세계화에 대한 이론적인 연구는 많다. 앞으로는 실천적인 연구가 나와서 공론화되었으면 한다. 좋은 코멘트 많이 듣고 간다.

제7장

세계의 산업지도는 어떻게 변할까?

토론일 · 2009년 9월 28일

1. 지금을 어떻게 볼 것인가

시간을 10여 년 전으로 되돌려보자. 당시 유행하던 광고 카피 중 하나가 '소리 없이 강하다'였다. 중형차 레간자가 매우 정숙하게 설계되었음을 강조한 것이다. 좋은 차의 기준 중 하나는 조용함이다. 그런데 얼마 전 언론에서는 '소음 없는 하이브리드카 소리 없는 킬러 … 소비자의 보행 안전을 위해 적정소음이 필요'하다는 보도가 있었다. 심지어 자동차에 소음을 내는 기술이 특허로까지 등록되었다는 이야기도 있다. 불과 10년 만에 자동차 소음에 대한 기준이 180도 전환되고 있는 것이다.

시간의 축을 좀 더 길게 가져가보자. 지금부터 120여 년 전 에디슨(GE)과 테슬러(웨스팅하우스)는 직류와 교류 방식을 두고 표준전쟁을 한다. 음모와 술수가 난무했던 경쟁으로도 묘사되곤 하는 이 전쟁에서 교류가 승리하게 되었고, 오늘날 전기 시스템의 표준이 되었다. 그러나 최근 신재생

에너지가 부상하고, 에너지 효율화가 이슈화되면서 교류 대신 직류를 사용하자는 주장이 대두되고 있다. 직류를 쓰면 전자기기의 컨버터가 불필요해져서 기기가 작아질 수 있고, 전력변환에 따른 손실도 크게 줄일 수 있다는 것이다. 에디슨의 부활이라 할 만하다. 더 극적인 변화는 자동차에서 볼 수 있다. 믿기지 않지만 1900년 미국에는 전기자동차가 가솔린자동차보다 많았다. 1899년 한 잡지의 기사 내용을 보면 "가솔린자동차보다 전기자동차를 타는 것이 쾌적하다는 것은 의심의 여지가 없다. 미래는 분명 전기자동차에 있다"라고 기술하고 있다. 당시 에디슨은 전기자동차가 직류를 표준화시키는 중요한 수단으로 생각하고, 이에 대한 다양한 지원을 했다. 그러나 석유를 기반으로 한 산업화가 태동되면서 에디슨이 기대했던 전기자동차는 사라진다. 하지만 100년이 지난 지금 에디슨의 꿈인 직류, 그리고 전기자동차가 다시 세상에 나타났다.

이러한 예들은 우리가 겪고 있는 산업환경의 역동성을 단적으로 보여주는 단초에 불과할 수 있다. 특히 이번 금융위기는 과거 우리가 경험했던 산업의 불연속적인 변화를 가속화시킬 가능성이 매우 크다. 대공황기에도 그랬듯이 세계적인 경제위기는 두 번에 걸쳐 산업계의 지형을 바꾸게 한다. 우선 1차적으로는 경쟁력 있는 업체 중심의 산업계 통합이 나타난다. 이어 새로운 기술과 규칙이 등장하면서 산업 패러다임의 변화와 같은 2차적인 산업재편과정이 이루어진다. 예를 들어 1930년대 대공황기를 거치면서 기술혁신의 축이 발명가 중심에서 기업형 R&D 중심으로 전환된 바 있다. 여기에서 이루어진 다양한 성과들이 1960년대 산업확장의 발판이 되었음은 물론이다. 이를 오늘의 시점에서 다시 해석해보면 현재 위기는 새로운 산업 패러다임의 출현을 재촉하는 촉매제가 될 수 있다는 것이다.

19세기와 20세기를 거쳐 탄생했던 자동차, 철강, 석유화학, 전기, 통신 등의 산업군이 새로운 모습으로 바뀔 수 있다는 의미다. 18~19세기의 1차 산업혁명, 그리고 19~20세기의 2차 산업혁명과정에서 누적되어 온 산업의 피로가 이번 위기를 통해 부분적으로나마 표출되었고, 이는 21세기 산업 패러다임으로 전환을 가속하는 계기가 될 수 있다.

2. 20세기를 지배하던 법칙 – 빠르게, 싸게, 크거나 작게

20세기를 규정하는 데는 여러 가지 관점이 있을 수 있다. 적어도 산업의 관점에서 보면 20세기는 대량생산의 시대로 정의할 수 있다. 1900년도 초반에 시작된 과학적인 생산관리 시스템, 컨베이어 벨트로 대변되는 생산혁신 등을 바탕으로 기술의 대중화가 가속된다. 다양한 혁신들이 모험적인 기업가를 통해 산업화되고, 대량생산 시스템을 통해 제품을 값싸게 대중에게 공급하기 시작한 것이다. 이 과정에서 정복의 대상이었던 시간, 공간을 극복하는 기술들이 발명된다. 1879년의 전등 발명은 인류에게 시간사용을 확장시킨 사건이었고, 이와 더불어 이루어진 전기의 사용은 오늘날 문명의 기반이 되었다.[1] 전신의 발명은 사람과 정보의 분리를 가능하게 했고[2] 자동차의 발명과 대중화는 지리적인 공간의 한계를 확장시키는

---

[1] 상업적으로 사용할 수 있는 전구를 발명한 에디슨은 전구 보급확대를 위해 발전소 및 송배전사업에 뛰어들었다. 이 과정에서 에디슨과 테슬러로 대변되는 직류와 교류의 경쟁이 촉발된다.

[2] 전신이 발명되기 이전까지 사람들 간의 정보전달은 대개 인편 혹은 대면접촉에 의해서 이루어졌다. 이는 정보전달시간의 지연, 정보전달범위의 한계를 수반하였다. 따라서 전신의 발명은 정보활동에 있어 시공간성의 제공이라는 획기적인 확장을 가져왔다.

계기가 되었다.

19세기 말에서 20세기 초반의 기술혁신의 성과는 대량생산 패러다임과의 접목을 통해 기술의 대중화와 풍요로운 물질문명의 시대를 열었다. 대량생산시대를 풍미했던 경쟁의 키워드는 '빠르게(faster), 싸게(cheaper), 크거나 작게(larger/smaller)'로 요약될 수 있다.

'빠르게'는 고성능화 경쟁, 신속한 모방과 생산방식의 혁신 등을 포괄하는 용어로 볼 수 있다. '싸게'는 앞에서 언급했듯이 규모의 경제와 생산성 개선을 통해 기술의 대중화를 만든 키워드이다. 마지막으로 '크거나 작게'는 대형화 혹은 소형화를 통해 단위비용을 절감시키는 기술이 유행했다는 것이다. '크게'라는 키워드의 예로 1964년 도입된 보잉 747 점보기는 대량수송이 가능하게 했고, 이는 객단가(客單價)의 인하, 해외여행의 대중화를 유도했다.

사실 20세기의 대표적인 산업이라고 할 수 있는 전자산업은 이러한 시대의 패러다임과 궤를 같이하며 발전했다. 반도체는 무어의 법칙[3]으로 대변되듯이 처리속도의 고성능화를 축으로 발전했다. 가격의 저렴화도 상상을 초월할 정도로 빠르게 진행되었다. 예를 들어 지금부터 30년 전 반도체 메모리 가격은 지금의 10만 배 이상 수준이었다. 경박단소(輕薄短小)라는 키워드도 사실 전자산업에 들어맞는다. 가볍고 작고 얇게 만들어 새로운 시장을 만들어낸다는 것이다. 소니가 1988년에 도입한 CCD-TR55 캠코더는 여권 크기에 무게를 혁신적으로 줄여(790g) 일반대중들이 여행용으로 사용할 수 있도록 해주었다. 워크맨도 마찬가지다.

---

3 Moore's Law. 마이크로칩에 저장할 수 있는 데이터의 양이 18개월마다 2배씩 증가한다는 법칙. 인텔의 설립자 중 한 사람인 고든 무어(Gordon Moore)가 1965년에 만들었다.

20세기를 지배했던 크기, 성능, 가격이라는 패러다임은 눈에 보이는 명확함이 있다는 특징이 있다. 즉 소비자가 눈으로 혁신의 정도를 바로 확인할 수 있었고, 이러한 차별성이 새로운 시장과 경쟁환경을 만들어냈다. 기업의 입장에서도 빠른 교체 사이클을 이용해 신수요를 만들어내기가 비교적 용이했다. TV의 예를 살펴보자. CRT(Cathode-Ray Tube: 음극선관) 시절에 30인치급 TV는 무게가 대략 100kg이 넘고 두께는 60Cm가 넘었다. 그러나 이것이 평판TV(PDP/LCD)로 넘어오면서 무게는 30kg대로, 두께는 10Cm 수준으로 경박단소화된다. 소비자들은 누가 설명해주지 않더라도 두 제품이 주는 혁신의 정도, 가치의 정도를 쉽게 구분하고 의사를 결정하게 되었다. 최근 시장에서 돌풍을 일으킨 LED TV도 같은 맥락에서 볼 수 있다. 즉 두께는 3cm로 얇아졌고 무게도 10kg 중반대가 되어 손쉽게 들고 이동할 수 있는 사이즈가 된 것이다.

또 다른 특징은 20세기 패러다임이 대기업 조직에 절대적으로 유리하다는 것이다. 연구개발에 집중할 수 있는 역량이나 규모를 통한 가격경쟁력 등에서 대기업 조직은 우위에 설 수 있었다. 20세기에 이루어졌던 중요한 발명이나 혁신을 보면 대부분 1930년대부터 시작된 기업 R&D센터에서 이루어졌다.

기술이 복잡해지고 다양한 자원의 동원이 필요해지면서 소위 발명가형 혁신의 시대가 종말을 고하고 기업형 R&D시대로 이행할 수밖에 없었다는 해석도 가능하다. 산업 초기에 나타난 현상일 수도 있지만, 포드는 유리, 고무, 철광석에서 자동차에 이르는 거대한 가치사슬을 기업 내에 운영하면서 대량생산의 이점을 극대화시킨 바도 있다.

결국 가격, 성능, 크기 등을 통한 20세기식의 혁신 패러다임은 물질의 풍요를 가져왔고, 이는 생활 혁명, 세계화, 정보화를 유산으로 남겼다.

3. 변화의 조짐들

20세기의 유산은 아직도 유효하다. 특히 세계화의 한 결과로 개도국 시장이 급속히 확대되면서 대량생산을 통한 보급은 여전히 중요한 테마이고, 기업들에게 중요한 비즈니스 기회다. 일본에서 이야기하는 볼륨존(volume zone: 규모가 큰 중저가 시장)이나 피라미드의 하층(BOP: Bottom Of Pyramid) 등이 예가 될 수 있다. 중저가라도 수십억 개의 상품을 팔 수 있다면 이야기가 달라진다는 것이다.

그러나 시간의 축을 확장해보면 과거와는 다른 환경 속으로 산업국면이 전환되고 있음이 발견된다. 우선 인구구조의 변화이다. 인구는 소득과 더불어 산업발전의 형태를 결정짓는 중요한 요소이다. 여기에는 세 가지 이슈가 있다. 고령화, 인구감소, 그리고 가족구조의 변화이다. 이 중 특히 그 중요성이 간과되고 있는 현상이 가족의 변화이다. 통계를 보면 대부분의 국가에서 1인 가구, 2인 가구가 늘어가는 것으로 나타난다. 가구구성원의 변화는 직업의 선택, 주거공간의 선택, 소비의 형태 등에서 큰 변화를 만들 수 있다. 예를 들어, 1인 가구라면 평생 정규직으로 갇혀 살아야 할 필요성이 급감할 수도 있다. 필요할 때 일하고, 필요할 때 소비하는 형태로 바뀔 수 있다는 것이다. 사회적인 보편성보다는 개인의 취향이나 개성이 중요한 소비의 잣대가 될 수 있다. 집도 더 이상 학군이나 크기가 중요한 변수가 아니다. 편리함이나 안전함이 더 중요한 요소일 수 있다.

또 다른 이슈는 과잉의 모순이다. 풍요의 시대가 주는 역작용이 생기고 있다는 것이다. 물질의 풍요는 반대로 정신적인 안정에 대한 욕구를 높여 주었고, 빠름은 느림의 가치를 중요하게 부상시켜 주고 있다. 정보도 마찬가지다. 지금 우리는 정보의 홍수를 넘어 정보의 폭발시대에 살고 있다. 개인이 가지고 있었던 정보의 양은 얼마나 될까 생각해보자. 금속활자의 발명으로 도서가 대중화되기 이전까지 보통의 사람이 갖고 있던 정보는 다른 이에게서 듣거나 본인의 경험을 통해 얻은 지식이 전부였을 것이다. 당연히 많은 사람이 모이는 곳, 정보교류가 활발한 곳에 사는 것이 적어도 정보량에 있어서는 유리했을 것이다. 입지가 중요한 요소가 된다. 그러나 책이 대중화되면서 장소라는 요소는 큰 변수가 되지 못한다. 얼마나 많은 책을 가지고 있는지, 이를 통해 얼마나 많은 지식을 습득했는지가 관건이 된다. 18세기 이후 백과사전이라는 형태의 도서가 이러한 사람들의 욕구를 해소해준 발명품이라 할 수 있다. 그러나 지금은 어떤가. 스마트폰의 등장은 개인이 언제 어디서나 전 세계에서 생산되는 거의 모든 정보를 실시간으로 활용하는 것이 가능한 시기가 도래했음을 의미한다. 정보부족이 아니라 정보과잉을 우려하는 목소리가 나오게 된 이유도 이 때문이다. 적어도 20세기가 물질과 정보의 풍요를 만들어주었다면 21세기는 이와는 다른 형태의 풍요를 갈구할 수 있다는 것이다.

마지막은 수의 문제이다. 이런 생각을 해보자. 과연 지구상에 문명의 혜택을 받고 사는 사람은 얼마나 될까. 개략적으로 추정해보면 아마도 산업혁명 이전 시기까지는 귀족들이 주로 대상이었을 것이고 그 수는 수천만 명을 넘지 못했을 것이다. 지구에서 생산되는 모든 재화들이 이들 문명인들에게 1차적으로 배분되는 구조였을 것이다. 그러면 산업혁명 이후는 어떨까. 앞서 20세기 패러다임에서 지적했듯이 1·2차 산업혁명을 통해 기술의 대중화가 이루어짐으로써 오늘날 선진국에 속하는 10억 명 정도의 인류가 물질문명의 혜택을 받아왔을 것이다. 즉, 지구의 자원과 물자가 10억 명을 위해 주로 사용되었다는 것이다. 적어도 20세기 말까지는 이런 공식이 유효했을 것이다. 그러나 지금은 어떨까. BRICs니 VISTA니 하는 이야기를 다른 각도에서 보면 문명의 혜택을 누리는 사람의 수가 늘어가고 있다는 것으로 해석할 수 있다. 플러스(+) 30억의 시장과 경제가 되고 있다는 이야기다. 10억 명의 체제에서 40억 명의 체제로 전환,[4] 이는 지구라는 시스템의 관점에서 보면 엄청난 변화이고 부하이다.

시간 축에 그래프를 그려보면 보다 자명해질 수 있다. 수천 년간 서서히 문명인의 확대가 이루어지다가 산업혁명 이후 약 200년간 10억 명 체제로 이행했다. 물론 큰 충격이기는 하지만 기술혁신, 석탄이나 석유와 같은 고품질 자원활용 등의 뒷받침이 있었다. 그러나 앞으로 수십 년 안에 이루어질 40억 명 체제는 시간과 규모 면에서 과거의 충격과 비교할 수 없을 정도이다. 10억 명이 쓰던 풍요와 자원을 40억 명이 나누어야 한다는 이야기다. 당연히 에너지, 물, 환경 등 지구 생산품의 불안정성이 수반될 수밖에 없다. 자원에 대한 제약 없이 이루어졌던 20세기의 산업 패러다임이 자원 유효성을 고민하는 21세기 체제로 전환되어야 하는 이유이다.

---

4 40억 명의 근거에 대해서는 여러 가지 해석이 가능할 수 있다. 그러나 시간 축을 좀 더 길게 보면 40억 명 혹은 그 이상이 물질문명 속에 편입될 것이 자명하다. 휴대폰이 하나의 바로미터가 될 수 있겠다. 현재 전 세계 휴대폰 사용자는 약 40억 명에 육박한다. 바꾸어 이야기하면 최첨단의 정보기기를 사용하는 인류가 이미 40억 명이 되었음을 의미한다.

4. 21세기 3가지 키워드 – 깨끗하고, 똑똑하고, 안전한

그러면 21세기 산업 패러다임을 지배할 새로운 키워드는 무엇일까. 여러 가지 주장이나 이론이 있을 수 있다. 다만 분명한 것은 물질적인 풍요보다는 정신적 풍요가 중시될 것이고, 단순히 눈에 보이는 가치만으로 사람들을 설득하는 데 한계가 있다는 점이다. 이런 관점에서 3가지 키워드로 '깨끗하고(greener), 똑똑하고(smarter), 안전한(securer)'을 생각할 수 있다.

누구나 인지하고 있듯이 21세기는 녹색의 시대가 될 것이다. 앞서 언급했듯이 플러스 30억 체제는 더 적은 자원을 더 효율적으로 그리고 반복해서 사용하는 것을 요구한다. 북적이는 지구는 그동안 대량생산과 소비에 부족함 없이 세공되던 에너지나 물과 같은 사원의 수급불안을 초래할 수 있다. 물을 예로 들어보자. 흔히 소득이 증가하면 생활습관이나 식습관이 변화되고 이는 물의 사용량 증가로 이어진다. 대개 선진국이 개도국에 비해 물 사용량이 높은 이유도 이 때문이다. 예를 들어 쇠고기 1kg을 생산하는 데는 물 1만 5,000리터가 필요하고, 청바지 한 벌을 만드는 데는 물 1만 1,000리터가 필요하다고 한다. 식습관이나 생활의 변화가 상상 이상의 자원 소요(所要)를 만든다는 것이다. 에너지 역시 마찬가지다. 자동차 보급을 예로 들어보자. 미국이 인구 1,000명당 755대인 반면 중국은 42대, 인도는 12대에 불과하다. 만약 중국이나 인도의 자동차 보급률이 지금보다 10배 정도만 높아진다면, 에너지 소비의 증가는 상상 이상으로 높아질 수 있다는 것이다.

이런 점에서 세계화로 인한 문명인의 증가는 전 지구적으로 자원사용의 절약을 요구하게 된다. 그러므로 키워드 '그린'은 지구온난화만의 이슈라기보다는 앞서 언급한 수의 문제, 즉 플러스 30억의 문제에 기인한 이슈로도 볼 수 있다. 극단적인 예이기는 하나, 과거 이스터 섬에서 그랬듯이 자원의 수급불균형은 물질문명의 존립을 위협할 수 있기 때문이다.[5] 녹색이라는 키워드는 산업 전반에 사고방식, 운영방식의 변화를 만들 것이고 새로운 산업의 태동도 가능하게 할 것이다. 기업들은 최소한의 자원사용을 위한 혁신에 투자할 것이고, 우리의 일상생활 자체도 친환경적으로 변화될 것이다. 지구온난화로 대표되는 기후변화 문제로 이산화탄소(CO_2) 배출량의 다소여부가 소비의 기준으로 작용할 가능성도 크다.

두 번째 키워드는 스마트이다. 정보의 폭발시대, 사람들은 더 이상 정보 자체에 큰 의미를 두지 않게 된다. 아무리 시스템이나 기술이 복잡하다고 해도, 내가 필요할 때 내게 맞는 정보를 제공해주는 것을 원한다는 것이다. 즉 스마트의 첫 번째 의미는 정보폭발의 해소, 즉 단순화에 대한 니즈를 말한다. 최근 휴대폰업체들이 고심하는 UI(User Interface)나 UX(User eXpreience) 등도 이런 범주의 이슈들이다.

스마트의 또 다른 의미는 사물의 지능화이다. 일상적으로 사용하는 정보화는 정보의 정보화를 말한다. 정보의 정보화란 지식을 담는 문자, 그림, 영상, 말 등 다양한 형태의 정보를 디지털 기술을 사용해 값싸고 편리하게 일반인들이 사용할 수 있도록 해준다는 것이다.

20세기는 정보의 정보화를 완성한 시기다. 그러나 앞으로 나타날 현상은 사물의 정보화, 즉 우리 주변에 있는 나무, 책상, 자동차, 건물, 컵 등

---

5 태평양 상에 있는 이스터 섬은 과거 야자림이 울창한 풍요로운 땅이었으나, 석상의 건립 등을 위해 중요한 자원인 나무의 채벌이 늘어나게 되었고 결국 땅이 불모지로 변하면서 인구감소, 문명의 쇠락을 겪었다고 알려진다.

모든 사물이 서로 소통하고 의사결정에 참여하게 해줄 것이다. 즉, 기계 대 기계와 같은 그동안 보지 못했던 커뮤니케이션의 형태가 나타나게 될 것이다. 사물의 정보화로 인해 세상은 좀 더 똑똑한 의사결정이 가능해질 수 있다. 최근 주목받고 있는 스마트 그리드(Smart Grid)도 같은 맥락에서 이해할 수 있다. 스마트 그리드란 전기를 사용하는 기기에 커뮤니케이션을 할 수 있는 칩을 내장해 전력망을 지능화시키는 것이다. 이것은 전기 사용량과 가격에 따라 전력망에 연결된 기기들의 온·오프를 제어해 전력부하를 조정해주고 가계의 입장에서는 전기료를 최소화시켜주는 개념이다.

마지막 키워드는 안전이다. 안전은 환경, 건강, 음식, 그리고 안전 등 4대 영역에서 발생힌다. 보다 깨끗한 환경을 추구하고 안전한 먹거리, 생녕에 대한 위해 여부를 가치판단의 기준으로 삼는다. 특히 고령화, 환경파괴 등으로 인해 비용으로 지불하지 않았던 안전에 대해서도 가치를 부여하는 현상이 일반화되고 있다.

이상의 3가지 키워드는 추상적이며 간접적이라는 특징이 있다. 20세기 키워드가 추구하는 성능보다는 눈에 보이지 않는 가치에 중심을 두고 있다는 것이다. 가치를 추구한다는 이야기는 다르게 표현하면 소비자에 따라 추구하는 성향이 상이할 수 있고, 이는 시장의 관점에서 보면 단기간에 대규모의 시장형성이 어려울 수 있음을 의미한다. 즉 20세기에는 기존 제품보다 눈에 보이는 성능의 차이만 있다면 신시장이 용이하게 만들어지지만 앞으로는 그러한 차이가 눈에 띄지도 않고, 소비자들이 주는 가치도 제각각이기 때문에 시장의 반응이 더디게 나타날 수 있다는 것이다. 이런 점에서 21세기 패러다임은 단기간에 시장의 주류가 되기보다는 서서히 그리고 지속적으로 구현될 가능성이 높다고 하겠다.

5. 위기 이후의 새로운 기회들

산업의 패러다임이 바뀌게 되면 우선적으로 기존산업의 경쟁질서와 규칙의 변화가 불가피하다. 경우에 따라서는 업의 개념 자체도 재정의될 필요가 있다. 우선 가장 많은 변화가 불가피한 산업으로 단기적으로는 자동차, 건설(주택), IT산업을 들 수 있겠고, 장기적으로는 화학 및 소재산업의 근본적인 변화가 예상된다. 특히 경제위기를 극복하는 과정에서 각국 정부들이 효율과 성장을 제고할 수 있는 이들 분야에 대한 투자를 지속적으로 확장시키는 노력을 하고 있다.

왜 자동차와 주택이 먼저인가. 역설적으로 말하자면 이 두 가지 산업이 지난 100여 년간 크게 변하지 않았기 때문이다. 우선 자동차로 대표되는 탈 것과 관련된 산업은 지난 100년간 구조적으로 큰 변화가 없었다. 여기에는 내연기관이 중심에 있다. 내연기관이라는 기구적인 특성으로 인해 자동차산업은 수직적인 연계가 중요한 산업이었고, 기술혁신의 주기도 길어질 수밖에 없었다. 때문에 시장진입이 쉽지 않아 100년 이상이나 된 기업이 여전히 시장을 주도할 수 있었다. 제2차 세계대전 이후 새롭게 자동차산업에 진출한 나라 중 자체적으로 설계생산이 가능한 나라가 한국 정도라는 이야기가 있을 정도로 시장진입이 쉽지 않은 산업이었다. 그러나 내연기관이 배터리, 모터, 전자제어기기 등으로 바뀌게 된다면, 오늘날 전자산업에서 보는 비즈니스모델, 제품혁신의 주기변화 등이 나타날 수 있

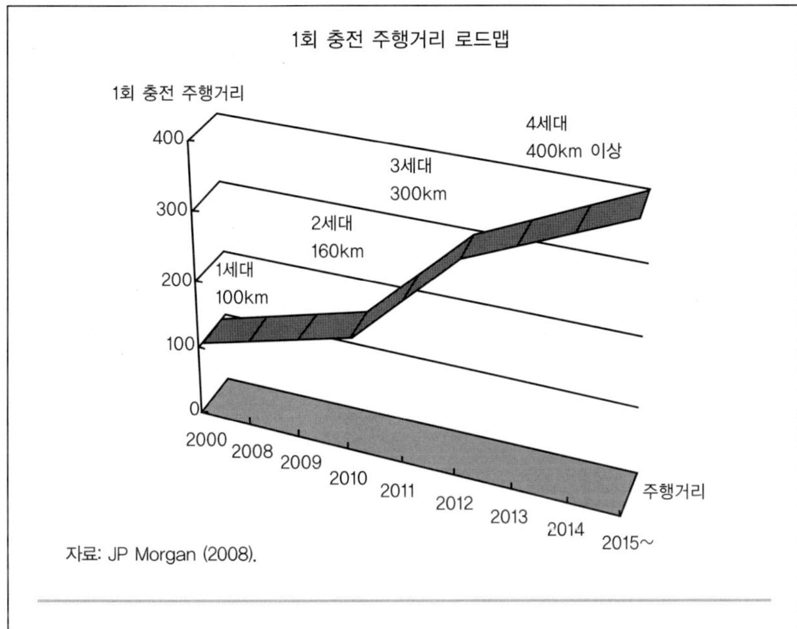

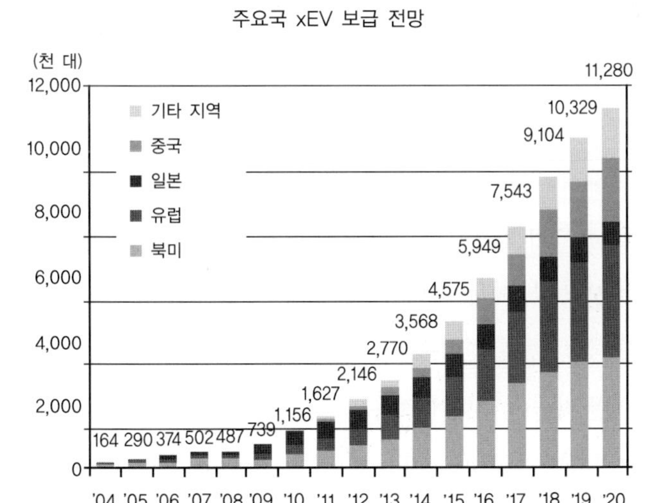

주: xEV는 하이브리드, 플러그인하이브리드, 순수전기차를 모두 포함한 개념, 2009~2020년은 전망치.
자료: JP Morgan (2009).

다. 다양한 형태의 탈 것이 새롭게 시장에 등장할 것이고, 원유에서 가솔린에 이르는 원료공급의 체계 자체도 변화가 가능하다. 최근 전력회사가 전기자동차산업에 관심을 갖는 것도 같은 이유에서이다. 이와 더불어 스마트의 니즈, 안전의 니즈 등이 결부되어 자동차의 혁신은 지난 100년보다 앞으로 10년 혹은 20년에 더욱 크게 일어날 가능성이 농후하다.

　주택 분야도 마찬가지다. 인구구조의 변화는 주거공간의 변화를 요구하고 있다. 즉 1인 주택, 2인 주택 등의 수요가 늘어날 것이고 시니어를 위한 새로운 유형의 주택개념도 등장할 수 있다. 기술의 관점에서 보면 녹색에 대한 사회적인 요구, 환경안전에 대한 욕구 등이 겹치면서 에너지 저감주택, 지능형 주택, 건강주택으로의 변화가 불가피하다. 최근 유럽에서 불고 있는 건축물에 대한 에너지 절감기술 도입 및 규제는 에너지 저감에 대한 인식의 변화를 단적으로 보여주는 예이다. 흔히 주거 혹은 상업용 빌딩 부분에서 사용하는 에너지 소비량은 30% 내외로 알려져 있다. 기존 주택 대비 에너지 효율을 60% 이상 개선한 패시브 주택(passive house: 최소한의 에너지만을 사용하도록 설계된 친환경주택)에서 외부의 에너지를 전혀 사용하지 않는 제로에너지빌딩, 더 나아가 에너지를 생산하는 빌딩에 이르기까지 최근 주택 부문의 기술혁신은 빠르게 진전되고 있다. 냉난방효과를 높이기 위한 혁신적인 단열소재들이 개발되고 있고, 에너지 생산 및 관리를 효율화시켜 주는 기기들도 도입되고 있다. 이와 더불어 앞서 언급한 스마트 그리드 관련 기술이 주택에 적용되어 다양한 전기기기들이 지능적으로 제어하고 관리하는 것도 가능해질 것이다. 결국 주택도 피동적이고 피난처(shelter)적인 성격에서 벗어나 능동적으로 대화하는 살아 있는 공간으로 변신하게 된다고 할 수 있다.

| 표 7-1 | 스마트 그리드 관련 정책

국가	내용
미국	2003년: Grid 2030 정책 2009년: 경제회복 재투자법
EU	2006년: 스마트 그리드 비전 2008년: 연구/구현 분야 선정
일본	2009년: 기술개발로드맵 작성
한국	2009년: 녹색성장 5개년 계획 제주실증사업 실시
중국	2009년: 2020년까지 4조 위안이 투입되는 '스마트 그리드 종합추진계획'을 발표

자료: 각국 정부 발표.

| 표 7-2 | 제로에너지 빌딩 정책

국가	내용
미국	2015년부터 비주거용, 2020년부터 주거용, 제로에너지 건축물 의무화
캐나다	2030년부터 신규주택의 제로에너지 의무화
EU	건물에너지 절약지침(EPBD)을 수립, 2019년부터 신규 주택의 제로에너지화를 의무화 ＊EPBD: Energy Performance of Building Directive

자료: 각국 정부 발표.

자동차와 건물의 변화는 인프라 분야의 대변화를 만들 것이다. 인프라는 수요 측면과 공급 측면에서 변화요인이 있다. 우선 수요 측면에서 보면 개도국의 부상이 인프라 수요를 견인하는 가장 핵심요인이다. 개도국의 경제성장은 대도시로 인구를 유입시키고, 인구 유입은 메가시티의 탄생, 인프라 수요를 만들어낸다. 2005년을 기준으로 인구 100만 이상의 도시 414개 중 302개가 신흥국에 있다고 한다. 2015년이 되면 신흥국에 소재한 인구 100만 이상의 도시가 405개로 늘어날 것으로 전망된다. 신흥국 도시에 거주하는 인구가 2005년 8억 7,000만 명에서 2015년에는 11억 8,000명으로 늘어날 것이라는 전망도 나온다. 선진국 거대도시들의 인프라 변화도 예상된다. 대부분의 선진국 거대도시들은 50년 이상 된 노후한 인프라 환경을 갖고 있다. 뉴욕 지하철은 100년이 넘었고, 수도, 건물들도 대부분 20세기 초중반의 기술을 바탕으로 설계되고 운영되고 있다. 에너지 절감, 지능화, 안전 문제 등은 선진국 인프라의 개선수요로 이어지게 된다.

금융위기 극복과정에서 각국 정부는 경기부양을 위한 인프라 투자에 재정의 상당 부분을 쏟아 넣고 있다. OECD는 향후 수십 년간 매년 1조 5,000억 달러 이상의 인프라 시장이 형성될 것으로 전망하고 있고, 일부에서는 2030년까지 누계 40조 달러 이상의 시장이 만들어질 것이라고 전망한다. 인프라 시장의 개화는 공급 측면에서 보면 IT산업, 건설, 금융, 플랜트, 기계, 운송산업 등 전반에 새로운 기회가 될 것이다. 특히 IT의 키워드로 설명한 사물의 정보화는 인프라 산업 전반에도 큰 영향을 미칠 수 있다. 스마트 사회간접자본이라는 용어로도 설명되는 스마트 그리드, 스마트 교통시스템, 스마트 수자원 관리 등 인프라 전반에 IT시스템, 반도체 칩 등이 결합되어 지능적으로 관리하고 최적으로 운영하는 것이 가능해진다.

의료산업과 건강산업도 새로운 성장의 기회를 맞이할 전망이다. 이미 의료산업은 전 세계적으로 5조 달러의 규모를 자랑한다. IT산업의 규모가 3조 달러라는 점을 생각하면 의료서비스, 의료기기 및 제약시장의 규모를 짐작할 수 있겠다. 수익성 측면에서도 월등하다. 2008년 〈포춘〉 선정 500대 기업 이익의 35.6%가 의료 및 제약 분야에서 발생했다고 한다. 일부에서는 의료를 2000년 이래 가장 빠르게 성장하는 산업으로 규정하기도 한다. OECD 국가의 세대별 지출을 보더라도 의료비는 2000년 이후 통신비, 레

〈미국〉

• 경기부양 투자액 중 약 20%를 인프라·에너지에 투자

(단위: 십억 달러)

분야	투자금액	주요 세부 항목(투자금액)
인프라	80.9	고속도로(27.5), 철도(9.3), 상하수 시설(8), 그린빌딩(8), 초고속/무선 인터넷 망(7.2)
에너지	61.3	스마트 그리드(18.7), 에너지 효율화(16.2), 신재생 에너지(6), 차량용 배터리(2)

〈EU〉

• 인프라·에너지에 50억 유로 투자
• 미래혁신경제 달성을 위해 친환경 제조, 친환경 차량, 빌딩 에너지 효율화의 3대 분야에 중점 투자

(단위: 십억 유로)

분야	주요 세부 항목(투자금액)
인프라	전력망 및 가스망(1.75), 해상풍력(0.5), CCS(1.25)
혁신경제	친환경 제조(1.2), 친환경 자동차(1). 빌딩 에너지 효율화(1)

〈중국〉

• 경기부양 투자 45%인 1.8조 위안을 인프라에 투자
• 경기부양과 더불어 중앙정부에서 추가 투자계획 발표

(단위: 조 위안)

분야	주요 세부 항목(투자금액)
운송	철도(3.5), 도로(2.5), 공항(0.45)
에너지	전력망(1.16), 원전(1.3)

〈G20 분야별 인프라 투자〉

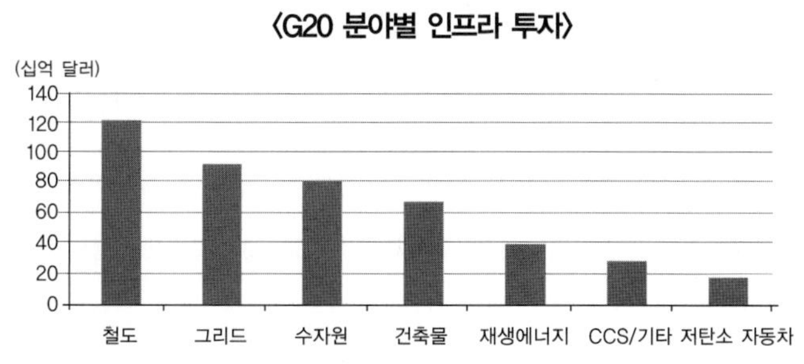

자료: 각국 정부 발표.

저비, 교육비 등을 넘어서고 있다. 특히 인구의 고령화, 소득의 증가로 건강한 삶에 대한 지출과 욕구는 점점 증가할 것이다. 의료 및 건강산업의 핵심 키워드는 치료(cure)에서 관리(care)로의 전환이라고 할 수 있다. 즉, 지금까지는 병이 나면 이를 진단하고 치료하는 것이 의료산업의 핵심과제였던 반면, 앞으로는 병의 치료만큼이나 병의 관리, 사전예방 등이 중요해진다는 것이다.

다른 의미에서 보면 의료산업이 병원에서 병원 밖으로, 환자 중심에서 일반인으로, 특정 시간 중심에서 일상으로 변화된다는 것이다. 이러한 변화에는 IT의 기여가 가장 크다. 대용량 정보처리기술에 힘입어 유전자의 해석이 가능해졌고, IT기술혁신으로 진단기기의 성능은 지속적으로 개선되고 있다. 유비쿼터스 헬스케어와 같이 병원 밖에서 상시적으로 건강을 체크하고 사전에 대응할 수 있는 시스템도 가능해졌다. 금융위기 극복과정에서 나온 미국 오바마 대통령의 의료보험개혁도 의료산업과 건강산업의 새로운 변화를 가속시킬 것이다.

의료산업과 같은 맥락에서 안심과 관련된 산업도 21세기에 중요한 영역으로 부상할 것이 예상된다. '안심을 팝니다' 와 같은 광고 카피가 등장할 정도로 현대인들이 사회 속에서 느끼는 불안감은 커지고 있다. 보다 우려되는 상황은 불안감에 대응하는 시스템이 아직은 충분치 못하다는 점이다. 바이러스를 예로 들어보자. 얼마 전 디도스(DDoS: 서비스 거부 공격) 문제가 사회적으로 이슈화된 적이 있다. 컴퓨터의 바이러스, 즉 사이버 안전 문제는 사회 인프라 등 제반 시스템이 지능화되면 될수록 불안전성과 파괴력이 더욱 커질 수 있다. 현대사회가 정보의 기반 위에서 움직이기 때문에 사이버 공간에서의 위협은 사회 전체의 기능을 마비시킬 가능성도 있

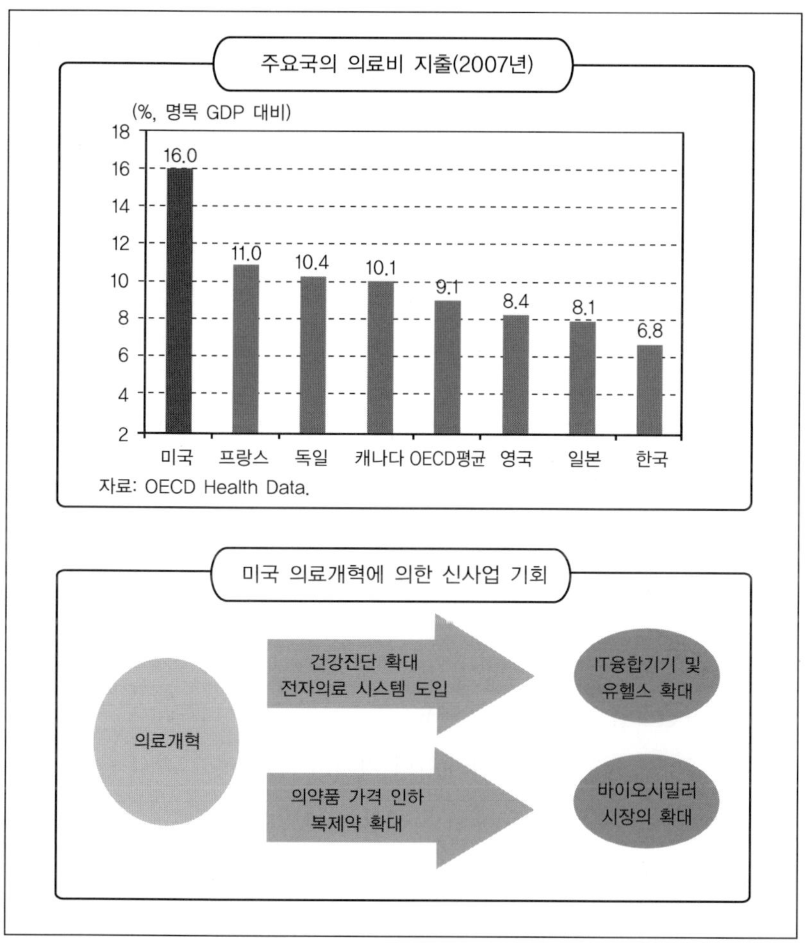

다. 또 다른 바이러스인 인플루엔자가 전 세계인의 건강을 위협하는 일도 빈번해질 수 있다. 과거와 달리 사람들의 왕래가 활발한 지금은 플루(flu)와 같은 독감 바이러스의 공격에 취약할 수밖에 없다.

이러한 다양한 유형의 안심에 대한 위협은 역으로 보면 새로운 산업의 태동을 만든다. 음식에 대한 불안은 바코드를 통한 식품안전 시스템을 통해 비즈니스모델로 상용화되고 있고, 안전산업은 이미 수천억 달러 규모로 성장했다.

6. 21세기 산업 패러다임의 과제

적어도 수십 년, 어쩌면 그 이후에도 20세기 패러다임은 여전히 중요한 경쟁요소가 될 것으로 보인다. 문명인구 10억 명, 그리고 또 다른 플러스 30억 명의 인류를 위해서 산업기술이 대량생산에 적합하게 진화되어야 하기 때문이다. 개도국이 세계시장에 편입되면 될수록 적어도 당분간은 20세기의 패러다임인 '싸게, 빠르게, 크거나 작게'는 더 중요해질 수 있다. 그러나 그것만으로 21세기를 규정하기에는 한계가 있다. 경쟁환경, 기술혁신, 소비자환경이 바뀌고 있기 때문이다. 그런 면에서 보면 향후 수십 년간은 20세기의 패러다임과 21세기의 가치인 '깨끗하고, 똑똑하며, 안전한' 기술이 접목될 것이다. 특히 21세기의 키워드는 선진국 시장은 물론 개도국 시장에서도 중요한 가치로 인식될 가능성이 크다.

때문에 앞으로 기업들이 직면할 패러다임 차원의 위협은 더 커질 수 있겠다. 한두 가지의 이슈나 기술에 의해 시장이 주도되지 않을 것이기 때문이다. 20세기와 21세기의 가치가 혼재되어 나타나고, 소비자들의 계층은 더욱 다양해질 것이다. 반면 그린, 지능화, 안전과 같은 키워드는 비용의 상승을 유발하게 된다. 시장의 범위와 폭이 확대되고, 기술혁신의 복잡성과 다양성이 높아지는 환경에서 20세기의 가치인 '저가화' 등도 동시에 추구해야 하기 때문이다.

업역의 변화에 따른 이종경쟁자의 출현도 주목해야 할 대목이다. 20세기가 사일로(Silo)[6]와 같이 업역이 구분되어 있는 가치사슬 전후의 수직형 산업구조의 틀에서 성장해왔다면, 21세기에는 사일로가 무너지고 넓은 광장에서 수평·수직적인 협력과 경쟁이 이루어질 것이다. 상상하지 못했던 경쟁방식으로 무장한 이업종의 업체가 기존시장의 판도를 바꾸는 것도 예상해볼 수 있다. 지금까지 앞만 보고 전속력으로 달리던 방식에서 벗어나 주변을 살피면서 전력질주해야 한다는 것이다.

최근의 글로벌 금융위기는 어쩌면 20세기 패러다임의 피로에 의해 나타난 현상일 수도 있다. 많은 기업들이 새로운 패러다임에 대응한 기술혁신보다는 기존기술을 카피캣식으로 모방하는 경쟁에 치중했고, 이는 산업계의 공급과잉으로 귀결되었을 수 있다는 것이다. 녹색기술로 각광받고 있는 태양광이나 바이오연료도 마찬가지다. 그러나 과거의 예에서도 그랬듯이 위기는 새로운 변화를 만드는 기반이 된다. 그런 점에서 현재 글로벌 금융위기는 100년의 산업을 뒤로 하고, 새로운 100년의 산업체제로 전환하는 토대가 될 수 있다.

---

[6] 굴뚝 모양의 곡식저장창고. 조직의 부서들이 다른 부서와는 담을 쌓고 내부이익만을 추구하는 현상을 사일로의 모양에 빗대어 설명한 것이다.

| 개요 |

21세기의 산업지도 변화에 대해 전망하는 이번 토론은 지금까지 진행되어 온 토론과는 상당히 성격이 달랐다. 글로벌 금융위기와 이번 토론의 주제는 상호연관성이 부족하다고도 볼 수 있지만, 글로벌 금융위기가 전 세계적으로 '저탄소 녹색성장' 등 신성장동력을 찾게 만든 계기가 되었다는 점에서 그 관련성을 찾을 수 있다.

토론자들은 정부 주도의 녹색산업정책이 시장과 고객의 요구, 기술의 발전, 기업 현실과 메커니즘, 금융과 투자 등의 본질적 기반을 제대로 고려하지 않는다면 현실성을 잃게 될 수 있음을 우려했다. 결국 시대정신, 신기술과 신산업을 받아들이는 시장의 인식, 기술을 공급하는 기업의 패러다임, 제도적인 틀이 조화를 이룰 때 진정한 산업구조의 변화가 일어날 수 있다는 것이다.

IT를 대체할 유망산업이 무엇인가의 문제는 아직 불확실하다. 그리고 정부나 대기업, 중소기업이 이를 어떻게 조직할 것인가도 연구과제이다.

일부 토론자들은 정부지원이 중심이 되는 현재 녹색산업 외에 기존산업의 녹색화, 민간 주도의 바이오산업 등을 유망한 신성장산업으로 꼽았다.

정구현 이번 토론은 지금까지 진행했던 토론과는 성격이 다소 다르다. 자유롭게 토론해주셨으면 한다.

좌승희 너무 생각거리를 많이 줘서 머리가 복잡하다. (좌중 웃음)

정구현 산업의 패러다임의 변화는 이번 금융위기와는 별로 상관이 없는 것 같다. 어떤 관련이 있는지 먼저 질문하고 싶다. 글로벌 금융위기를 계기로 전 세계가 산업적으로 새롭게 저탄소 녹색성장을 들고 나왔다. 재정 확대를 복지로 다 돌리지 않고 신성장동력을 찾기 위한 분야에도 사용하기 위해서다. 그런데 그것이 과연 실체가 있는 것인지 궁금하다. 또 하나의 거품만 만들고 있는 것은 아닌가? 과연 글로벌 금융위기가 산업이나 기술의 패러다임에 변화를 가져올지 묻고 싶다.

김새윤 변화라는 섯은 방아쇠(trigger)를 필요로 하는데 이번 글로벌 금융위기가 그 역할을 맡았다. 녹색성장에 대한 이야기가 많이 나오는 것 역시 위기가 투자를 가속화하고 돌파구를 만들어준 계기가 된 측면이 있기 때문이다. 글로벌 금융위기의 이슈 중 중요한 것이 공급과잉이다. 특히 그 이면에는 전 세계 산업계의 지난 10년간 경쟁 패턴이 자리 잡고 있는데, 그것은 생산량 복제이다. 그러나 더 이상 이것으로는 경쟁을 지속할 수 없다는 것이 글로벌 금융위기 전후로 인지된 것이다.

황창규 그렇지만 고객이 변하지 않았는데, 경제위기 때문에 녹색이 나오고 새로운 산업이 나오는 것은 아니다. 기술발전을 위해서는 일단 기술 자체의 발전과 동시에 고객의 가치변화가 있어야 한다. 이 둘은 반드시 양립되어야 한다. 따라서 글로벌 금융위기 자체가 산업의 변곡점은 아니라고 본다. 먼저 고객의 니즈 변화를 기반으로 해야 하며, 그 다음으로 소재가 중요하다. 예를 들어, 태양광만 해도 정부의 지원이 없다면 적자투성이 사업이다. 기술에 부가가치를 더하고 혁신적인 기능을 살릴 수 있는 것이 바로 소재다. 기술에 소재, 바이오 등 기초 부분이 동반되어야 한다. 그래야 변곡점을 만들어낼 수 있다.

좌승희 고객의 니즈에 대해 말씀하셨는데, 경제학적으로는 상대가격의 변화 없이 기술이나 제품에 변화가 온다고 보기 어렵다. 글로벌 금융위기로 수요체계에 변화가 일어나고, 상대가격에 변화를 가져올 것이라는 예측이 있으면 논의가 훨씬 쉬울 것 같다. 지금 정부가 '그린, 그린' 하는데 피부에 와 닿지 않는다. 화석연료가 가격도 싸고, 사는 데 아무 불편도 없기 때문이다. 상대가격의 변화가 전혀 없다. 이 문제는 당위가 아니라 경제학적으로 봐야 한다.

황창규 녹색에는 아직 핵심기술이 없기 때문에 논란이 있는 것이다.

좌승희 중요한 이슈를 많이 던져주셨다. 먼저 여쭤보고 싶은 것은 산업과 기업을 어떻게 보는가이다. 실제 산업을 움직이는 것은 기업이다. 그러나 경제학에는 기업이론이 없다. 기업에 대해 잘 알지 못하는 것이다. 모든 논의가 산업을 중심으로 이루어진다. 나는 여기에 근본적인 문제가 있다고 본다. 기업에 대한 본질적인 이해가 있어야 하고, 변화에 대한 이해가 있어야 한다. 그래야 좀 더 구체적인 변화방향을 읽을 수 있다. 그러나 여기에 대한 이해가 충분치 않다. (그런 의미에서) 나는 산업정책이 아니라 기업정책이라고 이름을 바꿔야 한다고 생각한다. 그리고 그에 따라서 경제학도 바뀌어야 한다고 주장한다. 기업이 모여 산업이 되는 것 아닌가. 자동차산업을 따로 논할 것이 아니라 현대를 알고 GM을 알아야 한다. 그것 없이 자동차만 이야기할 순 없다.

정통경제학의 의미에서 산업정책은 이미 죽은 것이다. 갑자기 녹색산업

을 한다고 야단인데, 어떻게 하면 산업
이 되나? 경제학에서 이것이 가능하다
는 학설이라도 있는지 헷갈린다. 산업을
일으키는 것은 기업이기 때문에 기업정
책 측면에서 이것을 어떻게 바라볼 것인
지 논의가 된다면 훨씬 손에 잡히고 실
감나는 토의가 이루어질 것 같다.

그런 의미에서 공정거래도 문제가 있다. 변화과정에서는 독점기업이 등
장하기 마련이다. 잘하면 독점기업이 되는 것이다. 그런데 우리가 갖고 있
는 경쟁 시스템은 독점의 등장 자체를 막고 있다. 그렇다면 어떻게 도약할
것인가. 이는 경제학의 중요한 과세라고 본다. 가끔 나는 '발전은 독짐기
업을 만들어내는 과정'이라는 말을 하곤 한다. 경제학에서는 이런 게 전혀
논의되지 않는 것 같다.

최흥식 경제위기가 산업에 어떤 영향을 미칠 것인가? 오히려 나는 거꾸
로 산업 부문 변화에 금융이 어떻게 부응할 것인가를 생각하고 싶다. 지금
은 오히려 금융이 걸림돌이 되고 있는데, 산업발전은 돈이 없으면 이루어
질 수 없다. 시스템이 역동적으로 움직이려면 '눈먼 돈'이 좀 있어야 한다.
현재의 흐름은 눈먼 돈을 배제하고 산업을 발전시키자는 것으로 보인다.

지금 사회의 역동성이 떨어지고 있다. 대학생들은 대부분 공무원이 되
고 싶어 한다. 우리뿐만이 아니다. 유럽도 그렇다. 안전위주, 침체로 간다.
이런 상황에서 시스템의 변화가 일어나려면 대규모 투자 그리고 신사업에
대한 투자가 필요한데 항상 신사업은 위험성이 크다. 어떻게 해야 새로운
산업이 발전하도록 자기 역할을 할 수 있을까? 정부와 투자은행들의 몫이

크다. 기술 비즈니스가 제대로 될 수 있도록 금융이 어떻게 도울 수 있냐가 가장 큰 고민거리다.

현정택 많이 배우고 재미있게 들었다. 가장 큰 의문은 21세기의 패러다임이 추상적·간접적·가치중심적·창의적이라는 것인데 이것이 신성장동력 5대 산업과 매치가 되는 것인가. 현실적으로 보면 우리나라에서 네트워크, 시스템, 공공시설 등을 잘 구축해놓는 것은 정부가 해야 할 일이다. 기업 입장에서는 어딘가에 베팅을 잘해야 하는데 어디에 주안점을 둬야 하는가.

황창규 새로운 산업이 등장하려면 신성장동력의 핵심기술을 쥐고 있어야 하는데, 과거 산업사례를 보면 반도체든 통신이든 신재료든 기업에서 수십조 원을 들여 엄청난 투자를 한 후 경쟁사와 차별화하고 시장을 선점해서 독식하곤 했다. 현재 R&D의 추세를 IBM 경우에서 보면 R&D를 콜래보라토리(collaboratory: collaboration과 laboratory의 합성어)라고 표현한다. 그들은 특허를 내고 기본적인 플래닝을 하는 사람만 남기고, 나머지는 전 세계로 서치를 하러 다닌다. 전 세계의 대학, 연구소, 민간인 중 IBM의 목적과 부합되는 전문가를 찾는다. 이것이 IBM R&D의 특징이다. IBM 정도 되면 한 기업이 거의 국가수준의 파워를 갖고 있다. 우리나라는 아직 이런 수준까지 나아가지는 못했지만, 소스가 참 좋다. 교육열이 높고 대학 간 경쟁이 분명히 좋은 인재를 만들 것이다. 그리고 핵심기술을 만들기 위해 정부가 국내외 네트워킹에 대한 지원을 해야 한다.

현정택 지금 경제위기를 극복하는 데만 치중해서는 안 되고 위기 이후를 준비하는 성장잠재력의 확충이 중요한데, 정부의 역할은 서비스산업 규제를 완화하고, 교육 문제를 해결하고, 기업들이 움직이는 데 독점제약을 해소해주는 정도에 그치고 있다. 그 외에 어떻게 해야 하는가를 고민해야 한다.

정갑영 오늘 주제가 21세기와 산업인데, 산업을 이야기하면서 수요자를 빠뜨리고 있다. 시장을 배제한 것이다. 최근 부상하는 그린·스마트 등은 수요자의 변화가 아니라 엔지니어 가치기준의 변화다. 시장에서 성공하고 트렌드를 바꾸려면 수요가 같이 반응해줘야 한다. 그런데 시장에서 수요자가 생길 것인가? 수요자의 가치가 과연 그린·스마트로 바뀔 것인가. 굉장히 비싼데도 애국하는 마음으로 바꿀 것인가? 그것이 큰 과제인 것 같다.

그렇게 생각해보면 시장 때문에 faster, larger(또는 smaller)의 추세가 여전히 유효할 것 같다.

김장호 산업구조의 변화는 기술공급 쪽 패러다임과 이를 받아들이는 인식과 제도적인 틀, 양자의 타협으로 볼 수 있다. 21세기 들어 10년도 안 되어 전 세계가 금융위기를 맞았는데(아시아는 두 번째), 이것이 사람들의 인식을 변화시키는 계기는 된 것 같다.

녹색이라든가 고용창출 등이 시대정신으로 다가온 것은 산업구조가 그쪽(녹색)으로 갈 가능성을 알려주는 메시지나 신호라고 본다. 따라서 산업구조의 수요변화를 예측해 지금 가능한 기술을 어느 쪽으로 집중할 것인지를 찾아내는 일이 중요하다. 이런 전략을 짤 때 정부가 체계적으로 역할을 해야 한다고 본다.

질문을 한 가지 하겠다. 1950년대 콜린 클라크(Colin Clark)의 산업분류(1차

산업구조의 수요변화를 예측해 지금 가능한 기술을 어느 쪽으로 집중할 것인지를 찾아내는 일이 중요하다. 이런 전략을 짤 때 정부가 체계적으로 역할을 해야 한다고 본다. _ 김장호

/2차/3차)가 아직도 유효한가? 미국 노동부 장관을 지낸 로버트 라이히처럼 직업분류 중심(창조적 계급/단순생산보조/개인서비스)으로 달라져야 하는 것은 아닌가? 21세기형 산업분류는 과거와 같은 산업 중심인가 아니면 직업 중심인가? 지금 우리가 고민해야 할 과제라고 생각한다.

몇 년 전 토론토의 미래학회에 참석했을 때 한 발제자의 매우 낙관적인 전망을 들은 적이 있다. 그는 자신이 130살까지 살 것이라고 했다. 바이오 쪽 기술 가능성을 굉장히 크게 보고 있었다. 산업구조의 변화를 전망할 때 생각해야 할 주제라 거론해본다.

이제민 그런에 대해 말씀드리면 이것이 글로벌 금융위기 때문에 갑자기 튀어나왔다고 볼 수 없을 것 같다. 그보다는 금융위기 이전의 우리나라의 경제성장구조를 들여다보는 게 필요할 것이다. 글로벌 금융위기 이전의 5~6년 동안 우리가 호황을 누렸다고 생각할 수도 있지만 실제 GNI(국민총소득) 성장을 보면 3%대밖에 안 됐다. 교역조건이 워낙 악화되었기 때문이다. 중국과 인도가 들어오면서 교역조건이 자꾸 악화됐는데, 이것을 해결할 때가 되었다. 이런 관점에서 녹색산업의 대두를 파악할 수도 있다.

10년 전만 하더라도 중국과 인도가 아무리 성장해도 화석연료가 모자랄 것이라고 생각하지 않았다. 얼마든지 있다고 예상했다. 요즘은 이 얘기가 없어졌다. 이게 중단기적인 것인지, 실제로 수확체감이 일어난 것인지 전문가의 의견을 듣고 싶다.

황창규 화석연료는 근본적으로 부족하고, 빠른 시간 내에 고갈될 것이다. 재생해서 효율을 높이는 산업이 있지만 그것만 갖고는 안 된다. 매장량도 현재 많이 부족하다.

이제민 좌승희 원장님께서 먼저 문제제기하신 것을 다시 지적하고 싶

다. 기술이 어떻게 기업화되고 산업
으로 가느냐에 관한 것이다. 우리
산업정책은 1970년대까지 정부에서
다 결정했다. 그러다 1980년대에 들
어와서 기업에게 그것을 일임했다.
결국 새로운 사업은 대기업에게 맡
겨진 것이다. 그래서 이병철 회장이
반도체를 시작했다. 처음엔 고전했
고 어려움을 겪다가 다행히 성공했

다. 금융 쪽에서 보면 이것은 너무 부담 가는 시스템이다. 왜냐하면 이윤보
다 성장 중심이기 때문이다.

1997년 외환위기 후에는 월스트리트식 논리에 따라 특정 기업이 사업
을 다각화하는 것보다는 금융시장에서 포트폴리오를 구성하는 게 효율적
이라는 식의 사고가 지배했다. 금융 쪽만 풀어주면 금융이 자기 나름의 판
단을 하면서 산업구조를 결정할 것이라는 아이디어가 지배적이었는데, 이
런 생각은 옳지 않은 것으로 드러났다.

1970년대의 '정부 주도'라는 화두가 30~40년이 지난 지금도 그대로 존
재하고 있다. 그 과제를 잘 풀어야 한다. 결국 분업을 해야 하는데, 태양광
처럼 투자가 지속적으로 들어가는 사업의 경우, 이를 감당할 수 있는 주체
는 딱 둘이다. 하나는 정부, 남은 하나는 대기업집단이다. 이 과정에서 대
기업이 지켜야 할 원칙은 무엇인가.

정구현 새로운 차원의 문제제기다. 기업은 돈 되는 건 다 해야 하지 않
겠나. (좌중 웃음)

이원덕 현재의 글로벌 금융위기는 20세기형 사고방식과 관련이 있다. 따라서 글로벌 금융위기 이후의 새로운 패러다임 변화의 경제학적 체감에는 한계가 있다. 그렇다면 이것을 기업에만 맡기는 것은 위험하고, 이 단계에서 정부의 역할이 중요하다고 보인다. 녹색산업과 동시에 녹색맨파워(녹색마인드, 녹색가치를 가진 사람들)가 있어야 녹색을 만들어갈 수 있을 것이다. 우선적으로 시장이 존재해야 하며, 학계에서는 이전의 대량생산이 아닌, 녹색산업에 맞는 가장 효과적인 생산체계를 찾아야 할 것이다.

좌승희 잘하는 대기업이 제대로 R&D하게 해줘야 한다. 중소기업을 육성해서 R&D를 활성화하는 것은 사회정책적으로 할 일이고, 새로운 사업을 일으키겠다는 목표를 갖고 있다면, 거기에 맞는 일을 해야 한다.

정구현 지금 질문은 크게 두 갈래다. 앞으로 IT를 대체할 만한 유망산업이 과연 무엇이냐. 저탄소 · 녹색성장은 정부의 지원을 빼면 아무것도 아닐 텐데, 앞으로 10~20년 동안 성장동력이 무엇이냐? 그 자체가 불분명하다는 게 첫 번째 문제다. 만약 그게 분명하다고 하면, 즉 방향이 보인다면 우리나라는 앞으로 정부, 대기업, 중소기업을 어떻게 조직할 것인가. 이게 두 번째 이슈다.

김재윤 논의의 상당 부분이 시간 프레임인 듯하다. 시간 축을 어떻게 보느냐는 상당히 중요하다. 100년 사이클로 볼 수도 있고, 10년 사이클로 볼 수도 있다. 바이오와 녹색산업은 분명히 될 것이라고 본다. 물론 시스템적 제약은 있지만 지금 미국에서 벤처투자가 일어나는 걸 보면 충분히 발전 가능성이 있다. 금융자본이 매개가 되면 산업발전이 훨씬 좋아질 것이다. 신산업 태동 초기에는 금융버블은 필연적이라고도 할 수 있다. 수요도 중요한 사실인데 이것 역시 시기의 문제다. 단기적으로 보면 이견이 있지만 장기적으로 보면 분명히 수요가 있다.

화석연료 중에서도 석유는 일반적이지 않은 매장 형태까지 고려한다면 고갈의 염려가 크지 않다. 다만 가수요가 커지면서 가격이 급등하는 문제가 생길 수 있다. 석탄은 매장량에 여유가 있다.

녹색산업을 논할 때 단골로 등장하는 재생에너지만 녹색산업이 아니다. 기존산업의 녹색화가 훨씬 크다. 예를 들어 LED TV 화두 중 하나는 포장 종이의 양과 운송비용이 줄어든다는 것이다. 이런 일들을 통해 이전보다 이산화탄소 배출량을 줄일 수 있다.

황창규 그린이냐 바이오냐를 논의할 때, 그린은 정부정책에 좌우되지만 바이오는 개인과 직접 관련된 문제임을 유념해야 한다. 특히 미국은 지금 바이오에 대한 수천 가지 사업을 준비하고 있다. 바이오가 앞으로 굉장한 산업이 될 것이다.

김재윤 바이오산업의 규모가 이미 5조 달러다. 그렇다면 다른 어떤 산업보다 이미 규모가 확보되었다고 할 수 있다. 자동차도 그 자체로는 5조 달러가 안 된다.

제8장

총정리:
위기 이후 세계경제와 대한민국의 선택

토론일 • 2009년 12월 21일

미 연방준비위원회는 2002년 1월부터 2004년 12월까지 3년간 복표금리를 2% 이하로 유지했다. 이로 인해 주식 및 부동산시장에 자산거품이 형성되었다. 2006년부터 서브프라임 모기지를 이용한 주택소유자들의 연체율이 대거 발생하고, 2007년 8월부터 금융기관이 막대한 손실을 보고하기 시작하면서 문제가 드러났다. 2008년 9월 중순 리먼브라더스가 파산하기 전까지 이번 위기는 대체로 금융업계에 한정된 것으로 생각되었다. 그러나 리먼브라더스의 파산으로 인해 시장에서 거래 상대방에 대한 신뢰가 사라지면서 금융시장은 공황상태에 빠졌다. 미국 경기는 이미 2007년 말부터 침체로 접어들었고, 금융경색이 실물경제에 결정타를 날리면서 세계 경제는 2008년 4/4 분기에 일제히 급속한 하강국면으로 접어들었다. 2008년 10월부터 미국 정부는 대규모 금융기관에 대한 긴급금융지원을 시작했다.

2008년 11월 중순 미국 워싱턴에서 최초의 G20 정상회의가 열렸고, 세계 주요국은 제로금리와 대규모의 재정지출을 통해서 경기의 급속한 하락을 진정시키려고 하였다. 이러한 정책공조 덕택에 2009년 5월경에는 금융시장이 어느 정도 안정되었고, 같은 해 여름을 전후해서 주요국 경제는 바닥을 치고 다시 상승하기 시작했다.

대공황 이후 가장 길고 심각한 불황이라고 일컬어지는 이번 위기는 몇 가지 특징을 가지고 있다.

첫째는 위기의 진원지가 미국이라는 점이다. 미국 거시경제의 불균형과 금융 및 감독 시스템에 문제가 발생한 것이다.

둘째는 위기가 전 세계로 급속히 확산된 점이다. 금융의 세계화로 모기지를 바탕으로 한 파생상품을 전 세계 금융기관이 나눠 보유했기 때문이기도 하고, 또 세계화로 인하여 상호의존도가 매우 높아졌기 때문이기도 하다.

셋째는 중국을 포함한 신흥국들이 불황의 여파를 비교적 잘 피하고 있다는 점이다. 전 세계의 수출이 2009년에 전년 대비 23%나 감소했음에도 불구하고, 중국과 인도, 브라질 등 신흥국경제는 선전하는 모습을 보였다. 그 결과 이번 위기는 선진국경제와 신흥국경제 간의 소위 디커플링의 가능성을 다시 한 번 제기하고 있으며, 더 나아가서는 세계질서의 재편 가능성도 보여주고 있다.

이 글의 주 목적은 위기가 끝난 후 생겨날 수 있는 새로운 세계질서에 관한 전망을 하는 것이다. 미래라는 것이 기본적으로 불확실한 것은 사실이나, 가능한 몇 가지의 전망을 제시하려고 한다. 주 관심 시기는 앞으로의 10년(2010~2020년) 정도이나, 때로는 2030년까지의 20년을 언급하기도 한다. 그러나 먼저 이번 위기의 원인을 먼저 짚어보아야만, 그 다음의 전망이 가능할 것이다.

1. 대불황의 원인

이번 위기의 주요 원인으로는 세 가지를 들 수 있다. 가장 직접적인 원인은 앞서 언급했듯이 미 연방준비위원회의 지나치게 확장적인 통화정책이다. 연방준비위원회는 정책금리를 너무 오랫동안 '적정금리' 보다 낮은 수준으로 유지했다. 여기서 적정금리란 '경제성장률에 물가상승률을 더한 것' 이다. 예전 '필립스 곡선' 시절에는 금리가 낮을 경우, 소비자물가가 오르면서 중앙은행은 금리를 높여야 하는 압력을 받았다. 그런데 2002년부터 2006년까지는 확장적인 통화정책으로 인플레이션이 유발되지 않은 매우 이례적인 시기였다. 이러한 비정상적 상황에 대해서는 두 가지 원인을 제시할 수 있다.

하나는 중국이라는 요인이다. 중국은 2001년 세계무역기구(WTO) 회원국이 되면서 전 세계에 값싼 소비재를 대량수출하기 시작했다. 저렴한 중국산 수입품 덕분에 미국의 소비자물가지수(CPI)는 계속 낮게 유지되었다. 상대적으로 낮은 CPI가 유지된 또 다른 이유는 정보기술, 즉 IT를 기반으로 한 소위 '신경제' 때문이다. 기업은 IT 덕분에 생산성을 제고하고, 그 결과 제품가격을 낮게 유지할 수 있었다. 제품과 서비스의 가격이 계속 낮게 유지되면서 넘치는 유동성은 처음에는 자산시장으로 유입되었고 나중에는 원자재시장으로 흘러들어 갔다. 이 기간 동안 부동산, 주식, 원유 및 주요 원자재의 가격은 꾸준히 상승했다. 미국의 주택가격은 2006년 7월 최고조에 달했고, 원유가격은 2007년 7월 배럴당 150달러로 사상 최고치를 기록했다. 그 결과 이후 2년 동안 주택가격거품과 원자재가격거품이라는 두 가지 종류의 거품이 꺼지게 되었다.

이번 위기의 또 다른 원인은 세계경제의 불균형이다. 즉, 미국의 계속되는 과지출(소비와 정부지출)과 중국을 포함한 주요 아시아 국가들의 저지출을 말하는 것이다. 미국경제의 불균형은 낮은 저축률과 정부의 예산적자 및 경상수지 적자가 잘 보여준다. 미국의 경상수지 적자는 대규모 경상수지 흑자를 기록하는 국가, 주로 중국과 일본의 자금공급에 의해 유지되고 있다. 이런 요인은 앞서 언급한 확장적 통화정책과 무관하지 않으며 부시 행정부의 경제정책과도 긴밀히 연관되어 있다. 2001년 9·11 테러가 발생한 이후 이라크 침공에 따른 전쟁비용과 국방예산은 크게 늘어났다. 게다가 부시 대통령은 세금감면조치를 밀고 나가면서 미 연방정부의 재정적자를 더욱 확대시켰다. 정부와 민간 모두의 과지출로 인해 미국은 총수입량이 늘어나고 경상수지 적자는 계속 불어나 2005년부터 이후 3년간 경상수지 적자가 GDP의 6%에 육박하는 수준에까지 이르게 된 것이다. 이러한 쌍둥이 적자는 '달러 리사이클링'으로 지탱되었다. 즉, 경상수지가 흑자인 아시아 국가들과 산유국들이 미국의 국공채를 계속 사주면서 미국의 경상수지 적자를 메워준 것이다.

세 번째 이유로는 '지나치게 발전한 금융 시스템 및 시장'을 들 수 있다. 이번 위기에서 주택담보대출(모기지)은 처음에 미국 주택소유자들에게 판매되었지만, 모기지를 기반으로 2차 채권과 제3의 파생상품이 발행되었고, 미국과 유럽의 거의 모든 대규모 은행이 이런 상품을 매입하게 되었다. 이는 두 가지 현상을 보여준다. 하나는 흔히 '금융혁신'이라고 불리는 파생상품의 발달, 그리고 또 하나는 금융시장의 세계화이다. 그러나 둘 다 문제를 안고 있다. 파생상품은 때로 재포장되면서 신용도가 높은 안전자산으로 둔갑했고 금융기관의 대차대조표에 제대로 보고되지 않는 투명성 부족의 문제를 야기했다. 또한 세계화는 위험이 전 세계로 단기간에 확산되게 했고, 단기자금이 투기자금화하면서 금융 및 외환시장의 불안정을 증가시켰다. 또 하나의 문제는 금융기관이 과도한 레버리지(자기자본에 비해 너무나 많은 차입)를 통해서 지나친 위험을 감수한 것이다. 단기성과에 대해 막대한 보너스가 지급되면서 금융기업의 임직원이 적극적으로 위험을 택하게 되었지만, 그로 인해 나중에 발생할 수 있는 손실에 대해서는 이들이 책임을 지지 않았다. 이처럼 금융이 산업을 리드하는 소위 금융자본주의의 폐해가 이번 위기로 많이 노정되었다.

그러나 금융혁신 자체가 이번 위기의 주원인일 수는 없다. 금융시장의 혁신 및 통합은 적어도 지난 20년간 진행되어 왔기 때문에 왜 하필 이 시점에서 위기기 발생했는지 설명이 되지 않는다. 그래도 금융경색이 단기간에 전 세계로 번지는 데 금융혁신이 큰 영향을 미친 셈이다.

이번 위기의 원인을 정리해보면, 미국 소비자와 연방정부가 지나친 과지출을 지속하는 와중에 2002년에서 2004년까지 미 연방준비위원회가 지나치게 낮은 금리를 유지하면서 부동산과 원자재시장에서 버블이 형성되고 이것이 꺼지면서 금융위기로 전개된 것이다.

한국은 경상수지 적자가 2년 연속 GDP의 2%만 되어도 금방 외환위기를 맞게 되는데, 미국경제는 어떻게 GDP의 6%에 달하는 경상적자를 몇 년 계속 내면서도 견딜 수 있는가? 하나는 앞에서 지적한 달러 리사이클링이며, 또 하나의 이유는 미 달러화가 기축통화이기 때문이다. 세계경제가 지속적으로 성장하면 추가적인 유동성이 이를 뒷받침해주어야 하는데, 이 유동성은 미국이 경상수지 적자를 봄으로써 공급된다. 따라서 미국의 경상수지 적자는 어느 정도까지는 세계경제의 성장을 위해서 필요하다.

특히 미국의 대외자산은 직접투자 형태가 많기 때문에 수익성이 높으나, 직접투자의 수익은 바로 본국으로 송금되지 않기 때문에 미국은 3% 정도의 경상수지 적자는 지속할 수 있다는 견해도 있다. 미국은 사실 특수한 위치에 있는 나라이다. 세계최대의 시장이며, 세계금융의 중심지이다. 군사력이 세계최강이며, 기술이나 대학의 경쟁력뿐 아니라 영화와 오락에서까지 세계를 리드하고 있다. 거시경제 면에서 불균형을 보이더라도 세계경제가 불안해지면 '안전으로의 도피' 현상이 나타면서 돈은 다시 미국으로 몰려든다. 미국이라는 패권국가는 세계질서를 만들고 세계경제를 리드하는 위치에 있기 때문에 이 나라가 잘못되면 세계경제에 문제가 생기게 된다. 이처럼 미국은 특수한 위치에 있는 나라이기 때문에 시장이 규율하기가 어렵다.

미국의 학자들과 정책당국은 경상수지 적자는 흑자국이 있기 때문에 가능하며, 따라서 흑자국도 일단의 책임이 있다는 주장을 한다. 일리가 있는 주장이다. 특히 지난 10년의 기간에는 중국의 역할이 컸다. 중국은 2006~2008년 3년간 연평균 GDP의 10%에 달하는 경상수지 흑자를 기록했다. 액수로는 2007년에는 3,700억 달러, 2008년에는 4,260억 달러의 흑자를 기록했다. 그 결과 중국의 외환보유액은 2001년 말에 2,120억 달러밖에 되지 않던 것이 2008년 말에는 무려 1조 9,460억 달러에 도달했고, 2009년 말에는 2조 3,000억 달러가 넘었다. 중국이 2005년 6월부터 경제위기가 덮친 2008년 6월까지 3년간 위안을 21% 절상했음에도 불구하고 경상수지 흑자 행진은 계속되고 있다. 중국 정부는 아직도 7억 명에 달하는 농촌 인구에게 일자리를 주어야 하고 또 국내의 정치적 여건 때문에 수출과 투자에 의존하는 고속경제성장 전략을 택하지 않으면 안 된다. 그 결과 소비가 GDP의 40%가 되지 않는 기형적인 거시경제 구조를 가지고 있는데, 이는 미국의 소비가 2001~2008년의 기간에 GDP의 70%에 달했던 것과 분명한 대조를 이룬다. 따라서 지금의 세계경제 불균형은 미국의 과잉지출과 중국의 경직적인 거시경제 운용의 합작품이라고 할 수 있다.

2. 세계경제의 구조적 변화 전망

미국경제가 2000년대(2000~2009년의 기간을 지칭)에 초저금리에도 불구하고 소비자물가가 낮게 유지된 점, 그리고 이 기간 미국의 과지출은 대칭적으로 중국의 괴지축이 받쳐주었다는 점에서, 이번 위기는 중국경제의 지속적 성장에 따른 후유증이라는 확대해석도 가능하다. 그러니까 중국경제가 2000년대의 10년간 연평균 10%라는 고도성장을 하면서 세계경제가 이를 수용하는 과정에 문제가 발생했다는 주장이 가능하다. 2000년대의 또 하나의 특징이었던 원유 및 원자재가격의 지속적 상승도 중국을 위시한 신흥국의 수요증가 때문이다. 실제로 중국경제는 이 기간에 투자가 GDP의 40%가 넘는 투자 주도의 경제성장을 했는데, 이 투자는 주택과 SOC의 건설과 설비투자로 구성되어 있는 만큼 막대한 원자재를 필요로 하였다. 이러한 주장이 어느 정도 근거가 있다면 이는 더 큰 구조적인 변화를 암시한다. 이번 위기에도 중국경제는 2008년부터 2010년까지 3년간 여전히 평균 9%의 성장을 할 것으로 전망된다. 만약 중국경제가 이러한 지속적인 성장을 2010년대(2010~2019년)에도 계속한다면 세계경제는 이러한 거인의 등장을 어떻게 수용할 것인가?

중국경제의 지속적 성장은 바로 상대적으로 다른 경제의 비중 감소, 특히 미국의 영향력 감소와 직결된다. 그런데 여기에는 여러 복잡한 변수가 작용한다. 미국이 복합적인 경쟁력을 가진 패권국가라는 점은 이미 앞에서 언급하였다. 미국의 국력은 상대적 규모로만 보면 제2차 세계대전 직후에 가장 컸겠지만, 세계의 정치 및 경제질서를 주도한다는 면에서 본다면 1990년의 구소련체제의 붕괴 이후 10년간 가장 막강했다고 볼 수도 있다. 어쨌든 1945년 이후 약 65년간 지속되었던 미국 주도의 세계질서가 과연 앞으로 바뀌게 될까? 이번 위기의 배경에 중국경제의 고도성장이 자리 잡고 있다는 가설을 우리가 받아들인다면, 이번 위기가 우리에게 던지는 최대의 질문은 바로 다음과 같다.

"이번 위기는 미국의 세계 유일 초강대국의 지위에 변화를 가져오면서 앞으로 세계경제질서에 근본적인 변화를 초래할 것인가?"

이 질문에 답하기 위해서 이 절에서는 다음과 같은 다섯 가지의 연관된 질문에 답해보려고 한다.

- 세계경제의 불균형이 어느 정도나 해소될까?
- 기축통화인 달러의 위상이 바뀔까?
- 세계경제의 주도권이 넘어갈까?
- 자본주의 기조가 바뀔까?
- 금융시장에 대한 규제가 어떻게 바뀔까?

1) 세계경제의 불균형이 어느 정도나 해소될까?

미국의 경상수지 적자는 불황으로 인해 상당히 개선되었다. 2008년과

2009년에 미국의 실질소비가 마이너스를 기록하면서(각각 −0.25%와 −0.6%) 수입이 대폭 줄었다(2008년 대비 2009년에 26.1% 감소). 2005년과 2006년에 6%에 달했던 GDP 대비 경상수지 적자는 2009년에는 2.59%로 줄고, 2010~2014년까지의 5년간도 3% 이내에서 유지될 것으로 IMF는 예측하고 있다. 3% 이내의 미국의 경상수지 적자는 미국의 대외자산 성격을 감안하면 지속가능한 수준으로 평가된다. 그러나 미국의 재정적자 상황은 악화될 것으로 전망된다. GDP 대비 미국의 재정적자는 2003년과 2004년에 각각 4.8%와 4.3%를 기록한 후에 2007년까지는 개선되었으나, 2008년부터는 경기부양책으로 인하여 급속히 악화되어 2009년에는 12.5%, 2010년에는 10.0%를 기록할 것으로 IMF는 추정하고 있다. IMF는 2011년 이후에

| 그림 8-1 | 미국의 GDP 대비 경상수지 및 재정적자 추이

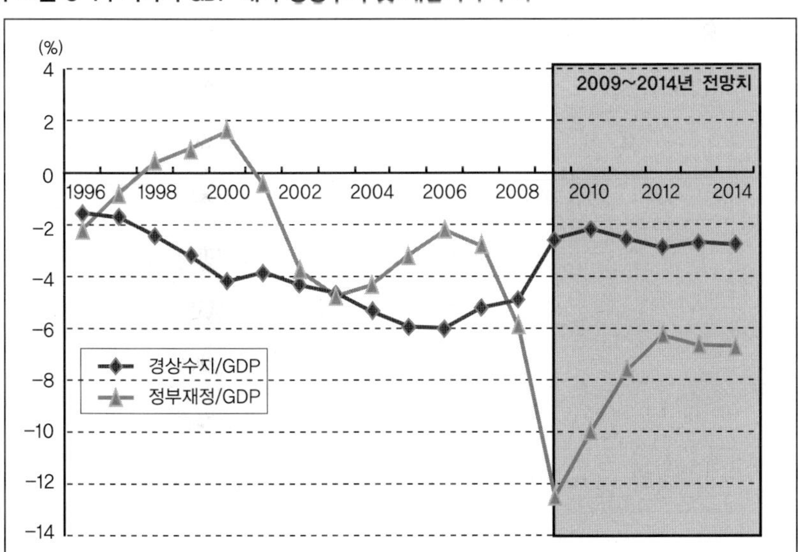

자료: IMF WEO DB.

도 미국의 재정적자가 계속해서 GDP의 6%를 상회할 것으로 전망하고 있다(〈그림 8-1〉 참조). 만약 재정적자를 가계 부문의 증가된 저축으로 상당 부분 메울 수 있다면 미국의 대외균형은 개선될 것이다. 그러나 그렇지 못할 경우 미국은 다시 대규모의 경상수지 적자를 면키 어려울 것이다.

중국의 거시경제 불균형은 어떻게 될까? 중국은 2010년대에도 계속해서 투자와 수출에 의존하는 성장을 할 것으로 전망된다. 2010~2014년의 기간에 중국의 민간소비는 GDP의 36% 수준으로 낮게 유지될 것이며, 투자의 GDP 대비 비중은 48%의 높은 수준을 유지할 것으로 전망된다. 중국의 경상수지 흑자도 높은 수준을 유지할 것으로 전망된다(〈그림 8-2〉 참조) .

| 그림 8-2 | 중국의 경상수지 흑자의 추세와 전망

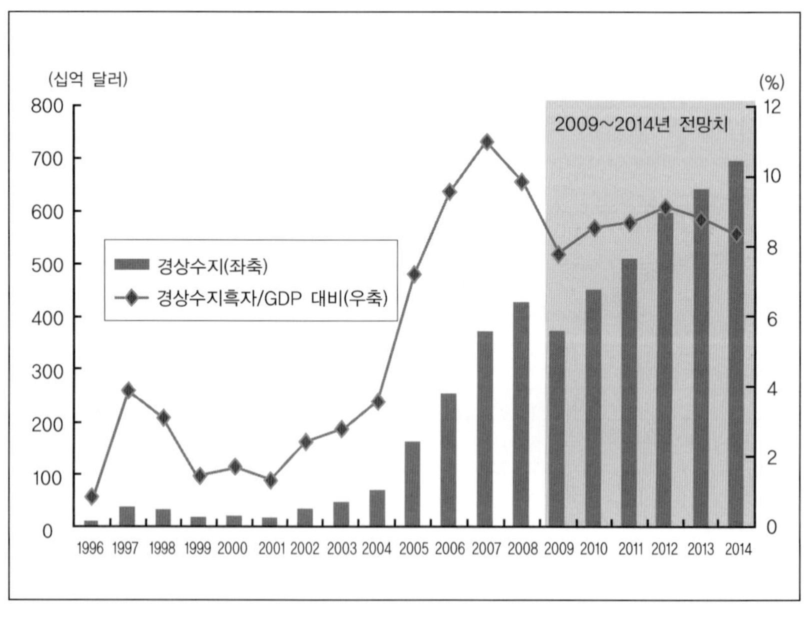

자료: IMF WEO DB.

만약 중국경제가 계속해서 고도성장을 하면서 또한 대규모의 경상수지 흑자를 기록한다면 이는 세계경제에 불안한 요인으로 작용할 것이다. 중국이 위안화를 대폭 절상하지 않는다면 무역흑자는 계속 늘어날 것이며, 환차익을 노리는 단기자금까지 가세해서 중국의 경제운용을 더 어렵게 할 것이다. 따라서 2000년대 10년간 세계경제 불균형의 주요 원인이었던 중국의 경직적인 거시경제 운용은 2010년대에도 비슷한 양상을 보일 것으로 전망된다.

2) 기축통화인 달러의 위상이 바뀔까?

이 질문은 미국경제의 앞으로의 전망과 직결되어 있다. 미국이 대규모 재정적자로 인해서 금리를 인상하면 일시적으로 달러기치가 상승하겠지만, 그렇게 되면 수출이 감소하고 수입이 줄어서 경상수지 적자는 증가할 것이다. 경상수지 적자의 증가는 다시 달러에 대한 신인도의 하락으로 이어지면서 달러화의 가치하락을 유발할 것이며, 이는 다시 물가상승 압력으로 작용할 것이다. 달러가치의 하락은 중국을 포함한 흑자국으로 하여금 달러 이외의 투자 대상을 찾게 만들 것이며, 그렇게 되면 미국은 재정적자를 메우기 위한 국채 발행이 어려워서 금리를 더욱 인상해야 할 것이다. 미국이 앞으로 수년 내에 총지출을 대폭 삭감하지 않으면 달러의 위상 약화는 불가피하며, 따라서 달러에 대한 대안 모색이 본격화될 것이다.

그러나 여기에 대한 반론도 만만치 않다. 당장 미국 달러에 대한 대안이 마땅치 않다는 것이다. 현재로서는 유로화가 가장 현실적인 대안이지만, 유로는 중앙은행(ECB)의 위상이 취약하며, 그보다 더 중요한 것은 유럽경제도 그다지 튼튼하지만은 않다는 것이다. 그리스, 이탈리아, 스페인과 같은 유럽의 여러 나라도 심각한 재정적자를 경험하고 있고, 중유럽과 동구의 신입 EU 회원국들도 재정과 외환 사정이 취약한 나라가 많다. 많은 선진국은 고령화로 인해서 복지 지출이 증가하고 있으나, 재정을 건전화시킬 방도가 마땅치 않다. 국가 간의 경쟁으로 인해서 세금을 올리기도 어렵고, 선거 때문에 증세안(增稅案)도 인기가 없다. 가장 대표적으로 '선진국병'을 앓고 있는 나라가 일본과 이탈리아이다. 그러나 유로는 이미 세계통화제도 속에서 상당한 비중을 차지하고 있으며, 앞으로 달러의 위상이 흔들리면 그만큼 유로의 위상이 강화되는 반사이익은 볼 것이다.

중국의 위안은 앞으로 적어도 10년 정도는 기축통화가 되기 어려울 것이다. 위안은 아직도 정부의 외환관리를 받고 있어서 태환(兌換)이 되지 않으며, 중국의 금융시장 개방은 아직도 초기 단계이다. 또한 중국의 정치적인 안정성이나 사유재산의 보호와 법치의 수준도 미흡하다. 따라서 중국의 위안이 세계경제의 기축통화가 되는 것은 적어도 앞으로 10년 이내에는 어려울 것이다. 그래서 제기된 아이디어가 SDR(Special Drawing Rights)이라는 단위이다. SDR은 도입된 지는 오래되었으나(1969년), 아직 그 역할은 제한적이다. SDR 중심의 세계통화제도로의 전환은 미국의 동의가 있어야 가능할 것이다. 그런데 과연 미국이 현재 누리고 있는 발권이익(시뇨리지 효과)을 포기하면서 SDR 중심의 새로운 통화제도에 동의할지는 의문이다. 미국경제의 거시적 불균형이 심화되어서 미국 정부가 미국경제를 대외 불균형의 족쇄로부터 해방시키겠다는 결의가 있어야만 이런 전환이 가능할 것이다.

종합해볼 때, 앞으로 10년 동안 미국의 총지출 감소가 획기적으로 이루어지지 않으면 달러화의 위상 약화는 불가피할 것으로 보이며, 당분간은

달러와 유로가 2대 기축통화의 역할을 하는 통화체제가 지속될 것으로 전
망된다.

3) 세계경제의 주도권이 바뀔까?

지금 한 가지는 분명하다. 향후 10~20년간 선진국 경제보다 신흥개도
국 경제가 훨씬 빠른 속도로 성장할 것이란 점이다. 신흥경제, 특히 브릭
스 4개국의 비중이 갈수록 커지면서 그만큼 세계경제에서의 선진국 경제
의 비중은 줄어들 것이다. 삼성경제연구소의 전망에 따르면 구매력평가지
수(PPP)가 아닌 시장환율을 기반으로 할 때 중국경제는 2025년쯤 미국경
제와 그 규모가 맞먹을 정도로 성장하여, 양국이 각각 세계경제의 15.5%
정도를 차지하게 될 것이다. 2029년에는 중국이 EU 경제의 규모로 커져
각각 세계경제의 16%씩 차지할 것으로 보인다. 브릭스 4개국은 2030년이
되면 전 세계 생산의 32% 이상을 담당할 것으로 전망되는데, 이는 미국과
EU를 합한 규모에 해당한다. 그러나 경제규모는 한 국가나 지역의 파워 또
는 영향력을 결정짓는 한 가지 요소일 뿐이다. 삼성경제연구소는 7가지 요
소를 바탕으로 '경제력 지수'를 개발했는데, 여기서 7가지 요소는 GDP 규
모, 통화의 지위, 금융지배력, 자원안보, 과학기술력, 지역 내 리더십, 그
리고 글로벌 지배구조에서의 영향력이다.

이 지표를 기준으로 미국 경제력을 100으로 볼 때, 2010년 EU와 중국
의 '경제력 지수'는 각각 85.9와 43.1을 기록할 것으로 예상된다. 2020년
이 되면 EU는 92.5, 중국은 69.0에 이를 것이며, 2030년에는 EU의 경우
93.3, 중국은 89.6을 기록할 것으로 전망된다. 물론 이는 여러 가정을 기
반으로 추정해본 것이지만 어느 정도 방향을 잡는 데 도움이 된다. 우리의

관심 기간을 2010년대(2010~2019년)로 국한시킨다면 이 기간에는 여전히 미국과 EU를 중심으로 한 세계 질서가 유지될 것으로 보이나, 중국의 영향력은 해가 갈수록 확대될 것이다. 2020년이 지나면서 점차 중국은 미국이나 EU에 비견할 만한 세력으로 세계무대에 등장할 것이다. 경제력 이외에 군사력이나 인구구조의 변수를 보면 미국의 영향력은 좀 더 오래갈 수도 있다. 이렇게 볼 때, 향후 10년은 새로운 세계질서가 자리 잡는 과도기가 될 가능성이 크며, 이 과도기는 기존의 패권국과 신흥강대국이 어떤 관계를 만들어가느냐에 따라서 순조로울 수도 있고 험난할 수도 있다.

앞으로 10년 또는 그 이후의 세계질서를 전망하는 데 있어 가장 불확실한 변수는 중국이 과연 앞으로 국내의 정치사회적 안정을 유지하면서 경제가 지속적으로 성장할 수 있겠느냐 하는 것이다. 미국이나 유럽과 같은 선진국은 미래 전망에서 그다지 큰 불확실성이 존재하지는 않는다. 그러나 중국의 정치 및 사회 시스템과 경제의 성장 전망은 상대적으로 불확실성이 크다. 중국의 지도부가 과연 앞으로 소득 불균형 심화 및 부정부패 증가와 같은 국내의 모순과 국민의 불만을 제대로 관리할 수 있을까? 만약 중국 사회가 불안정해지면 중국 정부는 강압적인 정책을 채택하게 되면서 체제가 불안해질 수도 있다. 중국의 1인당 소득이 미국 달러로 5,000달러를 넘어 1만 달러에 육박하게 되면서, 중국 중산층은 더 많은 자유와 민주주의를 요구하게 될 텐데, 과연 중국의 지도부는 이러한 요구를 어떻게 수용하고 충족시킬 것인가? 중국의 정치와 경제는 앞으로 10년의 세계질서의 변화를 전망하는 데 있어서 가장 큰 불확실성이다.

4) 자본주의 기조가 바뀔까?

1980년 이후 자본주의의 기조는 흔히 '신자유주의'라고 불리듯이 정부 역할의 축소와 시장의 확대로 특징지을 수 있다. 영국의 대처 수상과 미국의 레이건 대통령이 채택한 민영화, 정부규제의 완화, 경쟁촉진, 불법파업 불용(不容), 감세 등 '작고 효율적인 정부' 정책은 정부 역할의 상대적 축소와 시장기능의 확대로 이어졌다. 그러나 이번 대불황은 '시장만능주의'에 대해서 근본적인 회의론을 제기하고 있다. 우선 금융시장의 자율화가 지나쳤고 정부의 규제가 금융시장을 제대로 감독하지 못해서 이번 위기가 생겼다는 인식이 상당히 광범위하게 퍼져 있다. 대표적으로는 미 의회가 시중은행과 투자은행의 경계를 없앤 법안을 1999년에 통과시킨 것이 하나의 예이다. 1980년대 초까지는 시장 중심의 영미식 자본주의와 독일이나 다른 유럽 국가들의 사회적 시장경제, 즉 정부가 시장의 실패를 보완하고 사회안전망을 광범위하게 제공하는 체제 간에 경쟁이 있었다. 그러나 1980년 이후 적어도 지난 30년간은 영미식 자본주의가 더 득세하였는데, 이번 위기는 이러한 흐름에 변화를 가져올 가능성이 크다.

경제위기가 오면 실업이 늘고, 빈부격차가 더 두드러지게 나타난다. 특히 지난 30년간의 신자유주의 정책과 세계화의 급속한 진전을 거치면서 여러 나라에서 빈부격차가 더 확대되는 경향을 보여왔다. 또한 이번 위기를 거치면서 미국의 대형은행과 기업의 최고경영층이 과다한 급여를 받아온 것에 대해서 미국 국민들의 반감도 고조되었다. 이런 전반적인 사회 분위기는 반기업 정서의 확산으로 나타날 것이다. 기업경영의 투명성에 대해서도 새로운 논의가 진행될 것이며, 전문경영자의 성실관리의무 등 책임에 대해서도 새로운 요구가 있을 수 있다. 이런 배경 아래 앞으로 기업

경영의 고유 영역에 대한 정부의 간섭이 커질 가능성이 높다. 먼저 도산 위험에 처한 민간기업을 정부가 지원하면서 지분을 가지거나 다른 여러 가지 조건을 부과할 수 있다. 대표적인 경우가 미국의 자동차산업으로서, GM과 클라이슬러를 고용과 산업에 대한 파급효과 때문에 도산시킬 수 없게 되자 미국 정부는 이들 두 회사를 지원하면서 여러 가지 조건을 부과하고 상당한 지분을 가지게 되었다. 또 하나는 사회적 목적을 위해 기업에 여러 형태의 압력을 행사하는 것인데, 예를 들면 고용이 거의 모든 나라에서 최대의 경제 현안이 되면서 고용 확대를 위한 정부의 시장개입도 증가할 것이다.

아울러 기업에 대한 규제도 강화될 가능성이 크다. 2009년 EU 공정거래 당국의 인텔에 대한 대규모 벌금 부과에서 보듯이 시장에서의 독점력 행사나 불공정 거래와 담합행위 등에 대한 정부의 감시와 처벌이 강화될 가능성이 크다. 또한 시장의 실패가 분명할 경우에는 정부가 적극적으로 시장에 개입할 수 있는데, 예를 들면 미국의 의료제도와 같이 명백한 시장 실패의 경우에 과거와는 달리 정부가 나서서 개혁책을 펼치기가 수월해질 것이다. 지난 30년간 큰 조류였던 국유기업의 민영화 추세가 반전될 가능성이 크다. 신자유주의 기조에서는 철도, 전력이나 에너지와 같은 기간산업은 물론 심지어 상하수도 공급과 교도소 운영과 같은 국가의 기본적인 서비스 분야까지도 민영화되거나 민간기업에 위탁해 경영되었다. 그러나 이러한 민영화 추세는 앞으로 역전될 가능성이 크다. 일본의 민주당 정부는 고이즈미 정부의 최대 성과인 우정성의 민영화를 중단시켰으며, 다른 나라에서도 여러 민영화 계획이 연기 또는 취소되고 있다.

5) 금융시장에 대한 규제는 어떻게 바뀔까?

이번 위기의 진원지가 금융시장인 만큼 금융시장과 금융기업에 대한 규제가 대폭 강화될 가능성이 크다. 다음과 같은 문제점이 지적되고 있으며, 여기에 대한 대책과 규제가 강화될 것이다.

(1) 과도한 레버리지: 투자은행들이 자기자본의 30배에 달하는 차입을 하고 이 자금을 굴려 막대한 수익을 내서 이 수익으로 보너스 잔치를 벌여온 것이 과거의 관행이다. 투자은행과 상업은행에 대한 자기자본비율과 레버리지에 대한 규제가 강화될 것이다. 2009년 9월 미국 피츠버그에서 개최된 제3차 G20 정상회의에서는 은행의 자기자본규제의 기준을 2010년까지 새롭게 마련하고, 이를 2012년까지 이행하는 것을 목표로 세시하였다.

(2) 이번 금융위기에서는 부실한 서브프라임 모기지를 바탕으로 MBS라는 채권을 만들고, 이를 다른 채권과 합쳐서 새로운 파생상품을 만든 다음에 이 상품의 신용등급을 대폭 상향 책정하여 여러 은행이 나누어서 매입하고 높은 이자를 받았다. 이 과정에 여러 형태의 도덕적 해이가 있었다. 부실한 채권상품에 대해서 높은 신용등급을 부여한 S&P, 무디스(Moody's) 같은 신용평가회사의 문제가 많이 지적되었다. 은행들은 대차대조표에 포함하지 않는 소위 특수회사의 형태로 이런 부실채권을 매입하였으며, 따라서 은행의 채무가 제대로 보고되지 않았다. 신용평가회사에 대한 감독과 은행의 회계 투명성 제고가 필요하다.

(3) 이미 앞에서도 지적했듯이 은행과 헤지펀드 등 금융기업들은 단기 영업실적에 상응하는 막대한 보너스를 매년 임직원에게 지급하였다. 그러나 이들 투자나 자금운용에서 부실이 발생해서 나중에 은행이 큰 손실을

보게 될 때에는 여기에 상응하는 책임을 지지는 않았다. 소위 은행 임직원의 리스크 감수와 보상, 그리고 추후의 책임 간의 불일치는 당연히 은행 임직원의 무책임한 행태를 낳게 하였다. 그러나 은행 임직원의 보상에 대한 규제는 만들기도 어렵고 이행하기도 어려울 것이다. 위기 직후에는 위기의 주범인 월스트리트에 대한 미국인들의 반감이 고조되어 특히 공적자금의 지원을 받는 금융기업에 대해서는 급여 및 보너스 규제가 시행되었다. 그러나 2009년 하반기에 벌써 골드만삭스를 포함한 대부분의 금융기업은 공적자금을 모두 갚았는데, 중요한 이유는 임직원에게 보너스를 지급하기 위해서였다. 금융기업은 우수인재를 계속 확보하려면 실적에 상응하는 보상을 해야 한다고 주장하고 있다. 또한 미국이나 영국과 같이 제조업의 경쟁력이 약화된 나라는 금융업이 주력산업인데, 자기 나라의 주력산업에 불리한 규제를 오래 시행할 수 없을 것이다. 따라서 효과적인 규제를 시행하려면 G20과 같은 모임을 통해서 국제공조를 도출해야 할 것이다. 일단 3차 G20 회의에서는 금융안정위원회(FSB)를 통해서 금융기업의 상여금 지급에 대한 규제를 대폭 강화하기로 합의하였으니 더 두고 볼 일이다.

(4) 이번 위기에서 금융시장과 외환시장에서의 변동성이 유난히 더 컸던 것은 소위 '핫머니'라고 불리는 대규모의 단기자본 이동 때문이다. 이들 자본은 금리 차이나 환율변동에서 수익을 올릴 기회가 있으면 대거 이동해서 시장을 불안하게 한다. 이미 브라질은 국제 단기자본 유입에 대해서 과세를 단행하였고, 다른 나라들도 단기자본 이동에 대한 규제를 검토하고 있다. 한국도 이번 위기에서 가장 취약한 부문이 외환시장이었던 만큼 단기자본 이동에 대한 규제를 검토할 필요가 있다.

2008년 대불황은 2010년이 시작된 현시점에서도 아직 진행 중이다. 상업용 부동산에 대한 금융권 대출이 부실화될 위험이 제기되고 있고, 그리스나 스페인과 같은 일부 국가의 채무불이행의 가능성도 언급되고 있다. 세계경제의 단기적인 불확실성에도 불구하고, 분명한 것은 이번 위기가 세계경제질서의 커다란 분기점이 될 가능성이 크다는 점이다. 이상에서 논의한 이러한 지각변동의 핵심내용을 정리하면 다음과 같다. 첫째, 이번 위기는 그동안 세계의 유일 패권국가였던 미국 시스템의 취약점을 노출시켰으며, 이러한 미국의 약점은 쉽게 해소될 것 같지 않다. 앞으로 미국의 힘은 서서히 약해질 것이며, 새로운 다극체제가 자리 잡게 될 것이다. 다극의 다른 축은 EU와 중국이 되겠으나, 중국이야말로 '새로 나타난 아이(A New Kid on the Block)'로서 가장 큰 변수기 될 것이다. 둘째, 중국의 지속적 성장과 경직적 거시경제 운영과 미국의 과지출로 야기된 세계경제 불균형은 쉽게 해소될 것 같지 않다. 이러한 불균형은 주요국의 경상수지 불균형과 환율의 불안정, 그리고 단기자본의 이동으로 나타나며, 따라서 세계경제의 불안정은 2010년대에도 지속될 가능성이 크다. 이 와중에 세계의 기축통화는 점차 미 달러화 중심에서 달러와 유로가 양분하는 양상으로 가다가, 장기적으로는 새로운 통화체제가 등장할 수도 있음을 배제할 수 없다. 셋째, 금융기업과 시장에 대한 규제는 앞으로 2~3년에 걸쳐서 국제공조를 통해 대폭 강화될 것으로 예상된다. 아울러 지난 30년간 계속된 시장이 가장 우월하다는 믿음이 흔들리면서, 시장과 기업에 대한 정부의 규제와 개입이 강화될 것으로 전망된다. 이러한 정부 역할의 증가는 경제의 효율을 떨어뜨릴 것이며, 따라서 세계경제는 앞으로 상당 기간 성장이 둔화될 것으로 예상된다.

3. 위기 이후 한국경제의 과제

　중국의 세계무대에의 등장은 21세기 전반부 세계경제에서 가장 중요한 사건이라고 하겠다. 중국의 2001년 WTO 가입은 중국의 세계경제에의 편입을 상징하는 이벤트였고, 그 이후 10년간 중국은 연평균 10%의 성장으로 세계경제에서 두 번째로 규모가 큰 나라로 등장하였으며, 앞으로 15년 후에는 미국경제와 규모가 비슷한 경제로 성장할 가능성이 크다. 중국과 지척 거리에 있는 한국에게는 이러한 중국의 성장은 적응하기가 쉽지 않은 엄청난 변화이다. 한국은 안보 면에서는 미국과의 군사동맹에 의존해 있으며, 경제적으로는 중국 시장(홍콩 포함)에 대한 의존도가 총수출의 30%에 육박해 어느 나라보다도 밀접한 관계를 가지고 있다. 안보와 경제 관계의 비대칭성을 앞으로 어떻게 슬기롭게 풀어갈 것인가가 한국의 최대 과제이다. 있을 수 있는 북한의 변화와 안보, 그리고 그 과정에서의 미국과 중국의 역할 등 앞으로 10년 동안 한반도에서 펼쳐질 수 있는 변화는 한국에게는 많은 창조적 사고와 대책을 요구한다. 한국의 안보와 한반도의 변화는 이 글의 범위 밖에 있으므로 언급하기가 어려우나, 적어도 한국의 중국과의 경제관계는 안보와 분리해서는 생각하기 어렵고, 앞으로 여러 변수를 고려한 총체적인 접근이 필요함을 지적하지 않을 수 없다.

　앞에서 전망한 향후 10년의 세계경제의 변화를 바탕으로 마지막 부분에서는 한국경제가 계속해서 번영하기 위해서 해결해야 할 과제를 다섯 가지 제목으로 나누어서 정리한다.

1) 위기대응 시스템 구축

2008년 금융위기에서도 한국경제는 외환 부문이 취약한 것으로 나타났다. 2008년 10월 주식이 폭락하고 원화가치가 급락하는 상황은 미국과의 쌍무 외환스왑 체결로 겨우 진정되었다. 한국의 가계, 정부와 기업 부문이 상대적으로 견실했고 미국발 모기지 부실로 인해서 한국의 은행들이 입은 피해가 크지 않았는데도 이런 사태가 초래되었다. 그 가장 큰 이유는 한국의 주식시장에 외국인 투자자의 비중이 너무 크고, 또 한국의 은행과 외국계은행의 한국 지점이 지나치게 단기차입에 의존하는 영업을 하기 때문이다. 한국 주식시장에서의 외국인 투자자의 비중은 1997년 외환위기 이후에 급증하여 한때 43%에 달했으나, 현재는 30% 초의 수준을 유지하고 있다. 2008년 말의 위기싱황에서 한국의 단기사입은 당시의 외환보유액에 육박하는 것으로 집계되었다. 이 단기차입에는 조선사들의 선수금이 환헤지되면서 발생한 은행의 단기차입도 포함되어서 왜곡된 것이기는 하나, 1997년의 '기억'이 시장에 남아 있어서 한국은 위기 시 쉽게 외환 취약국(脆弱國)으로 취급된다.

앞으로도 세계경제 불균형이 쉽게 해소될 수 없고, 이것이 외환시장의 불안정으로 나타날 것으로 예상되는 만큼 한국은 우선 이 취약점을 해소하는 방안을 수립해야 한다. 세 가지 방향으로 대책이 강구되어야 한다. 하나는 쌍무적 외환스왑을 동원할 수 있도록 제도를 강구하고 2010년 4월에 발족한 치앙마이협약(CMI) 다자화의 핵심내용인 통화스왑의 규모도 더욱 확대하도록 노력한다. 이 대안이 가장 비용이 적게 드는 방안이다. 다음으로는 단기자본의 이동에 대한 규제를 검토하는 일이다. 한국이 단독으로 토빈세(Tobin tax)와 같은 제도를 도입하기 어렵다면 국제공조를 이끌어내는 노력이 현실적일 것이다. 세 번째는 외환보유액을 늘리는 방안인데, 이는 가장 비용이 많이 드는 대안일 뿐만 아니라, 실제 위기상황에서는 웬만한 규모의 외환보유액으로는 막대한 핫머니에 대응하기가 쉽지 않다. 그러나 경제규모와 무역거래가 늘어나는 것에 비례해서 일정한 외환보유액을 쌓는 것은 자연스러운 일이다.

2) 경제운용 방안과 경쟁력 강화 대책

가장 어려운 문제이다. '균형적이며, 지속가능하고 포용적인 경제성장'을 어떻게 이끌어나갈 것인가? 균형적이란 내수가 확대되어 수출과 균형을 이루는 경제를, 지속가능은 경제성장과 환경 등 여러 다른 가치가 공존하는 패러다임을, 포용적(inclusive)이란 소득분배도 개선되고 약자도 포용하는 그런 정책을 의미한다면 이는 지난(至難)한 문제이다. 그러나 세계화가 빈부격차의 확대를 가져오고, 자유무역과 기업 간의 경쟁이 기업으로 하여금 고용을 축소하게 하고, 또 세계적으로 많은 산업에서 생산규모가 수요에 비해 과도한 여건에서 고용을 늘리고 많은 사람에게 경제성장의 혜택이 돌아가는 성장을 한다는 것은 어려운 일이다. 만약 앞에서 지적했듯이 향후 10년의 세계의 경제성장률이 지난 10년보다 낮다면, 세계 여러 나라는 국민들의 욕구를 충족시키면서 정치사회적인 안정을 유지하는 것이 상당히 어려울 것이다. 특히 선진국은 고령화와 민주주의라는 두 가지 현실 앞에서 정책 선택에 어려움을 겪을 것이다. 앞으로 한 국가경제의 경쟁력은 얼마나 재정의 건전성을 유지하느냐가 관건일 것으로 여겨진다. 왜냐하면 선거를 통해서 선출된 정치인들이 세금을 늘리거나 복지 지출을 축소하면서 재정의 건전성을 유지하기가 매우 어렵기 때문이다.

이렇게 보면, 한국경제의 운용에서 다음과 같은 과제가 우선적으로 해결되어야 할 것이다.

① 균형재정을 유지하면서 국가부채가 일정 수준 이상 늘지 않도록 하는 제도적 장치 마련
② 고용시장의 경직성을 완화해서 새로운 일자리를 창출하면서, 합리적인 노사관계가 정착되도록 함
③ 법질서가 정착되도록 정부가 신뢰를 쌓음과 동시에 불법과 폭력에 대해서 강경하게 대처
④ 서비스업에서 잘못된 평등의식이 산업의 발전을 가로막는 불합리한 일이 발생하지 않도록 국민의식을 개혁
⑤ 공기업의 민영화를 계속 시행하며 정부와 기업의 지배구조를 개선해서 자율적 조직 운영과 규율을 확립

세계적으로는 정부의 역할이 강화되고 정부의 시장개입과 규제가 증가하는 추세라고 하더라도, 오히려 한국은 반대로 시장의 자율을 존중하고 개인의 창의성을 존중하는 방향으로 나가는 것이 앞으로 10년 한국이 더욱 성장할 수 있는 방법이며, 특히 정부 주도로 움직이는 중국경제와 차별화할 수 있는 확실한 방안이 될 것이다. 법치, 투명성, 개인의 창의성과 기업의 자율성 강화, 민영화, 민간 주도의 지배구조 확립, 삶의 질 향상, 지속가능한 성장 등의 가치관이야말로 한국이 앞으로 중국과 확실하게 차별화할 수 있는 기준이 된다.

3) 새로운 성장동력과 성장주체

한국은 지난 40년 동안 두 산업의 축을 만들어서 지금과 같이 번영하는 경제를 이루었다. 하나는 중화학산업으로서 이는 포항에서 울산, 부산, 창원을 거쳐 거제에 이르는 철강과 기계산업 단지로 상징되며, 대체로 1970년 경부터 지속적으로 투자하여 경쟁력을 갖추게 되었다. 또 하나의 기둥은 IT로서, 지리적으로는 수도권을 중심으로 수원, 기흥, 천안과 북으로 파주에 이르는 클러스터를 형성했고, 시기적으로는 1990년 이후 디지털 혁명의 등을 타고 세계적인 경쟁력을 갖게 되었다. 이들 산업은 정부와의 협력적인 관계 속에서 뛰어난 기업가의 리스크 테이킹과 풍부한 인적자원의 뒷받침으로 성장했으며, 특히 우수한 엔지니어와 기능인력의 덕을 많이 보아왔다. 한국은 베이비붐 세대가 1955년생부터 거의 10년에 이르므로, 1965년생이 55세가 되는 2020년 전 후까지는 이들 인적자원의 덕을 볼 것이나, 그 이후에는 고령화가 급속히 진행되고 또 경제활동인구도 감소하기 시작해서 상대적으로 불리한 여건을 맞게 될 것이다.

2020년 이후에 한국경제를 이끌 새로운 성장동력과 산업은 무엇일까? 누구나 세 가지 정도의 산업군(産業群)을 언급한다. 바이오와 헬스, 신재생에너지와 환경산업 그리고 서비스산업이 그것이다. 이 중에서 바이오는 이미 세계적으로 5조 달러의 시장이 형성되어 있으며, 바이오는 IT를 기반으로 기술혁신이 이루어짐으로써 한국은 틈새를 잘 발견하면 산업의 한 축을 담당할 수 있을 것이다. 에너지와 환경산업은 원래는 한국이 가장 경쟁력이 낙후된 산업이었다. 우선 에너지산업이 자원기반일 시기에는 후발산업국인 한국이 발붙일 여지가 많지 않았다. 그러나 에너지가 차츰 기술기반으로 전환하면서 한국도 경쟁의 대열에 들 수 있게 되었다. 원자력발전산업이 좋은 예이다. 서비스는 한국이 가장 뒤떨어진 산업으로 흔히 언급되나, 한국의 인력과 국내 일부 서비스산업의 성공모델을 잘 개발하면 해외시장에서도 성장할 수 있을 것이다. 서비스산업은 고용창출을 위해서도 긴요한 산업일 뿐만 아니라, 게임이나 한류 등에서 보듯이 해외에서도 문화 및 언어의 장애를 극복하면 글로벌 경쟁력이 있는 성장산업이 될 수 있다.

이러한 신성장산업의 주체는 누가 되어야 할까? 물론 투자와 사업의 주체는 민간기업이 중심이 되어야 하나 연구개발과 산업의 초창기에는 정부의 역할이 중요하다. 정부와 민간의 역할은 산업군에 따라서 다르다. 서비스산업은 정부가 규제를 완화하는 방식만으로도 성장의 자극을 제공할 수 있어서 가장 비용이 조금 들면서 고용을 창출할 수 있는 부분이다. 다음으로 바이오는 정부가 대학과 연구소를 지원해서 연구 역량을 강화함으로써 기업에게 기술기반을 제공하는 방식으로 성장할 수 있다. 신재생에너지와 환경산업은 원래 정부규제 때문에 형성되는 성격이 강하고, 또 정부의 보조금과 구매가 초기 산업 형성에 중요한 만큼 정부의 규제와 지원정책이 잘 조율되어야 한다.

4) 대외 경제정책

한국의 자유무역협정(FTA)의 역사는 매우 일천하지만, 지난 몇 년 동안에 성공적으로 추진되었다. 도하개발어젠다(DDA)가 거의 10년 동안 진척이 없는 상황에서 FTA는 차선책으로 무역 확대의 효과가 있었다. 특히 한국은 그간 칠레를 필두로 미국, EU, 인도 등 비교적 먼 나라와 성공적으로 FTA를 체결하고, 일본이나 중국과의 FTA는 미루어오는 방식을 채택했는데, 이것은 좋은 전략이었다. 일본은 이미 관세가 매우 낮은 나라이고 비관세장벽이 많아서 FTA의 효과가 그다지 크지 못하다. 중국은 아직도 정부 주도의 경제인데다가, 중국의 공산품과 농산품이 모두 가격경쟁력이 있어서 국내 수입이 급증할 수 있다. 그러나 중국과의 FTA는 한국의 수출에는 유리하기 때문에, 일부 학자와 업계에서는 가능하면 빠른 시일 내에 중국과 FTA를 체결해야 한디는 주장을 하고 있다. 이 문제는 더 연구를 해 보아야 할 문제이나, 앞에서 언급한 중국과의 전반적인 관계를 어떻게 끌고 갈 것인가 하는 전략적 관점에서 접근해야 할 것이다.

더 큰 관점에서 보면 한일(韓日) 및 한중(韓中) FTA는 동아시아에서 어떤 모습의 지역주의를 추진하는 것이 바람직한가 하는 맥락에서 고려되어야 한다. EU는 이미 통합의 역사가 50년이 넘고, 이제는 리스본조약까지 발효되어서 유럽은 정치 통합의 수순을 밟을 정도로 발전된 지역 통합이다. 또한 유럽은 문화적으로나 정치적으로 예부터 동질적인 요소가 많으므로 동아시아 지역 통합의 모델로서는 적합하지 않다. 동아시아는 지역도 넓고 다양성이 매우 커서 지역 통합은 아직 초기 단계이다. 우선 ASEAN과 동북아 3국이 FTA를 체결하는 것이 용이할 것이고, 다음으로 호주와 뉴질랜드를 고려하고, 그 다음으로 인도를 포함할 수 있을 것이다. 현재로서는 중국과 일본 간의 주도권 경쟁이 큰 걸림돌이므로 가능하면 더 많은 국가가 참여해서 특정 국가의 비중이 너무 크지 않도록 조정하는 것이 필요하다. FTA가 어려우면 동북아 3국은 에너지나 환경 부분에 제한된 지역협력 체제를 만드는 것도 하나의 대안이 될 것이며, 동시에 치앙마이 다자간 통화스왑을 발전시켜 더 폭넓은 통화협력도 추구해야 한다.

5) 글로벌 거버넌스 구축에 참여

한국은 역사상 세계무대에서 주역을 해본 경험이 없다. 문화적으로 우수할 때에도 제한된 대외관계밖에 갖지 못했고, 100년 전에는 세계의 흐름을 쫓지 못해서 이웃 나라의 식민지가 되기도 했다. 그러나 이번 위기로 태동한 G20 정상회의는 한국에게 새로운 기회를 주고 있다. 위기가 발생했을 때 마침 차기 의장국이었고, 또 2010년에는 정상회의를 주관하게 되었다. 앞으로 세계경제는 새로운 질서를 구축해야 하는데, 여기에는 기존의 선진국과 더불어 중국이나 인도와 같은 신흥경제의 참여가 긴요하다. 한국은 지난 50년이라는 짧은 기간에 산업화, 개방, 정보화 및 민주화를 성공적으로 달성한 가장 경이적인 나라이기 때문에 새로 형성되는 세계질서에서 '영감(inspiration)'을 줄 수 있는 위치에 있다. 아직도 경제발전의 경험이 생생하므로 많은 개발도상국과 공유할 수 있는 경험과 모델도 많으며, 동시에 선진국과 개도국을 연결해서 해결책을 제시할 수 있는 위치에 있다.

문제는 한국이 아직도 세계무대에서 지적 리더십을 발휘할 만한 역량이 부족하다는 점이다. 그러나 한국은 전 세계에 흩어져 있는 인재를 모으고, 필요하면 외국인의 지혜도 빌려서 그런 역할을 어느 정도는 수행할 수 있으며, 그렇게 해야 한다. 먼저 우리의 마음가짐을 바꾸어야 한다. 지금까지는 선진국이 만든 규범과 제도에 우리가 어떻게 적응하느냐가 우리의 주 관심사였다. 그러나 앞으로는 우리가 새로운 제도와 규범을 만드는 주체가 될 수 있다. 우리는 앞으로 '어떻게 하면 한국이 잘사느냐'에만 초점을 맞추어서는 안 되고, 세계 인류가 당면한 기후변화, 빈곤, 마약, 전염병 등의 많은 과제에서 우리가 어떻게 하면 '창조적인 해결책'을 제시할 것인가 하는 마음가짐으로 전환해야 한다. 그러니까 한국인은 지금부터 'Rule-taker'에서 'Rule-setter'로, 인류 문제 해결을 위한 창조적 발상을 해야 한다. 우리는 지금까지 한 번도 해보지 못한 일을 해내야 한다.

| 개요 |

한국경제와 기업이 앞으로 어떤 방향으로 가야 할지를 다룬 이번 토론에서는 다양한 해법이 제시되었다. 대외의존도, 시장경제 시스템, 서비스산업, 글로벌 불균형, 과잉유동성과 버블, 인적자원, 고용증대, 미래성장산입 등에 관한 논의가 종합적으로 전개되었다.

한국경제의 대외의존도를 낮추자는 제안에 대해, 수출경제를 포기하기보다는 미국 중심의 수출을 중국 중심의 수출로 바꾸어야 한다는 의견이 있었다.

우리나라의 위기극복과 성장의 발목을 잡을 수 있는 위기 요인으로 글로벌 불균형과 금융리스크, 과잉유동성과 버블 문제 등이 제시되었다.

이미 세계화한 제조업만으로 고용 없는 성장 문제를 해결할 수 없기 때문에 새로운 성장동력으로서 서비스산업과 미래성장산업 육성이 필요하다는 논지가 전개되었다. 그러나 이 역시 기존산업의 토대 위에서 확장과 병행 발전, 융복합화의 과정으로 이루어져야 한다는 데 여러 토론자들이 의견을 같이했다.

현정택 글로벌 경제위기의 방아쇠는 금융이었지만 근본적인 원인인 글로벌 불균형은 중국과 미국의 문제다. 특히 중국 입장에서 2조 달러 이상의 외환보유액을 갖고 있을 수밖에 없는 상황을 해결해야 한다. 이는 1997년 아시아 외환위기의 가장 큰 부작용이자 부산물이다. 외환위기를 겪으면서 아시아 국가들은 외환보유액을 쌓아두지 않으면 위기에 처한다는 것을 경험했고 외환을 축적하기 시작했다. 이런 요인이 남아 있는 한 앞으로도 구조적 불균형이 지속될 것이다.

우리나라 입장에서는 어떻게 해야 하나? 우리나라도 전통적 경제학자들은 외환을 더 이상 쌓을 필요가 없다는 입장이지만, 정책당국자들은 우선적으로 외환위기를 막을 수밖에 없다는 입장이다. 실제로 정부가 2008년부터 2009년까지 각종 위기설에 대응하며 잘해온 것 같다. 그렇다면 앞으로는 어떻게 할 것인가? 외환보유액을 쌓아야만 한다면 발전에 상당한 제약이 있을 것이다.

나는 중국이 돈을 쌓는 것은 어쩔 수 없지만 우리나라는 중국, 일본과 통화스왑 등의 안전장치를 잘 마련하면 되지 않을까 생각한다.

글로벌 금융위기의 초기에 많이 나온 얘기가 우리 경제의 대외의존도를 줄이라는 것인데, 이것은 매우 잘못된 진단이라고 본다. 위기를 극복할 수 있었던 힘은 결국 대외수출 때문이었다. 중국과 일본은 수출에서 흑자를 많이 쌓았기 때문에 내수로 흑자를 줄여나가야 하지만, 한국은 수출에서 내수로 갈 게 아니라 수출 중에서 미국으로 가던 수출을 중국으로 돌려야 한다. 즉 섣불리 대외의존을 줄일 것이 아니라 같은 수출이라도 구조적 불균형을 줄이는 방향으로, 중국 내수시장을 겨냥하는 방향으로 가야 한다.

중국이 성공하게 된다면 전통적인 시장경제에 회의가 생기지 않겠느냐

는 의견에 대해 반론을 제기하고 싶
다. 중국의 발전을 들여다보면 시장
경제를 채택한 쪽이 성장하고 있다.
국유기업은 상당한 문제점을 안고
있다. 중국이 외환을 쌓아놓을 수밖
에 없는 이유는 금융 쪽에 중국 국

유기업의 고질적인 병폐가 남아 있기 때문이다. 이것은 오히려 시장주의
의 우위를 증명하는 것이 아닐까.

어쨌든 한국은 중국시장에 수출을 해야 한다. 그러나 한국의 성장동력
은 기본적으로 서비스산업 하나라고 본다. 하지만 많은 사람들이 이 부분
을 너무 산난하고 가볍게 보는 것 같다. 이를 위해시는 규제를 깨줘야 한
다. 의료, 미디어, 법률 등의 분야에서는 규제를 푼다기보다 왜곡된 것을
바로잡는 것, 그것이 핵심이라고 본다.

좌승희 글로벌 불균형의 원인에 대해 좀 더 천착해야 한다고 본다. 미국
국민들의 일상생활 패턴이 어디서부터 비롯된 것인가? 구체적으로 미국
중산층이 저축을 안 하는 성향은 어디에서 생긴 것인가? 나는 이것이 민
주주의에서 왔다고 본다. 그들이 저축을 하지 않는 이유는 국가가 많은 것
을 책임져줬기 때문이다. 말하자면 국가가 국민의 노후와 실업 문제를 책
임지기 때문이다. 중국이 저축을 많이 하는 것은 국민이 사회주의를 알기
때문이다. 중국은 저축을 하지 않고는 살 수 없는 나라다. 기본적으로 불
균형의 문제는 사회 시스템이 그 근본 원인이라고 본다. 그러고 보면 선진
국의 정치와 수정자본주의 체제라는 것이 재정적자와 경상적자를 늘리고
경제잠재력을 둔화시키고 국민들의 의타심을 늘리는 근본 원인을 제공한

다는 생각이 든다.

이렇게 볼 때 중국이 얼마나 잘될 수 있느냐는 그들이 서구식(미국식) 민주주의를 언제 도입하느냐에 달려 있다고 본다. 민주주의의 평등과 균형이라는 이상은 잘못하면 경제에 치명적인 폐해를 줄 수 있는 가치다. 민주주의라는 가치가 경제에 들어오면, 경제를 죽일 수도 있다. 선진국들이 50년 긴 걸어온 길이 바로 그것이다. 이것이 불균형의 근본적인 문제가 아닌가 생각한다.

중국이 서구식 민주주의를 도입한다는 것은 사회주의로 돌아가겠다는 것과 같은 의미를 갖는다. 국민들의 생활과 복지를 어느 정도까지 책임지겠다는 의미이기 때문이다. 중국이 서구와 같은 방식을 선택한다면 한국이 걸어온 트랩을 반드시 거칠 것이라고 본다.

지난 20~30년간 한국은 서구자본주의와 수정자본주의 못지않은 방향을 걸어왔다. 대기업이 살아나는 이유는 한국에서 탈출했기 때문이다. 한국경제와 한국기업은 사실상 디커플링이다. 한국경제는 지금과 같은 상태에서는 회복이 상당히 어렵다. 이는 시장경제와 민주주의의 양립 가능성과 관련된 문제다.

이와 관련한 정치적인 문제를 좀 더 얘기해야 한다고 생각한다. 자본주의는 정치와 하나라고 본다. 그리고 현실이다. 자꾸 이상론으로 바꿀 수 있다고 생각하는데, 현실과 동떨어진 이상주의적인 자본주의관은 지속가능하지 않다. 이런 면에서 '지난 수십 년간 전 세계는 실패한 것이 아닌가' 하는 생각이 든다.

G7, G20에 이러한 어젠다를 제시할 수 있어야 한다고 본다. G7이 그동안 유지해온 이 체제가 올바르고 지속가능한 것인가. 그리고 건설적인 개

선 방안을 찾을 수 있을 것인가.

이근 발제자께서 말씀하신 3가지 이슈를 보완해서 조금 다른 시각으로 말씀드리겠다.

첫 번째 대외의존도를 줄이자는 이슈에 대해, 개방의 내용을 들여다 봐야 한다고 생각한다. 내수시장이

작은 나라에서 무역을 유지하는 것은 당연한 일이다. 다만 금융 부분에 대한 대외의존도는 줄일 필요가 있겠다. 브라질이 토빈세를 도입해서 주식시장이 10% 폭락했다고 하는데 나는 이것은 잘한 일이라고 본다. 미리 거품을 뺀 것이기 때문이나. 환율조정으로 외부충격을 믹는 깃은 너무 고스트가 크다.

그 다음으로 중국의 성공은 결국 개방 때문이며, 이는 '시장경제에 대한 믿음을 확인해주는 것이 아닌가' 라는 논지에 대해 이야기하겠다. 2007년 말 미국 외교전문지 〈포린폴리시(Foreign policy)〉에 실린 '경제학의 5가지 거짓말' 이라는 기사에 유로화는 안 된다는 것과 중국은 안 된다는 내용이 실렸다. 그런데 유로화와 중국 다 잘됐다. 그것은 민영화 없이도, 자본자유화 없이도, 즉 은행 부분이 건전하지 않아도 성공할 수 있다는 것을 말한다. 그런 면에서 보면 중국이 영미식 경제체제에 대한 대안모델이 아닌지 검토할 필요가 있다.

세 번째 서비스산업 규제완화에 대해서는 적극 찬성하는 입장이다. 그러나 조심해야 할 것이 있다. 일본의 고이즈미 정권이 영미식 개혁을 도입했다가 완전히 배척당하고 정권교체를 당했다. 기득권이 고착화된 부분을

일부 도려낸 성과가 있긴 했지만, 그동안 없었던 빈부격차와 사회안전망에서 낙오된 사람을 창출했다. 우리는 이를 교훈 삼아 개방해야 할 부분과 유지해야 할 부분을 잘 구분해서 고이즈미 개혁의 전철을 밟아서는 안 되겠다.

좌승희 원장님이 말씀하신 대로 대기업과 한국경제의 디커플링, 각종 규제 등 한국경제는 내부적으로 상당히 비관적이라고 본다. 낙관적인 측면은 중국이라는 고성장 경제에 인접해 있다는 것, 통일이라는 큰 기회가 남아 있는 것 등인데, 모두 외부에 있는 것이다.

정구현 잘나가시다가 갑자기 결론이 왜 그렇게 비관적인가? (좌중 웃음)

이근 내부적으로 도전이 매우 많기 때문이다.

김동원 좀 다른 이야기를 하겠다. 미국의 글로벌 리더십이 약화되고 세계경제의 거버넌스가 재편되는 과정에서 과연 질서 있는 이동이 이루어질 것이냐, 아니면 질서 없는 이동이 이루어질 것이냐에 관한 것이다. 또 그것이 우리에게는 어떤 의미가 있느냐에 대해서도 함께 언급하겠다.

나는 앞으로의 위기는 금융시장에서의 외자유출입에 의한 충격 문제보다는 금융시장이 안고 있는 버블 문제라고 생각한다. 국내시장을 보면 채권시장에는 완전히 외국자본이 들어와 있다. 국채, 회사채에 다 들어와 있다. 지금 유가증권시장에 외자가 완전히 차 있다. 돈이 부풀어 넘친다. 만약 앞으로 대외적인 위기가 재발한다면, 나는 큰 문제가 없다고 본다. 왜냐하면 이번 위기를 통해 우리 금융회사들이 건전해졌기 때문이다. 금융은 큰 문제가 없다. 오히려 문제는 질서 있는 이동이 가능할 것인가인데, 결국 과잉유동성이 얼마나 컨트롤이 가능하게 흘러갈 것인지가 관건이다. 요컨대 버블 문제의 위험을 극복해야 한다.

글로벌 금융위기가 우리의 경제 구조에 미치는 영향에도 주목할 필요가 있다. 그 변수는 중국인데, 축복이냐 재앙이냐를 점쳐봤을 때 축복이 될 가능성이 훨씬 높다. 중국은 일본에 대한 의존도는 떨어지고 한국에 대한 의존도는 높아가고 있다.

중국이라는 변수가 축복인 것은 분명하지만 누가 이 축복을 누릴 것인가가 문제이다.

한국경제의 총체적인 세계화로, 시스템 개혁을 서두르지 않으면 양극화가 기속회될 수밖에 없는 상황에 처했다. 글로벌 금융위기가 우리에게 가져올 리스크는 바로 이것이다.

중국으로부터 오는 축복을 누리는, 혹은 한국기업이 보다 세계화되면서 혜택을 누리는 사람들이 세금을 낸다. 우리나라 기업의 상위 10%가 전체 법인세의 90%를 낸다고 한다. 우리 국민 중에 세금을 내는 국민은 30%가 안 된다. 경제적으로 부담하는 사람은 갈수록 줄어들고 부담하지 않고 요구하는 사람은 계속 늘어날 것이다. 결국 시스템을 개선하지 않으면 갈등이 높아질 수밖에 없다. 국내에서 앞서가는 부분과 낙후된 부분 간에 순환이 이루어지지 않는다고 생각되기 때문이다.

글로벌 금융위기가 우리에게 야기한 문제는 금융적인 측면보다 우리의 시스템적인 문제, 양극화 문제를 더 가속화시킬 가능성이 크다는 것이다. 여기에 주목할 필요가 있다.

정구현 만약 버블이 터지면 금융시장의 어딘가에서 나오지 않겠나.

김동원 지금 이미 자본시장에 외자가 많이 들어와 있기 때문에 자금의 출입에 따라 쉽게 버블이 일어날 수 있다.

정구현 위기란 버블의 연속 아닌가.

김동원 그것은 글로벌 버블이다. 앞으로 우리가 걱정해야 할 것은 우리 시장의 버블이다.

이근 우리 버블 중에는 외부에서 들어온 게 많은데 그것을 좀 규제해야 하지 않겠는가?

김동원 현실적으로 볼 때 규제할 수 있는 방법이 없다. 결국 정부도 외국은행 자본을 손대지 못했다.

정갑영 실제로 양극화는 1997년 위기 때도 확대되었다. 그때는 부동산 가격이 문제였고 이번에도 결과적으로 금융자산 가격이 매우 올랐다. 따라서 글로벌 금융위기 이후에도 금융자산 가격이 굉장히 오를 것이다. 우리나라의 지니계수(소득분배 불균형 수치)가 0.32 가까이 되는데 남미가 0.35 정도다. 아마 2009년이나 2010년 통계를 보면 상당히 악화된 수치가 나올 것이다.

정구현 그러다가 좋아지기도 하는가?

정갑영 삼성경제연구소가 만든 1979년 이후의 자료를 보면 다소 들락날락하더라도 장기적 추세는 계속 내려오는 것이다. 그러나 1997년에 급격히 확 띈 후에는 내려오지 않았다.

글로벌 불균형 문제는 굉장히 아이러니한 측면을 갖고 있다. 불균형이 글로벌 금융위기의 원인이 된 것도, 배경이 된 것도 사실이다. 그런데 글로벌 불균형은 위기를 극복하고 세계경제를 안정시키는 데 더 큰 장애요인이 될 것이다.

거꾸로 생각해보면 1990년대 말부터 불균형이 계속 누적되어 왔는데, 이번에 만약 미국시장에서 자산버블 없이 컨트롤이 됐다면 글로벌 불균형 속에서도 큰 문제없이 계속 유지됐을 것이다. 그런데 미국이 적자였으므로 달러가치가 많이 떨어졌어야 하는데 거꾸로 역달러 트레이드 때문에 달러가치는 상승하고,

다른 부문에 오히려 큰 피해를 가져왔다. 아이러니한 결과라 할 수 있다.

글로벌 불균형이 지속된다면 이를 해소할 수 있는 방법은 결국 환율조정인데 현재 FRB의 베이스머니가 2008년 이후 2.2~2.5배 정도 늘어나 있다. 미국 경기가 회복되면 유통속도가 올라가면서 달러의 가치하락이 일어날 것이다. 미국 정부에서도 정치적 이유 때문에 이를 용인하는 쪽으로 가게 된다면 달러가치가 어느 순간 계단식으로 확 떨어질 것이다. 이때 한국에 미치는 여파도 만만치 않을 것이다. 이것이 바로 글로벌 불균형이 갖고 있는 또 하나의 잠재적 위험 요인이다. 글로벌 불균형은 복합적이며 아이러니한 측면이 강하다.

정구현 미국이 달러의 가치하락을 용인하더라도 달러 위상의 근본적인 약화는 반대할 것이다. 그렇지 않나.

정갑영 그렇다. 그리고 국제수지의 불균형을 가져오는 메커니즘이 일종의 자기파괴적 메커니즘이다. 그동안 위기를 겪은 나라들은 대부분 부족한 외환보유액 때문에 엄청난 피해를 봤기 때문에, 기회만 되면 외환보유

액을 더 쌓으려 한다. 외환위기를 겪은 나라들은 외환보유액을 많이 쌓는 것이 위기에 대비하는 가장 기본적인 방법이라는 것을 알고 있다. 우리의 경우도 가급적 외환을 많이 확보해두어야 국가부도의 위험이 낮아지지 않겠는가. 중국도 그렇고 동아시아도 그런 생각일 것이다. 이 결과 글로벌 불균형은 조정되기는커녕 더욱 확대될 것이다. 이와 같이 각국이 위기에 대비하기 위해 외환보유액을 쌓으면 쌓을수록 오히려 글로벌 불균형이 더욱 확대되는 자기파괴적 메커니즘이 작동하고 있기 때문에 불균형이 구조적으로 해결되기 어려운 모순을 안고 있다.

황창규 발제 마지막에 던지신 화두 중 제가 이야기할 수 있는 부분에 대해 말씀드리겠다. 나는 평소에 한국이 미래에 뭘 먹고 살 것인가에 대한 생각을 많이 한다. IT산업을 예로 들면 아날로그 기술이 중심이 되었을 때는 우리가 따라갈 만한 여력도 못 됐고 영원히 따라잡지도 못했을 것이다. 그런데 1980년대에 들어와 아날로그에서 디지털로 기술변형이 일어났기 때문에 우리에게 기회가 왔다. 반도체, 휴대폰, TV 등에서 성공을 거뒀다.

그런데 우리가 성공한 산업이 실제로는 크리에이티브한 산업이냐, 이제까지의 흐름과 완전히 다른 산업이냐를 보면 결코 그렇지 않다. 대부분 재고안(reinvention: 기존의 것에 기반을 두고 변형시킨)한 테크놀로지다.

어느 산업 하나 중요하지 않은 것은 없지만 우리가 제일 고민해야 할 부분은 우리가 잘할 수 있는 게 무엇인가이다. 우리가 잘할 수 있는 인프라가 구축되어 있는가. 실제로 이것을 생각하면서 미래성장산업을 이끌어가야 한다.

IT산업은 지금 성장이 상당히 둔화된 산업이다. 실제로 기회는 우리가 잘하고 있는 부분과 IT를 어떻게 융복합화할 것인가에 달려 있다. 우리가 갖고 있는 것은 많은데 전략적인 면에서 너무나 취약하다. IT와 융복합화를 잘할 수 있는 산업을 빨리 찾아야 한다.

우리의 강점은 인적자원인데도 불구하고, 우리는 미래산업을 주도할 첨병을 전혀 키우지 못하고 있다. 특히 중국과 비교하면 이 분야에서 너무 부족한 실정이다.

> 실제로 기회는 우리가 잘하고 있는 부분과 IT를 어떻게 융복합화할 것인가에 달려 있다. 우리가 갖고 있는 것은 많은데 전략적인 면에서 너무나 취약하다. IT와 융복합화를 잘할 수 있는 산업을 빨리 찾아야 한다. _ 황창규

미래산업을 주도하는 첨병은 결국 학교다. 지금 한국에서 우수한 인력은 학교에 많이 가 있다. 그런데 이 우수한 인력을 전혀 활용하지 못하고 있다. 빈면 하비드, 비클리 등은 지금 천지개벽할 변화를 하고 있다. BP 같은 회사는 아무 조건 없이 학교에 5억 달러를 투자했다.

우리는 지금 당장 그 정도까진 기대하지 못한다 하더라도, 하겠다고 나서면 언제든지 할 수 있는 나라 아닌가. 역으로 보면 또 우리에게 그만큼 기회가 있다는 발상도 가능하다.

미국은 일본과 한국에게 따라잡혔던 전철을 절대 반복하려 하지 않을 것이다. 한 예로 한국인 교수 밑에 한국인 제자를 두지 않는다. 기술을 갖고 떠날 위험이 있다고 우려하는 것이다. 그 정도로 철저하게 대비한다.

정구현 말씀을 듣다 보니까 우리나라가 괜찮다는 생각이 든다. 우선 인재가 우수하다. 에너지산업도 천연자원 베이스라면 기회가 없지만, 기술 베이스로 가면 기회가 있을 것이다. BT도 우리가 강점이 있는 IT를 기반으로 발전하는 것이다.

임형규 나라의 부라는 것이 안에서 뭔가 만들어 밖에 파는 것, 그렇게 돈을 벌어서 에너지, 식량, 지식 등 필요한 것을 사오는 것이라고 볼 때 서비스산업이라는 모델은 그렇게 분명하지 않다. 바이오다, 환경기술이다 하면 모델이 명확하다. 서비스산업에서 기술이 뒷받침된 개념이 확립되고, 차별화되었을 때 수익을 창출할 수 있지 않을까.

우리 금융업은 지금 벌어놓은 돈을 계속 잃고 있는 것 아닌가? 돈을 덜 잃게 하는 방법이 강구되어야 한다고 생각한다.

정구현 서비스산업에 대한 문제제기를 해주셨다. 우리 대기업들이 기술을 갖고 해외에 팔아서 성장했는데 서비스업도 그런 잠재성이 있는 건지, 잘 된다면 고용 문제는 해결되겠지만 진짜 산업의 기둥이 될 수 있는 것인지에 대한 질문을 하신 것 같다. 현정택 교수님께 이에 대한 답변을 부탁드린다.

최흥식 2008년의 글로벌 금융위기를 겪으면서 과연 우리가 잘해서 경제를 정상화시킨 것인지 반추해볼 필요가 있다. 사실상 2008년 10월에 미국과 통화스왑을 체결하고 모두 정리된 것이 아닌가 하는 생각이 든다. 10년 전으로 돌아가 보면 우리가 외환위기를 맞았을 때 홍콩도 굉장히 어려웠는데, 중국이 지원해주자 간단하게 끝나버렸다.

우리 같은 소규모 개방경제에서는 방법이 없다. 버블은 국내든 국외든 항상 있게 마련이다. 지금 달러가 많이 들어와 있는데 어느 날 갑자기 빠져나가면 대응할 방법이 없다. 우리가 2,600억 달러를 쌓아두었다고 해서 안전하다고 장담할 수는 없다.

결론적으로 해결할 수 있는 방법은 기축통화국인 미국과 통화스왑을 지속적으로 하려고 노력하든지, 그게 안 되면 중국이나 일본 등 아시아권과 함께 대응할 수 있는 시스템을 갖추는 것이다. 우리 자체적으로 자본 통제를 하는 것은 불가능하다. 외부충격에 대해서는 별다른 방법이 없다.

오늘 나온 말씀에 대해서는 다 동의하는데 한 가지 금융자본주의 붕괴 관측은 좀 앞서가신 경향이 있는 것 같다. 결론적으로 그렇게 한다면 시장에 질 것이다. 시장이 공공기관처럼 유연성을 잃어버리면 와해되고 말 것이다. 역사적으로 보면 시장을 능가할 수는 없기 때문에 결국 좀 더 시장지향적인 방향으로 가지 않을까 생각한다.

정구현 임형규 사장께서 우리나라가 자본시장을 개방하고 나서 단기자본이 늘어와 계속 돈을 잃고 있는 것이 아니냐고 질문하셨는데 여기에 대해서는 어떻게 생각하시는가?

최흥식 금융시장을 개방해서 외국인들이 돈을 벌어가는 것도 사실이지만, 투자 등의 부수적인 효과 또한 있다. 우리만 다 좋을 순 없다. 되도록 피해가 작은 쪽을 선택해야 한다.

정기영 글로벌 금융위기 이후 세계경제에 대한 부정적인 시각과 긍정적인 시각에 대해 말씀드리겠다. 먼저 글로벌 불균형은 해결하기가 상당히 어려울 것으로 보인다. 현재 모든 국가가 엄청난 재정적자를 내고 있다. 재정 부분의 출구전략을 언제 실행할지는 예상하기 어렵지만, 재정을 바로잡기 위해서는 세금을 올리든지, 정부지출을 줄이든지, 인플레를 야기하든지 해야 하는데 세 번째는 코스트가 너무 크다. 첫 번째와 두 번째는 세계적으로 소비나 투자를 위축시킬 것이다. 따라서 엄청나게 누적된 재정적자를 해소하는 것은 글로벌 불균형을 해결하는 것만큼 많은 시간을

> 서비스산업에서 기술이 뒷받침된 개념이 확립되고, 차별화되었을 때 수익을 창출할 수 있지 않을까. _ 임형규

필요로 한다. 세계경제 정상화 역시 긴 시간을 요할 것이다.

긍정적인 사인은 글로벌 금융위기 이후 전 세계적으로 녹색산업을 강조하고 있고, 또한 이것이 대부분 정부 주도로 이루어지고 있다는 사실이다. 전 세계가 국가 주도적으로 투자를 하고 있는 만큼 녹색산업은 틀림없이 신성장동력이 될 것이다. 산업적 측면에서 보면 새로운 신천지를 열 수 있는 부분이 생긴 것인데 그것이 어느 정도 세계경세 성장에 이바지하고 새로운 기회를 창출할지는 예단하기 어렵지만, 분명한 것은 이렇게 전 세계적으로 정부 주도의 투자가 이루어진 적은 없었다는 점이다. 그 결과를 예측할 수 없다고 하더라도 매우 긍정적 신호인 것만큼은 확실하다.

그 다음 한국경제에 대한 말씀드리겠다. 먼저 기업적 측면에서 신경쟁, 신샌드위치론이 있다. 우리 수출기업을 둘러싼 환경을 보면 일본기업들이 전열을 재정비하고 있고(전략적 제휴와 M&A), 중국은 대만의 기술과 중국의 자본력으로 무장하고 있다. 전통적으로 강력한 글로벌기업들 또한 글로벌 금융위기 극복 후 상당한 경쟁력을 갖출 것이고 신흥국의 부상하는 글로벌기업들도 만만치 않다. 과거 우리의 경쟁자라면 글로벌기업과 일본 정도였지만, 지금은 중국, 대만, 신흥국 등이 새로운 경쟁구도 안에 들어가게 된 것이다.

또 하나 새로운 신시장이 창출되고 있다. 지식경제부는 플러스 30억 시장론을 제기했다. 인도, 중국, 브라질 등 신시장에 대한 진입전략, 경쟁전략에 상당히 신경을 많이 써야 한다. 하이엔드 시장뿐 아니라 미디움 · 로엔드시장 등 새로운 시장에 대한 대응책이 절실하다.

거시경제 쪽을 보면 최고의 고민은 고용 없는 성장이다. 우리는 구조적으로 고용을 창출하기 어려운 상황에 처해 있다. 유일한 돌파구는 서비스산업인데, 규제를 혁파하지 않고는 글로벌화하기 어렵게 되어 있다. 고용 없는 성장을 타파하지 못한다면 우리나라 경제의 미래는 어두울 것이다.

양극화 문제도 있다. IMF 이후 지니계수가 훨씬 높아졌고(0.2→0.35), 중산층 비율은 10% 떨어졌다. 중산층이 많이 붕괴됐고 양극화 문제가 심각한 실정이다. 시장경제가 변화하지 않고는 지금의 자본주의로 이 문제를 돌파하기가 어렵다. 중도실용정책이든, 다른 정책이든 저소득층을 품을 수 있는 제도적 보완이 없다면 자본주의의 유지가 어려울 것이다. 이는 우리나라만의 문제는 아니다.

김장호 정기영 소장님 말씀대로 고용 쪽을 균형 있게 보아야 한다고 생각한다. 통계를 보면 우리나라 상장기업이 고용하는 숫자가 80만 명이 조금 넘는다고 한다. 그리고 그 숫자는 지난 3년간 늘지 않고 줄었다. 우리 경제활동인구가 2,500만 명인데, 80만 명이면 몇 퍼센트인가? 고용 문제가 굉장히 심각하다.

비공식적 통계지만 서울대학교를 졸업한 사람 10명 중 3명이 온전한 직업을 갖지 못한다고 한다. 그 외 대학은 사정이 더욱 안 좋을 것이다. 그렇다면 나머지 사람들은 쓸모없는 인력인가? 전혀 그렇지 않다.

위기를 넘어서면서 승자독식구조가 심화되고 있다. 이런 구조가 지속가능한지 본격적으로 검토하고 국가적으로 뭔가 대안을 내야 할 것 같다. 사회적 기업 논의도 많은데, 일자리 문제 극복을 위해 내수를 어떻게 진작시킬 것인가 하는 차원을 넘어 2,500만 경제활동인구가 먹고 살 방법을 모색해야 한다. 그것이 없다면 사회가 어떻게 유지되겠는가. 그 사람들을 먹여 살릴 수 있는 새로운 방식이 나와야 하지 않겠는가.

임형규 지금 우리나라의 기존 주력산업이 글로벌로 나가 커지면서 성장하고 있는데 뒤를 이을 새로운 사업이 전혀 나오지 않고 있다. 새로운 산업은 국내에서 계속 펼쳐져야 한다. 외국에선 할 수 없다. 국내에서 새로운 산업이 발전하는 과정이 전혀 없기 때문에 고용이 창출되지 않는 것이다. 원래 애들은 자랄 때는 집에 있고, 다 크면 밖으로 나가는 법 아닌가. 이제 새로운 아이들을 어떻게 키울까 고민해야 한다.

이제민 황창규 사장님이 말씀하신 그 훌륭한 인재들은 왜 한국에 오지 않는가? 그들을 국내로 불러들일 수 있는 구체적 대책은 없는가?

황창규 우수한 인재들은 한국에 들어왔을 때 연구할 수 있는 분위기와 충분한 인프라가 조성되어 있는가를 고민하는데 그것이 부족하다고 생각하는 것 같다.

대한민국 연구비 예산이 4조 5,000억 원인데, 스탠퍼드대학교에서 연구를 위한 건물을 짓고 집기를 갖추는 데 들어가는 돈만 2조 5,000억 원이다.

우리나라가 해결해야 할 가장 중요한 과제는 2가지다. 고용 문제를 해결하고 창조적인 리더를 키우는 것이다. 이것이 우리가 살 길이다. 스티브 잡스 한 사람의 영향력이 정말 지대하지 않은가. 우리가 정말 전략을 잘 써야 한다.

이원덕 글로벌 불균형을 만들어낸 시스템을 교정하는 것이 중요하다는 생각이다. 자본주의가 롱런하고 지속가능하기 위해서는 글로벌 시스템이 밸런스가 맞아야 한다. 그렇다면 국가 차원에서는 어떻게 해야 하는가? IMD가 2009년에 처음으로 '국가경쟁력에 대한 스트레스 테스트'를 실시했는데 미국은 국가경쟁력은 1위지만 스트레스 테스트 순위는 28위였다. 스트레스 테스트 1위 국가가 덴마크다. 주로 강소국들이 높은 순위를 차지했다.

그렇다면 그 나라들의 특징은 무엇인가. 조화로운 국가 시스템을 잘 갖추고 있다는 것이다. 그들은 유연성이 있으면서도 유연성의 부작용을 상쇄할 수 있는 시스템을 발전시켜 나가고 있다. 또 사람에 대한 투자가 많다. 천재한테만 투자하는 것이 아니고 낙오자에게도 투자를 해서 그들이 일해서 먹고 살도록 한다. 우리는 학습곡선을 입시형에서 평생직입형으로 완전히 바꾸어야 한다.

> 거시경제 쪽을 보면 최고의 고민은 고용 없는 성장이다. 우리는 구조적으로 고용을 창출하기 어려운 상황에 처해 있다. 유일한 돌파구는 서비스산업인데, 규제를 혁파하지 않고는 글로벌화하기 어렵게 되어 있다. 고용 없는 성장을 타파하지 못한다면 우리나라 경제의 미래는 어두울 것이다. _ 정기영

다음으로, 고용인지적인 성장전략을 수립해야 한다. 일자리를 많이 만들어내는 성장이 결국 지속가능하고 사회통합적인 성장이다.

마지막으로 이념과 소득 부분에서 사회적 안정 중심세력이 생겨나도록 해야 한다. 이렇게 해야만 위기 때에 사회를 안정시킬 수 있기 때문이다.

정구현 고용 없는 성장은 한국만의 문제는 아니다.

이원덕 앞서 언급한 스트레스 지수가 낮은 나라들의 경우 지난 10년간 고용증가율이 굉장히 높았다. 이런 나라들이 국가 시스템을 어떻게 디자인하는지 연구해볼 필요가 있을 것이다.

박세일 발제자께서 정리를 참 잘해주셨다. 발제에서 문제를 제기해주시고 입장을 물었는데 대부분 양자택일보다는 중간적 입장이 답이 아닐까 생각한다.

첫째, 이 시대가 요구하는 높은 수준의 전략성과 전문성이 대중민주주

의와 맞부딪친 것 같다. 대중민주주의와 시대가 요구하는 국가전략 간의 갈등이 심화되고 있다. 이는 우리뿐만 아니라 많은 나라들이 겪고 있는 문제다. 그런 의미에서 21세기에는 민주주의에 실패하는 나라가 많이 생길 듯하다. 소위 비자유민주주의를 선택하는 나라가 늘어날 것 같다.

지난 50년간 자본주의와 민주주의가 비교적 좋은 결혼관계를 유지했는데 이제 이혼의 조짐이 보이기 시작하는 것 같다. 자유민주주의가 실패하면 비자유민주주의, 사실상 독재로 이어진다. 정치의 실패가 결국 경제실패로 연결될 것이다. 이 문제를 우리가 앞으로 어떻게 풀 것인가?

작금의 현실을 보면 여의도가 과연 우리나라를 끌고 갈 수 있을까 하는 회의가 많이 생긴다. 우리가 문제해결의 방향을 모르기 때문은 아니다. 전문가들이 모여 현장을 중시하고 역사에서 교훈을 찾으면 대강의 방향은 찾을 수 있을 것이다. 그러나 과연 이를 추진할 수 있을까? 정치가 이것을 추진하는 세력을 만들어낼 수 있을까? 우리의 대중민주주의가 과연 해낼 수 있을까? 이것이 상당히 큰 이슈다.

둘째, 통일 문제를 고려해야 한다. 나는 통일 문제가 상당히 빨리 다가올 것이라고 생각한다. 통일전략과 남북한 경제통합전략을 적극적으로 수립해야 하고, 이 문제를 한국의 미래전략과 함께 고민해야 한다. 더 나아가 만약 통일만 된다면 21세기에는 중국 삼성(三省), 북한, 시베리아를 포함하는 동아시아를 세계에서 가장 다이내믹한 지역으로 만들 수 있다고 본다. 해내느냐 못 해내느냐의 예측보다는 의지가 더욱 중요하다. 그 의지를 실현할 새로운 역사의 주체를 우리 정치가 과연 만들어낼 수 있을 것인가가 중요한 문제이다.

앞으로 5~15년 안에 대한민국의 역사적 운명이 결정될 것이다. 이제

경제를 고민할 때 정치와 통일 문제를 빼놓을 수 없는 단계로 접어들었다. 통일 문제를 어떻게 풀어가느냐에 따라 한국의 미래가 결정될 것이라고 생각한다.

현정택 서비스산업과 관련해서 강조하고 싶은 것이 있다. 특정 서비스산업을 육성하기보다는 진입장벽을 낮춰주는 것이 매우 중요하다는 점이다. 우리나라 IT산업이 발전할 수 있었던 이유는 무엇인가? 정보통신부가 초기에 규제를 하지 않았기 때문이다. 방송통신 분야는 영역 다툼으로 싸우다 보니 방송통신 융합기술이 전혀 발전하지 못했다. 결과적으로 제조업 분야에까지 피해가 미치고 있다.

우리나라는 15%에 육박하는 물류비용을 치르면서도 앞서 황창규 사장님께서 언급하신 교육 등의 분야에는 왜 투자를 하지 못하는지에 대해서도 고민해야 한다. 교육 부분, 특히 대학에 대한 투자가 없는 이유는 진입장벽이 무척 높기 때문이다. 그런 부분을 터주면 교육과 R&D가 합쳐질 수 있다. 또 우리 의료산업은 태국이나 싱가포르와 비교할 때 훨씬 잠재력이 있다. 이런 부분을 터주어야 한다.

우리의 전통 주력산업이 앞으로 뻗어가기 위해서는 고부가가치산업과 함께 가야 한다. 제조업과 서비스산업의 경계는 사실상 무너졌다. 이 두 분야를 접목시키는 것이 중요하다.

임형규 사실 제조업과 서비스산업 간의 경계는 별로 없다. 두 산업이 함께 성장해야 한다.

이원덕 IBM은 제조업체로 알려져 있지만 서비스업 비중이 70%에 달한다고 한다.

임형규 IBM은 과거에 컴퓨터 제조로 성장했고, 그 기반 위에서 서비스가 성장한 것이다.

황창규 내년쯤이면 IBM이 전기자동차를 만들겠다고 나설지도 모른다. 이처럼 전혀 다른 분야에 대한 투자가 상당히 활성화되어 있다.

정구현 우리가 다루는 주제가 굉장히 광범위하지만 되도록 잘 정리하도록 하겠다.